Martin Kuckenburg

Friedrich Engels
und der
Ursprung des Staates

Häuptlingstümer, *Militärische Demokratie* und die Entstehung von Macht und Herrschaft

Studien zu Friedrich Engels' Schrift
‚Der Ursprung der Familie, des Privateigentums und des Staats' -Teilband 3 -

Bibliographische Information der Deutschen Nationalbibliothek: Die Deutsche Nationalbibliothek verzeichnet diese Publikation in der Deutschen Nationalbibliographie; detaillierte bibliographische Daten sind im Internet über dnb.dnb.de abrufbar.

Verlag: BoD · Books on Demand GmbH, In de Tarpen 42, 22848 Norderstedt, bod@bod.de
Druck: Libri Plureos GmbH, Friedensallee 273, 22763 Hamburg
ISBN: 978-3-7693-2276-7

Inhaltsverzeichnis

III. Herrschaftsformen

Vorbemerkung

Friedrich Engels' 1884 erschienene Schrift ‚*Der Ursprung der Familie, des Privateigentums und des Staats*' gehört zu den bekanntesten und wichtigsten Grundlagenwerken des Marxismus. In diesem durch die Forschungen des amerikanischen Anthropologen Lewis Henry Morgan angeregten Buch entwarf der Freund und Mitstreiter von Karl Marx eine ebenso kompakte wie umfassende Gesamtschau der Frühgeschichte der Menschheit, der Herausbildung der Klassengesellschaft und staatlicher Machtstrukturen auf der Basis des Wissens seiner Zeit.

Engels' Schrift erschien seither in zahllosen Ausgaben und Übersetzungen und wird bis heute in interessierten Kreisen gelesen und diskutiert. Dabei fehlt es den Lesern freilich oftmals am Hintergrundwissen über den heutigen Stand der frühgeschichtlichen Forschung, um Morgans und Engels' mittlerweile 140 Jahre alten Theorien adäquat beurteilen und auf ihre aktuelle Relevanz hin überprüfen zu können. Die aus vier Teilbänden bestehenden „*Studien zu Friedrich Engels' Schrift ‚Der Ursprung …'*" sollen diese oft beklagte Lücke schließen helfen.

Der vorliegende dritte Band beschäftigt sich mit einem der wichtigsten Aspekte von Engels' Schrift, nämlich mit der Entstehung von Macht, Herrschaft und des Staates als ihres höchsten und entwickeltsten Ausdrucks. Wie im ‚*Ursprung*' selbst wird dabei zunächst die herrschaftslose egalitäre Gesellschaft als Ausgangspunkt beschrieben und unter die Lupe genommen und Morgans und Engels' im späten 19. Jahrhundert wegweisende Konzeption und Analyse der irokesischen Gentilgesellschaft mit dem heutigen Wissen über die soziale und politische Struktur indigener Völker auf der ganzen Welt verglichen.

Im Anschluß daran erörtert der Band kritisch Engels' programmatisches Konzept der Staats- und Herrschaftsbildung durch das Privateigentum und erweitert es um das moderne anthropologische Modell der Entstehung von ‚Häuptlingstümern' und frühen Staaten durch den Machtzuwachs ursprünglich von der Gesellschaft eingesetzter und kontrollierter Stammesoberhäupter und anderer öffentlicher Funktionsträger. Ein ganz ähnliches Konzept der „*Verwandlung ursprünglicher Diener der Gesellschaft in ihre Herren*" hatte Engels 1878 selbst in seinem ‚*Anti-Dühring*' (MEW 20, S.166/67) entworfen, im ‚*Ursprung*' dann aber zugunsten von

Morgans Modell der *‚Militärischen Demokratie'* als letzter und höchster Stufe der Gentilgesellschaft fallengelassen. Der Band erörtert die Frage, ob diese beiden unterschiedlichen Theorieansätze möglicherweise miteinander kombinierbar sind und illustriert Engels' Diktum von der *„Verselbständigung gesellschaftlicher Funktionen gegenüber der Gesellschaft bis zur Herrschaft über die Gesellschaft"* (MEW 20, S.166) anhand zahlreicher völkerkundlicher und historischer Beispiele.

Insgesamt geht es in der Studie weniger um eine Korrektur oder gar Revision von Engels' klassischer Darstellung im *‚Ursprung'* als vielmehr um ihre Aktualisierung und Ergänzung durch das überreiche neue Faktenmaterial und Wissen, das die jüngere anthropologische und archäologische Forschung in den seither vergangenen 140 Jahren zu den von Morgan und Engels aufgeworfenen Fragen zutage gefödert hat.

Die Gesamtstudie umfaßt folgende vier Teilbände:

Teilband 1 (bereits erschienen):
„Friedrich Engels' ‚Ursprung der Familie' – 137 Jahre danach"
Die Entstehung des *‚Ursprung'* vor dem Hintergrund der Biographien von Engels und Morgan und ihre Hypothesen zur Entwicklungsgeschichte der Familie (mit einer aktuellen Einordnung).

Teilband 2 (bereits erschienen):
„Friedrich Engels' Frühgeschichte und die moderne Archäologie"
Morgans und Engels' Frühgeschichtsbild und kulturgeschichtliches Entwicklungsmodell auf dem Prüfstand der modernen Forschung.

Teilband 3 (vorliegender Band):
Die Herausbildung gesellschaftlicher Machtstrukturen und des Staates aus der Sicht des *‚Ursprung'* und der modernen Anthropologie (unter spezieller Berücksichtigung von Morgans und Engels' Konzept der *‚Militärischen Demokratie'*).

Teilband 4 (bereits erschienen):
Die Ausblendung des Orients im *‚Ursprung'* und Marx' Konzeption der ‚asiatischen Produktionsweise'.

Die Inhaltsverzeichnisse sowie mehrseitige Leseproben aller vier Teilbände sind im Internet unter bod.de/shop/kuckenburg einsehbar.

1 Indianer und Athener: Lewis Morgans Wurzeln und Quellen

Liest man Friedrich Engels' ‚Ursprung ...' zum ersten Mal, so verblüfft nicht zuletzt die zunächst überraschende, dann aber umso genialer erscheinende Verknüpfung zweier heute üblicherweise als völlig unterschiedlich betrachteter Gesellschaften, nämlich der indianischen Kulturen der Neuzeit in Nordamerika (MEW 21, S.85-97) und des antiken Griechenland und Rom mehr als 2000 Jahre zuvor (MEW 21, S.85 ff. und 98 ff.).

Diese gedankliche Verknüpfung war 1884, als der ‚Ursprung' erschien, und 1877, als der amerikanische Anthropologe Lewis Henry Morgan seine *Ancient Society* (‚Urgesellschaft') veröffentlichte, die Engels' Schrift maßgeblich zugrundelag, indes keineswegs so neu und einzigartig, wie es heute den Anschein hat.

Denn Morgan war zwar der wohl bekannteste Vertreter dieser Parallelisierung und Verknüpfung von indianischer Kultur und europäischer Antike, aber keineswegs ihr Erfinder- er griff in seinem bahnbrechenden Werk vielmehr eine in den USA bereits seit längerem existierende Zeitströmung auf.

Indianer- und Antikenbegeisterung in den frühen USA

Wie der Soziologe Thomas Wagner 2004 in seinem Buch ‚Irokesen und Demokratie' ausführlich nachgezeichnet hat, hatte sich nämlich bereits ab dem 17.Jahrhundert in Nordamerika

„eine eigenständige amerikanische Folklore herausgebildet, die sich (…) positiv auf ein verklärtes indianisches Erbe berief. Abbildungen in der zeitgenössischen Kunst, die Darstellungen von Indianern oder von ihnen entliehener Symbole mit Elementen der griechischen und römischen Mythologie verbanden, gaben die weit verbreitete Annahme wieder, die indianischen Gesellschaften gäben den Europäern Einblicke in ein goldenes Zeitalter ihrer eigenen Vergangenheit" (vgl. Teilband 2 dieser Studie, S.43-45 und 113/14). ((1))

Diese „Vorstellung vom indianischen *noble savage* (‚Edlen Wilden') war nach den Worten des Amerikanisten Jürgen Wolter „Ausdruck eines nostalgischen Blicks in eine heroische Vergangenheit", ((2)) durch den die europäischen und besonders die englischen Siedler in der Neuen Welt sich einerseits mit den Traditionen und Idealen der europäischen Geschichte identifizierten und andererseits durch eine subtile und ambivalente Identifikation mit den amerikanischen Ureinwohnern bewußt vom britischen Mutterland und vom ‚Alten Europa' abgrenzten. „Möbel und Wandteppiche dieser Zeit (…) kamen nicht ohne die Abbildung indianischer Frauen oder Männer als Freiheitsikonen aus", wie Wagner schreibt, und

„die Darstellung Amerikas als einer von der europäischen Zivilisation unverdorbenen indianischen Häuptlingstochter oder Prinzessin war eine gängige Variation dieses Motivs"

- so die amerikanische Historikerin Ruth H. Bloch. In einer Gravierung im *Royal American Magazine* aus dem Jahr 1775 wurde die als englisches Nationalsymbol seinerzeit geläufige *Britannia* in diesem Sinn beispielsweise umgedeutet in eine „Indianerin, der Pfeile, Bogen und Federschmuck zu Füßen liegen" - so nochmals Wagner. ((3))

Die ‚*Boston Tea Party*'

Diese ambivalente Identifikation mit den zugleich ja gewaltsam bekämpften amerikanischen Ureinwohnern erreichte ihren Höhepunkt, als das britische Mutterland 1767 hohe Zölle auf Tee und andere von den britischen Händlern nach Amerika importierte Waren und Güter erhob, wogegen sich unter den dortigen Siedlern heftiger Widerstand formierte, der in der sog. ‚*Boston Tea Party*' gipfelte.

Während dieser Siedlerrevolte stürmten am Abend des 16. Dezember 1773 etwa fünfzig als *Mohawk*-Indianer verkleidete und mit Tomahawks bewaffnete junge Bostoner Bürger, die sich ‚*Sons of Liberty*' (‚Söhne der Freiheit') nannten, unter den Augen Tausender weiterer Demonstranten mit ‚indianischem' Kriegsgeheul drei im Hafen der Stadt ankernde Schiffe der britischen ‚*East India Company*‘ (Ostidiengesellschaft) und versenkten ihre Ladung aus 45 Tonnen Tee im Wert von rund 10 000 Pfund Sterling im Hafenbecken. Diese sog. ‚*Boston Tea Party*‘, die als eines der Gründungsereignisse der Vereinigten Staaten noch heute regelmäßig im Rahmen der Traditionspflege nachgespielt wird, war ein Teil der Vorgeschichte des amerikanischen Unabhängigkeitskrieges in den Jahren 1775-1783, der schließlich zur Loslösung der dreizehn britischen Kolonien in Nordamerika vom englischen Mutterland und zur amerikanische Unabhängigkeitserklärung von 1776 führte.

Die Kostümierung der rebellierenden Siedler als ‚Indianer‘ war dabei Wagner zufolge weit mehr als eine der bloßen Unkenntlichmachung der Aufständischen dienende Maskerade - sie knüpfte nach seinen Worten vielmehr gezielt an „das koloniale Schreckgespenst brandschatzender Indianer der Grenzkriege“ an und war damit eine probate „Möglichkeit, den politischen Gegner zu erschrecken.“ - „Indianer hatten dem kolonialen Hegemoniestreben lange Zeit wirksamen Widerstand entgegengesetzt“, so der Soziologe, und

„an die kriegerischen Tugenden ihres Widerstands (…) konnte das Selbstverständnis der Revolutionäre ironischerweise nun anknüpfen. (…) Den Tomahawk in die rechte und das Skalpmesser in die linke Seite des Gürtels gesteckt, glichen sich die kolonialen ‚Krieger‘ des Jahres 1775 ganz bewußt ihrem indianischen Vorbild an - nicht zuletzt, um sich von den ‚Rotröcken‘ des Königs zu unterscheiden. Indem [sie] sich als ‚Indianer‘ definierten, (…) unterstrichen sie ihre einfache Tugend, die gegen die verfeinerten britischen Sitten opponierte.“

Neben diesem Aufgreifen des „Stereotyps vom blutrünstigen Wilden“ dokumentierte die ‚indianische‘ Verkleidung der aufständischen Siedler Wagner zufolge aber auch

„die symbolische Identifikation des amerikanischen Protests mit einer vorgestellten indianischen Freiheit des Naturzustandes“ und die „Bewunderung eines gegen Herrschaftsordnungen gerichteten Widerstandsgeistes, den die [englischen, MK] Kolonisten vor allem in den verbündeten Nationen des Irokesenbundes lange Zeit vor Augen hatten.“ ((4))

Diese zwiespältige Mischung aus Verachtung und insgeheimer Bewunderung der von den europäischen Siedlern gleichermaßen gefürchteten wie als Krieger und ‚Naturmenschen‘ zugleich auch respektierten Ureinwohner spiegelte sich später auch in der Benennung zahlreicher amerikanischer Sportvereine und College-Mannschaften nach Indianerstämmen und –häuptlingen. Teamnamen wie ‚Rote Falken‘, ‚Kämpfende Sioux‘, ‚Chief Illiniwek‘ oder ‚Chief Wahoo‘ sollten Martialität und Kampfkraft signalisieren, werden heute nach zunehmender Kritik indes immer häufiger ausgetauscht. ((5))

‚Naturmenschen‘ und ‚Edle Wilde‘

Auf diese Weise figurierten die amerikanischen Ureinwohner für die europäischen Siedler schon lange, bevor Morgan mit seinen Indianerforschungen begann, zugleich als gefürchteter und verhaßter ‚Angstgegner‘ wie auch als heimlich oder offen bewunderte stolze ‚Naturmenschen‘ und unbeugsame ‚Edle Wilde‘ - eine merkwürdige Mischung, die indes schon seit der Antike die Wahrnehmung der ‚Wilden‘ und ‚Barbaren‘ durch die (nach eigener Charakterisierung) ‚Zivilisierten‘ prägt. ((6))
        Diese *noble savages* repräsentierten nach den Worten des Amerikanisten Jürgen Wolter

„Eigenschaften wie Heldenmut, Freiheitsdrang, Geschichtsträchtigkeit, Gesinnungsadel und naturgegebene Tugendhaftigkeit und Nobilität, die die Amerikaner für ihr Auto-Stereotyp [= ihre Eigenwahrnehmung, MK] in Anspruch nahmen und die sie von den Engländern unterscheiden sollten.“   ((7))

1812 schwärmte beispielsweise ein Dichter aus South Carolina über die ungebundene Freiheit der Indianer:

„*Die Ureinwohner Amerikas kannten den Namen keines Königs und verspürten nicht den Zugriff der Tyrannei, bis sie unter den Fluch der grausamen europäischen Zivilisation gerieten*“, und 1848 schrieb ein Pastor aus Neuengland, die wahre Konzeption menschlicher Freiheit sei zuerst bei den Indianern beheimatet gewesen sei:

> *„It was cradled in their wigwams."* ((8))
> *„Sie wurde geboren und aufgezogen in ihren Wigwams."*

Solche Gedanken und Empfindungen mögen auch den jungen Studenten Lewis Morgan und eine Reihe seiner Kommilitonen um das Jahr 1840 dazu bewogen haben, einen sog. *‚Irokesen-Großorden'* zu gründen, in dem sie sich als Indianer gekleidet die Umgangsformen und Rituale der amerikanischen Ureinwohner nachahmten und nachzuempfinden versuchten (vgl. Teilband 1 dieser Studie, S.38). Im Grunde nahmen sie damit auf emotionaler und intuitiver Ebene bereits jene Motive und Elemente ein Stück weit vorweg, die Morgan dann ab 1851 in seinen Forschungen und Werken auf eine analytische Ebene zu heben und wissenschaftlich zu untermauern suchte. Auch noch in seinen späteren Beschreibungen und ebenso auch in Engels' *‚Ursprung'* hallte dabei aber unverkennbar immer noch die alte Indianer-Faszination und das romantische Bild vom respektvoll bewunderten ‚Edlen Wilden' nach (vgl. S.51/52).

Indianer und klassische Antike

Nicht weniger bedeutsam als diese in den USA tiefverwurzelte ‚Indianerfaszination' ist aber vor allem der Umstand, dass viele amerikanischen Denker die von ihnen empfundene indianische ‚Freiheit und Gleichheit' schon lange vor Morgan mit dem eigenen europäischen Erbe und insbesondere mit den antiken Ursprüngen ihrer eigenen Kultur in Verbindung brachten, so dass sie fast wie ein in die Neuzeit überlieferter Abglanz eigener einstiger und nunmehr verloren gegangenen Größe und Würde erschien.

Weiter auf S. 19

13

Die Indianer und die europäische Aufklärung

Zu den methodischen Ansätzen der europäischen Aufklärung im 17. und 18. Jahrhundert gehörte es, sich den Menschen in seinem ‚Naturzustand' vor seiner Prägung und Verformung durch die Einrichtungen und Verhaltensweisen der neuzeitlichen Zivilisation vorzustellen, um zu seinem ursprünglichen und ‚eigentlichen' Wesen vorzudringen. Dabei standen sich von Anfang an zwei grundlegend unterschiedliche Sichtweisen und Positionen gegenüber.

Nach der einen, die beispielsweise der englische Staatstheoretiker und Philosoph Thomas Hobbes in seinem einflußreichen Werk ‚Leviathan' aus dem Jahr 1651 vertrat, lebte die ursprüngliche Menschheit vor der Errichtung gesellschaftlicher Institutionen und des Staates in einem ungeregelten und chaotischen Zustand des beständigen ‚Krieges aller gegen alle', der durch die Konzentration der Macht in den Händen eines ‚Souveräns' mittels eines ‚Gesellschaftsvertrages' gebändigt und überwunden werden müsse.

Die exakte philosophische Gegenposition dazu nahm hundert Jahre später der berühmte französische Aufklärer Jean-Jacques Rousseau (1712-1778) ein, der in seinen Schriften wie dem ‚Contrat social' von 1762 ein sehr viel positiveres Bild vom Urzustand der Menschheit zeichnete. Nach Rousseaus Auffassung führte der ursprüngliche Mensch ein zwar bescheidenes, aber friedliches und freies Leben im Einklang mit der ihn umgebenden, noch unveränderten Natur. Diese Vorstellung knüpfte an antike Mythen über ein ursprüngliches ‚Goldenes Zeitalter' der Menschheit (vergleichbar dem biblischen Motiv des ‚Garten Eden') vor dem ‚Sündenfall' der Zivilisation an, die in der frühen Neuzeit als Gegengewicht zur Industrialisierung und Rationalisierung aller Lebensbereiche eine rückwärtsgewandte Renaissance vor allem in europäischen Adelskreisen erlebten (vgl. dazu Teilband 2 dieser Studie, Kapitel 9). Man wollte", wie es der amerikanische Anthropologe Roy Harvey Pearce formulierte, „den Teil des primitiven Seins wiederentdecken, den die Zivilisation korrumpiert hatte, und dabei die Mängel der Zivilisation bloßlegen." ((9))

Gegenmodelle zum Absolutismus

Zunächst wurde diese Diskussion unter den Denkern der frühen Neuzeit mangels konkreter Bezugspunkte rein hypothetisch und spekulativ geführt, doch mit der Entdeckung fremder ‚Naturvölker‘ seit dem späten 15. Jahrhundert und ihrer zunehmenden Kenntnis und Erforschung erhielt die Debatte mehr und mehr auch eine empirische Grundlage. So entwarf der französische Seefahrer und Schriftsteller Louis Antoine de Bougainville in seiner 1771 erschienenen ‚Beschreibung einer Weltreise‘ (*Description d'un voyage autour du monde*) ein idealisiertes Bild der Inselbewohner der Südsee und ihrer naturverbundenen und freizügigen Lebensweise, das von anderen Autoren und Künstlern aufgegriffen wurde und bis in die Literatur und Kunst des 19. und 20. Jahrhunderts weiterwirkte – man denke nur an die bekannten Südseemotive des Malers Paul Gaugain. Auf der gegenüberliegenden Seite des Erdkreises waren es als Pendant die 1492 von Christoph Kolumbus erstmals beschriebenen ‚Indianer‘ Süd- und Nordamerikas (vgl. S.30), die die Europäer im *Zeitalter der Entdeckungen* näher kennenlernten und die ihnen eine konkretere Vorstellung vom Leben indigener Völker ohne ‚zivilisierte‘ Strukturen und staatliche Institutionen wie in Europa vermittelten.

Für das politische Verständnis ist es dabei wichtig, zu wissen, dass die Philosophen der Aufklärung im Europa der absoluten Monarchien und der noch unbeschränkten Kirchen- und Adelsmacht lebten und arbeiteten (vgl. S.209/210), und dass sie mit ihren Debatten und Theorien nicht zuletzt auch das Ziel verfolgten, dieser absoluten Macht der Monarchen, Aristokraten und des Klerus das Gegenmodell einer freieren und gleicheren Gesellschaft entgegenzusetzen. Dafür suchten sie nach realen Vorbildern und Anknüpfungspunkten, und die fanden sie eben nicht zuletzt auch in den zeitgenössischen Berichten über die so ganz anders gearteten Kulturen und Mentalitäten der in jener Zeit ‚entdeckten‘ und im Verlauf der europäischen Kolonisation der Erde immer genauer und detaillierter kennengelernten Völker Nordamerikas und anderer indigener Kulturen auf der Welt.

Gelebte Freiheit und Gleichheit

„Das Thema, das in den [damaligen, MK] Beschreibungen über die Neue Welt am beständigsten wiederkehrt", schreibt der amerikanische Anthropologe Jack Weatherford dazu,

„ist das Erstaunen über die persönliche Freiheit der Indianer, besonders ihre Freiheit von der Herrschaft Einzelner und gesellschaftlicher Klassen, die auf

Besitz beruht. Franzosen und Briten wurde zum ersten Mal bewußt, dass es auch möglich ist, ohne die Herrschaft eines Königs in Eintracht und Wohlstand zu leben. Als die ersten Berichte von dieser Neuen Welt nach Europa drangen, gaben sie Anlaß zu vielen philosophischen und politischen Schriften." ((10))

Denker wie der britische Staatsmann Thomas Morus in seiner 1516 erschienenen ,Utopia' oder der französische Philosoph und Schriftsteller Michel de Montaigne (1533-1592) befaßten sich in ihren vielgelesenen und einflußreichen Werken mit den Besonderheiten und Eigentümlichkeiten dieser so gar nicht auf Macht und Reichtum fixierten und obrigkeitsstaatlich geprägten Gesellschaften und Kulturen (vgl. Kapitel 4), und selbst ein so nüchterner und rationalistisch orientierter Denker wie der französische Philosoph und ,Vater der Aufklärung' Voltaire (bürgerlich: Francois-Marie Arouet; 1694-1778) unterzog die Institutionen und Gebräuche seines Heimatlandes 1767 in seiner Erzählung ,L'Ingénu' (= ,der Eingeborene') einer ebenso scharfsichtigen wie bissigen Kritik aus dem Blickwinkel eines unverdorbenen, aber zugleich auch etwas ungebildeten kanadischen Huronen-Indianers, den es ins französische Saint-Malo verschlagen hatte. ((11))

Utopien und Sozialkritik

„Der edle Wilde verkörperte ein neues Ideal von menschlichen politischen Beziehungen", kommentiert Jack Weatherford diese spezielle Facette der europäischen Aufklärung,

„die sich zu Hunderten politischen Theorien auswuchsen. (…) Die Entdeckung neuer Formen von politischem Leben im [indigenen, MK] Amerika beflügelte die Denker in der Alten Welt und versetzte sie in die Lage, sich *Utopias*, **Sozialismus**, **Kommunismus**, **Anarchismus** und Dutzende anderer Gesellschaftsformen als Möglichkeiten vorzustellen." ((12))

Wie erwähnt war dies selbstverständlich auch eine Reaktion auf die drängenden Fragen und Probleme, die die beginnende Industrialisierung und das Elend des aufkommenden Kapitalismus in Europa zunehmend hervorbrachten und schufen. „Tatsache ist", so schrieb beispielsweise 1797 der englische Quäker und Radikaldemokrat Thomas Paine,

„daß die Lebensbedingungen von Millionen Menschen in jedem Land Europas heute wesentlich schlechter sind, als wenn sie vor Beginn der Zivilisation oder bei den heutigen Indianern geboren worden wären." ((13))

Als Folge

„trugen die Berichte (...) von der sogenannten Anarchie unter den Indianern zu verschiedenen anarchistischen und sozialistischen Theorien im 19. Jahrhundert bei"*,

so Weatherford ((14)) - ‚Anarchie' dabei keineswegs verstanden als Chaos und Unordnung, sondern als eine auf freier Kooperation gleichberechtigter Individuen basierende Sozialordnung.

Marx und Engels haben die konkreten Gesellschafts- und Revolutionsmodelle der diversen anarchistischen Strömungen ihrer Zeit von Bakunin bis Proudhon bekanntlich stets abgelehnt und politisch bekämpft - sie anerkannten und respektierten aber die idealistischen Ziele und Motive speziell des frühen Anarchismus und utopischen Sozialismus zumindest teilweise. Auch im *‚Ursprung'* wollte Engels ja beispielsweise auf

„die brillante Kritik der Zivilisation, die sich in den Werken Charles Fouriers [französischer utopischer Sozialist, 1772-1837, MK] *zerstreut vorfindet"*,

detailliert eingehen, wie er in einer Anmerkung schrieb, doch *„leider fehlt mir die Zeit dazu"* (MEW 21, Fußnote auf S.172). ((15))

Frauenbewegung und US-Verfassung

Nicht zuletzt auch die amerikanische Frauenbewegung im 19. Jahrhundert berief sich bei ihren Forderungen nach Gleichberechtigung und dem Frauenwahlrecht ausdrücklich auf das Vorbild der Irokesinnen, die über mehr und umfassendere Rechte verfügten als ihre ‚zivilisierten' Geschlechtsgenossinnen. ((16))

Und selbst für die Verfassung der USA soll der Irokesenbund einer einflußreichen Forschungshypothese zufolge seinerzeit Vorbild gewesen sein. „Die Gründerväter [der Vereinigten Staaten, MK] standen bei der Erfindung der Vereinigten Staaten vor einem großen Problem", schreibt Weatherford dazu:

„Sie vertraten nach den Articles of Conferation, der ersten Verfassung der 13 Kolonien [aus dem Jahr 1781, MK]*, 13 einzelne und souveräne Staaten. Wie*

konnte aus diesen dreizehn ein einziger Staat gemacht werden? (...) Der erste, der eine Union der Kolonien in Form eines Bundes vorschlug, war angeblich der Irokesenhäuptling *Canassatego* anläßlich einer Rede im Juli 1744 in Pennsylvania vor einer indianisch-britischen Versammlung. Er beschwerte sich, dass die Indianer mit so vielen Kolonialregierungen verhandeln müßten und daß es für alle Beteiligten viel einfacher wäre, wenn sich die Siedler zusammentun und mit einer Stimme sprechen würden.(...) Er erklärte den Kolonisten auch, wie dies zu machen sei, nämlich genauso wie sich die Stämme seines Volks der Irokesen zu einem Bund vereinigt hatten."

Die später auch von Morgan und Engels als vorbildlich bezeichnete Irokesenliga (vgl. S.46-48) als „Modell von verschiedenen souveränen, zu einem Staat vereinigten Einheiten" lieferte Weatherford zufolge also „die Lösung für das Problem, dem sich die [Väter] der Verfassung der Vereinigten Staaten gegenübersahen." ((17))
Ein Indiz für diese Vorbildfunktion des Irokesenbundes für den US-Föderalstaat findet sich noch heute im Staatswappen der USA, in dem ein Adler unter der lateinischen Inschrift *‚e pluribus unum'* (= ‚aus Vielen Eines') ein Bündel von 13 Pfeilen als Symbol für die 13 ursprünglichen Einzelstaaten der USA in seinen Krallen hält; ganz ähnlich symbolisierten im *Great Law* der Irokesen fünf zusammengebundene Pfeile die Einheit und Stärke der fünf indianischen Nationen. ((18))

Fortsetzung von S.13:

„Feierlich und würdevoll auch ohne Hilfe der Kultur
verhandeln sie über Gerechtigkeit, Handel, Frieden und
Freundschaft",

dichtete beispielsweise 1772 der auch als Literat tätige amerikanische Politiker Francis Hopkinson in einem auf persönlichem Erleben beruhenden Gedicht mit dem Titel *‚Die Ver-
tragsverhandlung'*:

„Seht, wie der bemalte Krieger sich aus der Menge erhebt,
*- **wie ein wilder Cicero** steht er hochaufgerichtet da,*
läßt schrecklich seine glühenden Augen schweifen,
während seine angeborene Würde Respekt gebietet. (...)
*Seine Rede erweckt das **attische Feuer** zum Leben,*
und seine Natur diktiert Erhabenheit und Größe.
Unberührt von der Kultur, doch wie erstrahlt
die Vernunft mit angeborenem Glanz in des Wilden Brust!
(...) Welch edle Gedanken und edle Handlungen entsteigen
*einem **geborenen Genius**, der unbeschränkt ist und frei!"*
((19))

Die hier durch den lyrischen Verweis auf Cicero und das „*attische Feuer*" hergestellte Verbindung zwischen Indianischem
und Griechisch-Römischem war damals in Amerika keineswegs einzigartig und ungewöhnlich, sondern ein durchaus ver-
trautes Motiv. So verglich laut Jack Weatherford der französische Diplomat und Historiker Alexis de Toqueville bereits
1835

„das Gesellschaftssystem und die Werte der Indianer mit denen der
alten europäischen Völker, bevor sie ‚kultiviert' und domestiziert
wurden",

und der französische Jesuitenpater Joseph Francois Lafitau sah
1724 in den nordamerikanischen *Mohawk*-Indianern gleichfalls
„ein Spiegelbild der antiken griechischen Gesellschaft" und
mutmaßte sogar, sie könnten

„Nachfahren von Flüchtlingen aus den Trojanischen Kriegen [vgl.
S.165 ff.] sein, denen es gelungen war, sich und ihre griechischen
Ideale nach Amerika zu retten." ((20))

Diese gedankliche Verbindung zwischen Indianischem und Europäisch-Antikem wurde auch in visuellen Darstellungen häufig vollzogen, wenn auf zeitgenössischen Stichen oder Drucken etwa indianische Tomahawks neben antiken Schwertern abgebildet oder indianische Genremotive wie Federschmuck und Totempfahl mit griechischen Ziersäulen umrahmt wurden. Die europäischen Siedler im aufblühenden Nordamerika des 18. und 19. Jahrhunderts fühlten sich, wie diese beliebte Art der Verknüpfung zeigt, nämlich zwar einerseits als eigenständige *Amerikaner,* die stolz auf ihre Unabhängigkeit vom ‚*Alten Europa'* waren, sahen sich zugleich aber auch als Erben und Fortsetzer der jahrtausendealten und als Vorbild betrachteten europäischen Kultur und Zivilisation und verglichen die Entwicklung in ihrer neuen Heimat - wie der Morgan-Biograph Carl Resek schrieb - nicht unbescheiden „mit dem Goldenen Zeitalter Griechenlands" im Altertum (vgl. Teilband 2 dieser Studie, Kapitel 9). ((21))

Antikenbegeisterung in den frühen USA

Aus diesem Grund stand im gründerzeitlichen Nordamerika neben dem Indianer- auch der Antikenkult hoch im Kurs und wurden beispielsweise öffentliche Gebäude bevorzugt im ‚antiken' griechisch-römischen Baustil errichtet und Städte und Personen nach historischen Orten wie *Ithaca, Troy* und *Delphi* (alle in Morgans Heimatstaat New York gelegen) oder bekannten antiken Persönlichkeiten wie *Hannibal, Marcellus* oder *Cato* benannt. „Rekurse auf die klassische Antike sind in der gesamten frühen Neuzeit keine Seltenheit", schreiben die Historiker Ulrich Niggemann/Kai Ruffing dazu,

„doch fällt ihre Häufigkeit gerade im Nordamerika der Revolutionsepoche und in den frühen USA besonders ins Auge. Die Autoren der [südstaatlichen, MK] ‚Federalist Papers' etwa argumentierten ebenso wie ihre antiföderalistischen [= nordstaatlichen, MK] Gegner mit Fallbeispielen aus der griechischen und römischen Antike, Widerstand gegen das britische Mutterland wurde mit Verweisen auf antike Tyrannen gerechtfertigt, und George Washington wurde schon zu Lebzeiten mit antiken Figuren wie *Cincinnatus* gleichgesetzt. (…)

Hinzu kommen zahlreiche lateinische Inschriften und Symbole wie das Rutenbündel. Eine der beiden Kammern des amerikanischen Parlaments erhielt die Bezeichnung ‚Senat‘, und das Parlamentsgebäude selbst wurde auf dem *Capitol Hill* errichtet.“ ((22))

Eine aufs klassische Erbe ausgerichtete humanistische Schulbildung mit zumindest rudimentären Kenntnissen des Lateinischen und Altgriechischen sowie der antiken ‚Klassiker‘ gehörte für die gehobene Elite in den damaligen USA ebenso zum obligatorischen Bildungskanon wie das Nachahmen ‚klassischer‘ Verhaltensweisen und Persönlichkeitsideale. Auch Lewis Morgen genoß, wie seine Biographen hervorheben, eine solche ‚humanistische‘ Schulbildung und studierte neben Rechtswissenschaft unter anderem auch klassische Philologie (vgl. Teilband 1 dieser Studie, Kapitel 3).

Baumwollmagnaten im antiken Gewand

Besonders intensiv identifizierten sich nach den Worten des amerikanischen Anthropologen Jack Weatherford bemerkenswerterweise die durch die Ausbeutung der schwarzen Sklaven auf ihren Baumwollplantagen reich gewordenen „Südstaatler mit den Idealen der griechischen Demokratie“, so dass auf ihren Anwesen „ein regelrechter Griechenkult“ mit „protzig zur Schau gestellten Requisiten und Nachbildungen der klassischen mediterranen Welt“ blühte. „Der vornehme Südstaatler“, so Weatherford,

„der sich in seinem Arbeitszimmer entspannte, im Salon liebenswürdig plauderte und im Ballsaal die Damen hofierte, verglich sein Leben mit dem guten Leben in der griechischen Literatur. (…) Man schrieb Gedichte in pseudogriechischem Stil, verfaßte Briefe in klassischer Form und gab seinen Haussklaven, Pferden und Jagdhunden Namen wie *Cicero, Athena, Cato, Perikles, Homer, Apollo und Nero.* (…) Die Südstaatler bauten sich Häuser im Stil griechischer Tempel, (…) [so dass] zum stereotypen Bild eines Plantagenhauses klassizistische korinthische Säulen gehörten. In ihren Gärten bauten sie Pavillons wie griechische Heiligtümer und stellten griechische Statuen zwischen ihre Magnolien und Palmen.“ ((23))

Wertschätzung ‚humanistischer' Tradition und Idealisierung der klassisch-antiken Kultur wurden von diesen Baumwoll-magnaten also keineswegs als Widerspruch zur brutalen und unmenschlichen Behandlung der afrikanischen Arbeitssklaven auf ihren Baumwollfeldern empfunden, zumal ja auch die grie-chisch-römische Zivilisation des Altertums ganz selbstver-ständlich auf der massenhaften Ausbeutung von Sklaven als Arbeitskräfte aufgebaut war (vgl. dazu etwa MEW 21, S.98 ff. und MEW 20, S.167/168; siehe ebenso Anm.254). Selbst der gegenüber den indianischen Ureinwohnern so empathische und mit ihnen solidarische Morgan lehnte die massenhafte Ausbeu-tung schwarzer Arbeitssklaven in den USA zumindest in seinen jüngeren Jahren keineswegs prinzipiell ab, obgleich er im ame-rikanischen Bürgerkrieg zwischen 1861 und 1865 dann eindeu-tig Partei für die (die Sklaverei bekämpfenden) Nordstaaten gegen die sklavenhalterischen Südstaaten ergriff (vgl. Teil-band 1 dieser Studie, S.42/43).

Eine spezifisch ‚amerikanische' Mischung

Morgans antike Geschichte und indianische Kultur miteinander verbindender Forschungsansatz entstand also, wie unser kurzer Überblick gezeigt hat, keineswegs ohne Vorbilder und gewis-sermaßen ‚im luftleeren Raum', sondern in den USA existier-ten mit der beschriebenen Indianerfaszination auf der einen und der Antikenbegeisterung auf der anderen Seite schon seit dem 17. Jahrhundert jene beiden Grundelemente, die Morgan 1877 in seiner ‚Ancient Society' dann gewissermaßen ins Wissen-schaftliche ‚übersetzte' und zu einer systematisch ausgearbeite-ten geschichtsphilosophischen und anthropologischen Theorie zusammenfügte. Als überzeugter Anhänger der europäischen Aufklärung (vgl.S.14 ff. und Teilband 1 dieser Studie, Kapitel 4) bezog er dabei ausdrücklich auch das Erbe und die politi-schen Ideale der französischen Revolution in seine anthropolo-gische Konzeption mit ein, wenn er beispielsweise schrieb:

„Freiheit, Gleichheit und Brüderlichkeit, obwohl nie formuliert, wa-ren die Grundprinzipien der [irokesischen] Gens" (vgl. MEW 21, S.89). ((24))

Das Ergebnis seiner wissenschaftlichen Synthese war eine sehr ‚amerikanische' Mischung, denn nirgends sonst auf der Welt waren neuzeitliche Ethnographie und Pflege der eigenen historischen Tradition so eng im öffentlichen Bewußtsein und der populären Kultur miteinander verschmolzen wie in den aus einer europäischen Wurzel entstandenen, aber in steter Auseinandersetzung mit den amerikanischen Ureinwohnern und ihrer gewaltsamen Unterwerfung geformten USA. In Morgans Augen (und auch in der Wahrnehmung vieler seiner Landsleute) lebten in den nordamerikanischen Indianern der Urzustand und die Frühgeschichte der gesamten Menschheit, die sich in der Alten Welt nur noch mühsam und bruchstückhaft aus ‚toten' archäologischen Überresten erschließen ließen, gewissermaßen als ‚prähistorisches Relikt' bis in die Gegenwart fort und ließen sich gleichsam noch ‚am lebenden Objekt' in allen Details studieren (vgl. Teilband 2 dieser Studie, S.43-45). ((25))

Übernahme durch Engels

Indem Engels diesen gänzlich neuartigen und spezifisch amerikanischen Forschungsansatz nach der Lektüre von Marx' ‚Ancient Society'-Exzerpten zum Leitmotiv des ‚Ursprung' machte und um seinetwillen viele seiner bis dahin auf den Ergebnissen der europäischen Archäologie und Frühgeschichtsforschung basierenden früheren Anschauungen und Überzeugungen mehr oder weniger abrupt und unkommentiert revidierte (vgl. Teilband 2 dieser Studie, Kapitel 2 und 3), verließ er zugleich auch die betont empirisch orientierten Wege der traditionellen europäischen Frühgeschichtsforschung und lief gewissermaßen ‚mit wehenden Fahnen' ins Lager der damals gerade erst neu entstehenden und sehr viel ‚ethnologischer' orientierten amerikanischen Kulturanthropologie über, zu deren wichtigsten Pionieren und Wegbereitern Morgan gehörte (vgl. Teilbände 1 und 2 dieser Studie). Die demonstrative Antipathie und Verachtung, die Engels seither den führenden Köpfen der europäischen Prähistorie und Geschichtswissenschaft entgegenbrachte (vgl. Zitate in Teilband 2 dieser Studie, S.48/49), läßt die offenkundige Abruptheit und Vehemenz dieses

Positionswechsels und seiner konzeptionellen Neuorientierung deutlich erkennen. ((26))

Diese Neuorientierung, die über den ‚*Ursprung*' in der Folge dann zu einem Grundpfeiler der marxistischen Geschichtstheorie wurde, eröffnete ihm einerseits zwar gänzlich neue und zukunftsweisende Sichtweisen und Perspektiven, führte ihn in den Fußstapfen Morgans aber andererseits auch auf ausgesprochen unsicheres und weitgehend spekulatives Terrain und verleitete ihn zur unkritischen Übernahme einer ganzen Reihe von Irrtümern und Fehldeutungen der damals noch jungen und unerfahrenen amerikanischen Anthropologie (vgl. Teilband 2 dieser Studie, Kapitel 2 und 3). Engels warf im Gefolge Morgans mit anderen Worten zwar einiges an tatsächlich überholtem und methodisch verstaubtem historistischem Ballast (vgl. S.121) über Bord, gab im Gegenzug aber auch manches in jahrzehntelanger geduldiger Gelehrtenarbeit zusammengetragene und empirisch abgesicherte Wissen auf, um dafür eine Reihe der in der Anfangsphase fast unvermeidlichen Irrtümer und Fehldeutungen der noch jungen und erst in ihrer Entwicklungsphase befindlichen Anthropologie amerikanischer Prägung einzutauschen (vgl. Teilband 2 dieser Studie). An die Stelle einer gewissen ‚Altersstarre' der altehrwürdigen europäischen Geschichtstradition traten auf diese Weise gewissermaßen die ‚Kinderkrankheiten' der sich gerade erst herausbildenden neuweltlichen Anthropologie, und aus diesem Umstand erklärt sich auch der mitunter auffällige Kontrast zwischen Engels' Frühgeschichtsdarstellung im ‚*Ursprung*' und vielen in seinen früheren historischen Schriften und Fragmenten vertretenen Auffassungen (einige markante Beispiele dafür finden sich in Teilband 2 dieser Studie, Kapitel 2 und 3). ((27))

Was aber war nun das Neue an Morgans anthropologischem Ansatz, und was war es, das Marx und Engels so sehr an ihm faszinierte?

2 Die irokesische Gesellschaft

Lewis Henry Morgan war einer der ersten Forscher, die eine indigene vorstaatliche Gesellschaft über Jahre hinweg eingehend mit wissenschaftlichen Fragestellungen und Methoden untersuchten. Seine lebenslanger Ausgangs- und Bezugspunkt waren dabei die Irokesen in seinem Heimatstaat New York, die er schon seit seiner Jugend bewunderte und deren Kultur und Gesellschaft er 1851 in seiner ethnographischen Monographie *The League of the Iroquois* ('Die Irokesenliga') in allen Details beschrieb (vgl. Teilband 1 dieser Studie, S.40).

In seinem 26 Jahre später (1877) veröffentlichten Alterswerk *Ancient Society* (= 'Die Urgesellschaft'), das Engels als Anregung und Materialvorlage für den *Ursprung* diente, umriß der amerikanische Anthropologe die allgemeine Lebensweise der Irokesen und anderer nordamerikanischer Indianer in wenigen Worten wie folgt:

*"[Die Irokesen im Staate New York] wohnten in Dörfern, die gewöhnlich mit Palisaden umgeben waren, und lebten von **Fisch und Wildpret** und den Produkten eines **beschränkten Gartenbaues**. Der Zahl nach waren sie nie mehr als 20 000 Personen, wenn sie diese Zahl überhaupt jemals erreichten. **Unsicherer Lebensunterhalt und unaufhörliche Kriegführung** hemmten die Vermehrung der Zahl bei allen Stämmen der Ureinwohner, einschließlich der Dorfindianer. Die Irokesen waren in den großen Waldungen verborgen, welche damals das ganze Gebiet des jetzigen Staates New York bedeckten und die urbar zu machen ihre Kraft nicht ausreichte."*

*"**Sie pflanzten Mais, Bohnen, Kürbisse** und Tabak auf Gartenbeeten und machten ungesäuertes Brot aus gestoßenem Mais, das sie in irdenen Gefäßen buken. (...) Sie gebrauchten Bogen, Pfeil und Kriegskeule als ihre hauptsächlichsten Waffen und [verwendeten] Stein-, Feuerstein- und Knochenwerkzeuge. (...) Sie bauten lange, **gemeinschaftliche Wohnhäuser**, die geräumig genug waren, um fünf, zehn [oder] auch zwanzig Familien zu beherbergen, und jeder **Haushalt war kommunistisch eingerichtet**. Dagegen war ihnen der Gebrauch von Steinen oder Adoben [= Lehmziegeln, MK] zum Hausbau und die Nutzbarmachung der gediegenen Metalle unbekannt."* ((28))

Hochentwickelter Pflanzenanbau

Heutige Ethnologen kritisieren an dieser Beschreibung, dass sie das von den Männern betriebene Wildbeutertum (*„Fisch und Wildpret"*, *„Pfeil und Bogen"*) in den Vordergrund stellte und den in Wahrheit ökonomisch weit wichtigeren irokesischen Mais- und Gemüseanbau, der in den Händen der Frauen lag und ihre starke gesellschaftliche Stellung maßgeblich mitbegründete (vgl. S.35/36), als eine eher sekundäre und untergeordnete Ergänzung darstellte (*„beschränkter Gartenbau"*). Der Soziologe Thomas Wagner faßt den heutigen Forschungsstand dazu wie folgt zusammen:

„[Die historischen Irokesen] betreiben eine **hochentwickelte Landwirtschaft**, die durch Sammeln, Jagd und Fischfang ergänzt wird. Sie konnte zur Zeit der Ankunft der Europäer durchaus mit der europäischen Landwirtschaft konkurrieren und war in der Lage, den **Hauptteil der irokesischen Nahrungsmittelversorgung** zu bilden. Alles **Land** ist durch die Frauen verwaltetes **Gemeineigentum**, über das Familiengruppen und Einzelpersonen lediglich Nutzungsrechte ausüben. (…) In der Anlegung neuer Mais-, Bohnen- und Kürbisfelder (…) zeigt sich die für die Irokesen so charakteristische **Arbeitsteilung** entlang der Geschlechtergrenze. (…) Die Frauen kultivieren in ihren Gärten [ferner] Sonnenblumen zur Ölgewinnung, Melonen und Obstbäume. Die Erträge der von den Männern durchgeführten **Jagd- und Fischzüge** sowie der gemeinschaftlichen Herbstjagden **ergänzen** die landwirtschaftliche Produktion, ohne ihr jedoch gleichwertig zu sein." ((29))

Wagner zufolge „kultivierten die Irokesen nicht weniger als siebzehn verschiedene Mais-, sechzig Bohnen- und acht Kürbissorten", und der französische Seefahrer und Reisende Jacques Cartier berichtete 1535 über große irokesische Dörfer mit ausgedehnten Maisfeldern und bis zu 3000 Bewohnern. ((30)) Die vorrangige Bedeutung der Landwirtschaft bei den Irokesen kam auch darin zum Ausdruck, dass sie im Jahresverlauf nicht weniger als sechs landwirtschaftliche Feste feierten. ((31)) „Die äußere Welt des Waldes und der innere Bereich der Lichtung", so Wagner weiter,

„werden als **geschlechtsspezifisch besetzte Domänen** komplementär aufeinander bezogen. Die Lichtung erscheint als Domäne weiblicher Hackbauern, Haushaltsvorstände und Clanhäuptlinge. Ihre Welt ist die innere Sphäre des Dorfes, des Langhauses, der Kinder, der landwirtschaftlichen Produktion. (…) Die dem Wald zugeordneten Männer übten sich dagegen in der äußeren Sphäre der Jagd, des Handels, der Diplomatie und des Krieges. Die frühe Matriarchatsforschung sah in dieser Sphärentrennung zuweilen noch eine Frauenherrschaft. Dagegen versuchen heutige Konzepte symmetrischer Machtteilung, eine ausgefeilte Balance geschlechtsspezifischer Tätigkeitsfelder und Horizonte zu erklären. (…) Nunmehr ist die Rede von einer **geschlechtssysmmetrischen Gesellschaft**, in der die Macht zwischen Frauen und Männern polyzentrisch verteilt ist und in verschiedenen sozialen Kontaktstellen zusammenfließt. (…) Den Vereinigungen der Männer zu Kriegs- und Handelszwecken entspricht die **weibliche Kontrolle der landwirtschaftlichen Produktion** in Arbeitskollektiven, die als permanenter und stabiler als ihre männlichen Gegenstücke beurteilt wurden." ((32))

Wie der amerikanische Literaturwissenschaftler Roy Harvey Pearce gezeigt hat, war es eine weitverbreitete Tendenz unter den europäischen Siedlern in Nordamerika, die Indianer pauschal als überwiegende ‚Jäger‘ zu bezeichnen, was ihnen nicht zuletzt dabei half, ihre Ansprüche auf das Land der Indigenen durch den in der Realität oft unzutreffenden Hinweis auf deren angeblich ökonomisch weit unterlegene jägerische Lebensweise und ihren eigenen wirtschaftlich sehr viel ergiebigeren Ackerbau zu untermauern. ((33)) Auch Morgan und ihm folgend der in den ethnologischen Details weniger bewanderte Engels legten in ihrer Gesamtbeurteilung der irokesischen Kultur offenkundig dieses fragwürdige Wildbeutermodell zugrunde, denn nur so läßt sich ihre Einordnung dieser Kultur in die „*Unterstufe der Barbarei*" (MEW 21, S.32 und 94) erklären, die nach Morgans Entwicklungsschema noch *vor* dem Beginn des systematischen Pflanzenanbaus lag (vgl. Teilband 2 dieser Studie, S.56). ((34))

Diese vergleichweise ‚niedrige‘ Einstufung seines indianischen Referenz- und Musterstammes verwundert umso mehr, als der Anthropologe die Irokesen in seiner *‚Ancient Society‘* ansonsten als eine ausgesprochen fortschrittliche

Stammesgruppe beschrieb. *„Zur Zeit ihrer Entdeckung waren sie"* nach seinen Worten

„an Intelligenz und Kultur die höchsten Repräsentanten der roten Rasse nördlich von Neumexiko, obwohl in den Künsten des Lebens vielleicht niedrigerstehend als einige der Golfstämme. Der Größe und dem Wesen ihrer geistigen Begabung nach müssen sie den **höchstentwickelten Indianern** *Amerikas zugezählt werden".* ((35))

Im übrigen ging Morgan in seiner *‚Ancient Society'* nur recht knapp auf die allgemeine Lebensweise und materielle Kultur der Irokesen ein, die er ja bereits 1851 in seiner erwähnten Monographie *‚The League of the Iroquois'* (‚Die Irokesenliga') ausführlich und detailliert beschrieben hatte (vgl. Teilband 1 dieser Studie, S.40). Der Anthropologe konzentrierte sich in seinem Haupt- und Alterswerk vielmehr vorwiegend auf die irokesischen Verwandtschaftsstrukturen und gesellschaftlichen Institutionen, und diese Schwerpunktsetzung übernahm auch Engels im *‚Ursprung'*.

Die irokesische *Gens*

„Die Verfassung der amerikanischen Ureinwohner begann mit der Gens und endete mit dem Bund von Stämmen", schrieb Morgan dazu in der *‚Urgesellschaft',* wobei nach seinen Worten

„die Gens die Einheit des ganzen gesellschaftlichen Systems war - die Grundlage, auf welcher die Indianergesellschaft organisiert war" (vgl. MEW 21, S.89).

Er beschrieb ihre Grundstruktur wie folgt:

„Eine **Gens** *ist eine Gesamtheit von* **Blutsverwandten***, die alle von einem gemeinsamen Urahnen abstammen, durch einen* **Gentilnamen** *bezeichnet sind und durch Bande des Blutes zusammengehalten werden. (...) Da, wo die* **Abstammung in der Mutterfolge** *stattfindet, wie dies in der älteren Periode allgemein war, ist die Gens zusammengesetzt aus einer vorausgesetzten Urältermutter und deren Kindern, nebst den Kindern ihrer weiblichen Deszendenten, und setzt sich so ununterbrochen fort in der* **weiblichen Linie***. Da, wo die Abstammung in der* **Vaterfolge** *stattfindet – und diese Änderung fand statt,*

nachdem das **Privateigentum** größeren Umfang angenommen hatte –
besteht die Gens aus einem angenommenen Urahnherrn und seinen
Kindern, nebst den Kindern seiner männlichen Deszendenten, und
setzt sich ununterbrochen fort in der männlichen Linie." ((36))

Den Begriff *Gens* (lat. = ‚Sippe') hatte Morgan ebenso wie den
später noch zu erörternden Terminus *Phratrie* (griech. = ‚Bru-
derschaft'; vgl. S.44) aus der Geschichtsschreibung des antiken
Griechenland und Rom übernommen, wo im Altertum Verwandtschaftsverbände dieses Namens existierten, die der Anthropologe in seiner ‚*Ancient Society'* mit denen der Indianer
gleichsetzte (vgl. MEW 21, S.85/86 und Kapitel 3). ((37))
In der heutigen Ethnologie bezeichnet man diese Verwandtschaftsverbände zumeist als *Clans* oder *Lineages* (vgl. S.69/70)
- ein Begriff, der zu Morgans' Zeit bereits gebräuchlich war,
den der Anthropologe aber zumeist vermied (vgl. MEW 21,
S.87). ((38)) *„In der Epoche der Entdeckung Amerikas durch
die Europäer"*, so Morgan in seiner ‚*Ancient Society'* weiter,

> *„waren die Indianerstämme ganz allgemein in Gentes organisiert,
> mit* **Abstammung in der Mutterfolge***. (...) Überall bei den Urein-
> wohnern von Amerika nahm die Gens ihren Namen von einem Tier
> oder unbelebten Gegenständen her, niemals von einem Menschen.
> Denn der Einzelne ging in diesem frühen Zustand der Gesellschaft
> völlig in der Gens auf."*

Die *„Anzahl der Gentes in einem Stamm variierte"* nach Angaben des Anthropologen *„von drei bei den Delawaren und
Munsees bis zu einigen zwanzig bei den Ojibwas und Creeks"*,
und *„die Anzahl der Personen in jeder Gens zwischen hundert
und tausend."* ((39)) Die irokesische Gens, so faßte Engels
Morgans Ergebnisse im ‚*Ursprung'* zusammen, bestehe also

> *„aus allen Personen, die (...) die anerkannte Nachkommenschaft
> einer bestimmten einzelnen Stammutter, der Gründerin der Gens,
> bilden. Da in dieser Familienform die Vaterschaft ungewiß, gilt nur
> die* **weibliche Linie** *."* (MEW 21, S.86). ((40))

Weiter auf S. 35

29

Indianer, Ureinwohner, Indigene

Neben dem heute immer gebräuchlicher werdenden Wort ,*Indigene*'
verwende ich in diesem Band auch weiterhin die Bezeichnung ,*Indianer*' für die Ureinwohner Nordamerikas, die manche mittlerweile
für fragwürdig oder sogar anrüchig halten. ((41)) Ich möchte dies im
Folgenden kurz begründen.

,*Indianer*' bei Morgan und Engels

Der erste und sicherlich naheliegendste Grund dafür ist, dass Morgan und Engels selbst in der ,*Urgesellschaft* bzw. im ,*Ursprung*', um
die es in meiner Studie ja geht und aus denen ich ausführlich zitierte,
vorwiegend die Bezeichnung ,*Indianer*' (bei Morgan ,*Indians*') verwendeten und es daher wenig sinnvoll, sondern für den Leser eher
verwirrend wäre, wenn ich dieses Wort gewissermaßen zwanghaft
aus meinem eigenen Text verbannen und vollständig durch den
mittlerweile fast üblicher gewordenen Begriff ,*Indigene*' ersetzen
würde. Ich verwende beide Bezeichnungen vielmehr abwechselnd
und gleichberechtigt nebeneinander, und daneben auch noch das
Wort ,Ureinwohner', das auch schon bei Morgan vereinzelt auf-
taucht *(„American Aborigines")*. Ich empfinde diese Verfahrensweise
auch keineswegs als eine im Grunde etwas anrüchige Notlösung,
sondern als vollständig sachgerecht und ohne jedes ,schlechte Gewissen' vertretbar, da die Bezeichnung ,Indianer' nach meiner
Meinung (anders als etwa das heute völlig zurecht aus dem alltäglichen Sprachgebrauch verbannte ,*N-Wort*' für Menschen schwarzer
Hautfarbe) weder eine Herabsetzung noch eine ethnische Diskrimi-
nierung beinhaltet.

Inder und ,Indianer'

Das Wort ,*Indianer*' geht bekanntlich auf einen Irrtum Christoph
Kolumbus' zurück, der sich bei seiner Ankunft in Südamerika im Jahr
1492 fälschlich in Indien angelangt wähnte und die Bewohner des
Kontinents diesem Fehlglauben entsprechend falsch benannte. Sein
historischer Irrtum liegt freilich nunmehr über 500 Jahre zurück und
ist daher nach meiner Auffassung für sich allein noch kein hinrei-

chender Grund, um einen derart lange völlig selbstverständlich verwendeten und im Sprachschatz fest eingebürgerten Begriff plötzlich sang- und klanglos fallenzulassen. Bei einem derart pedantischen Sprachrigorismus müßte man konsequenterweise auch die Bezeichnung ‚Amerika‘ selbst zur Disposition stellen, denn mit ihr wurde ein ganzer Doppelkontinent mitsamt all seiner Einwohner nach einem einzigen europäischen Entdecker, nämlich dem spanischen Kaufmann und Seefahrer Amerigo Vespucci (1451-1512) benannt, was heutigem antikolonialistischem Denken und Empfinden sicherlich mindestens ebenso widerspricht. ((42))

Die Bezeichnung ‚Indianer‘ ist ferner, wie bisweilen moniert wird, von ihrem Wesen her unstreitig ein Sammelbegriff, der eine Vielzahl teilweise sehr unterschiedlicher Menschengruppen, die als Eigenbezeichnung zumeist über individuelle Stammesnamen wie etwa ‚Sioux‘ oder ‚Apachen‘ verfügen, begrifflich in eine gemeinsame Schublade steckt. Freilich ist dies ebenso auch bei zahllosen anderen Völkernamen und ethnischen Bezeichnungen wie etwa ‚Afrikaner‘, ‚Europäer‘, ‚Kelten‘ oder ‚Germanen‘ der Fall, ohne dass es dort in ähnlicher Weise kritisiert und abgelehnt würde. Weite Bereiche unserer Sprach- und Begriffswelt sind nun einmal geprägt von solchen verallgemeinernden ‚Schubladen‘- und Sammelbegriffen, und zu ihrer vollständigen Vermeidung dürfte man letztlich nur noch die oftmals sehr komplexen und für Fremdsprachler nur schwer auszusprechenden und zu schreibenden Eigenbezeichnungen der einzelnen Stämme und Nationen wie etwa *Chiricahua*-Apachen oder *Haudenosaunee* (= ‚Volk des Langhauses‘) für die Irokesen (vgl. S.36) verwenden. Auch die mittlerweile gebräuchlichere und als ‚politisch korrekter‘ geltende Alternativbezeichnung ‚Indigene‘ ist ja nämlich vom Wesen her ein ähnlicher - und sogar noch stärker verallgemeinernder, weil abstrakterer – Sammel- und ‚Schubladenbegriff‘.

‚Rothäute‘ und Edle Wilde

In die Kritik geraten ist die Bezeichnung ‚Indianer‘ in den letzten Jahrzehnten vorwiegend deshalb - und damit kommen wir zur politischen Problematik des Themas -, weil der amerikanische Begriff ‚Indians‘ von reaktionären weißen Gruppierungen in den USA tatsächlich häufig mit einem unverkennbar abfälligen und rassistischen Unterton benutzt wurde und wird (vgl. Kapitel 1), wie er ähnlich auch in dem allein auf die Hautfarbe abhebenden deutschen Wort

,*Rothäute*' mitschwingt. Aus diesem Grund begannen sich seit den 1980er Jahren zahlreiche – aber keineswegs alle – indigenen Stämme und Nationen in den USA gegen diese Bezeichnung zu wehren, die von vielen anderen indianischen Institutionen und Verbänden aber dessen ungeachtet selbst weiterverwendet wird. ((43))

Das deutsche Wort ,*Indianer*' beinhaltet im Gegensatz dazu traditionell keinerlei negative Assoziationen – eher im Gegenteil. Hierzulande galten und gelten die amerikanischen Ureinwohner, mit denen man anders als die europäischen Kolonisten in den USA niemals in blutiger Konfrontation lebte, sondern die das deutsche Lese- und Kinopublikum vorwiegend durch Erzählungen wie ,*Lederstrumpf*' oder die Roman- und Filmabenteuer des edlen Apachenhäuptlings Winnetou kennenlernte, vielmehr nicht erst seit Karl May als stolze und heroische ,*Edle Wilde*' (vgl. Kapitel 1) und als ausgesprochen positives, ja vielbewundertes Gegenbild zu den oft als skrupellos und brutal charakterisierten weißen Siedlern und Eroberern. Natürlich spielen auch in diesem populären Indianerbild – wie in nahezu allen Darstellungen fremder Völker – stereotypisierende und oft auch schlichtweg unzutreffende Klischees eine wesentliche Rolle - doch waren und sind diese in Deutschland anders als in den USA eben keineswegs herabsetzend und abwertend, sondern vielmehr ausgesprochen respektvoll und bewundernd, ja vielfach geradezu idealisierend geprägt. „Ich persönlich bin Karl May dankbar", zitierte eine Zeitschrift in diesem Zusammenhang jüngst einen indianischen Darsteller im Wildwest-Themenpark *El Dorade Templin* in der Uckermark , denn

„seine Bücher haben die Deutschen neugierig gemacht. Nur müssen die Leute verstehen, dass es **Märchen** sind". ((44))

,*Indigene*' auf allen sechs Kontinenten

Zumindest in Deutschland ist das Wort ,*Indianer*' also nach meiner Auffassung keineswegs diskriminierend oder gar rassistisch gefärbt, und bei genauerer Betrachtung ist es auch wesentlich eindeutiger und präziser als der sehr allgemeine und nicht auf eine bestimmte ethnische Gruppe bezogene Begriff ,*Indigene*', der in Nordamerika die Indianer, in Australien die *Aborigines*, in Südafrika die *San* (früher: ,Buschleute') und in Skandinavien die Samen etc. meint.

In einem dem Publikum bekannten und geographisch exakt umrissenen Kontext ist das zwar sicherlich kein Problem - bei kulturübergreifenden und weltweiten Studien kann es hingegen durchaus zu einem solchen werden und zu begrifflichen Unklarheiten und Verwirrungen führen. ((45))

Darüber hinaus ist der Begriff ‚Indigene‘ von seinem Wesen her eine rein abstrakte Bezeichnung ohne irgendwelche spezifischen kulturellen oder historischen Bezüge, während in dem Wort ‚Indianer‘ - ebenso wie in vergleichbaren Parallelbezeichnungen wie *Aborigines, Inuit* usw. – stets auch die konkrete Vorstellung einer bestimmten Lebensweise und Kultur mitschwingt. ((46))

Comeback der Kolonialbegriffe?

Schließlich bedeutet das Wort ‚Indigene‘ präzis übersetzt keineswegs ‚Einheimische‘ oder ‚Ureinwohner‘, wie es heute zumeist unverfänglich ins Deutsche übertragen wird, sondern vom etymologischen Wortursprung her ‚Eingeborene‘ (von lat. *indu-* = ‚ein‘ und *genus* = ‚geboren‘). ((47)) Aus historischer Perspektive ist diese Bezeichnung aber bekanntlich alles andere als politisch unbelastet, sondern besitzt durch ihren massenhaften abschätzigen Gebrauch in der Ära des Kolonialismus einen ausgeprägt abwertenden und diskriminierenden Beigeschmack.

Durch die Übernahme als Fremd- bzw. Lehnwort aus dem Amerikanischen wird dieser Umstand lediglich notdürftig kaschiert - ähnlich wie bei der heute als ausgesprochen *woke* und progressiv geltenden Bezeichnung ‚People of Colour‘ (*PoC*) für die Völker und Ethnien des globalen Südens und Fernen Ostens, die wörtlich ins Deutsche übersetzt freilich gleichfalls nichts anderes als die altgedienten und berühmt-berüchtigten ‚Farbigen‘ meint. Auch dieser Sammelbegriff wurde früher gerade von Linken und Progressiven (sowie von zahlreichen Betroffenen) zurecht als eine von ihrem ganzen Wesen her abwertende und rassistische ‚Schubladenbezeichnung‘ kritisiert und gebrandmarkt, da er alle vom dabei offenkundig als ‚Norm‘ zugrundegelegten europäischen Standard abweichenden ‚Nichtweißen‘ allein aufgrund ihrer Hautfarbe begrifflich in einen Topf wirft. Doch auch hier vermag die ‚progressive‘ Verpackung im schicken Gewand des *woken* Fremdworts offenkundig viele wohlmeinende Menschen über den vom Wesen her diskriminieren-

den und rassistischen Charakter des Wortes hinwegzutäuschen.
((48))

Abwechslung statt Monotonie

Aus all den genannten Gründen verwende ich im vorliegenden Band
die Begriffe ‚*Indianer‘*, ‚*Indigene‘* und ‚amerikanische Ureinwohner‘
mit voller Absicht gleichberechtigt nebeneinander, und zwar nicht
zuletzt auch aus Gründen der sprachlichen Abwechslung, da eine
stete Wiederholung des immer gleichen Wortes - sei es nun ‚*Indianer‘* oder ‚*Indigener‘* – den Text unnötig eintönig und monoton machen würde. Und auf eine gewisse sprachliche Abwechslung und
Vielfalt sollte ein Autor bei einer Buchveröffentlichung (anders als
etwa bei einem Flugblatt oder einer reinen Informationsschrift) nach
meiner Meinung schon achten - nicht nur auf vermeintliche ‚politische Korrektheit‘.

Fortsetzung von S. 29:

Mutterrecht und *Matrilokalität*

Wie Morgan und Engels hervorhoben, war das ganze Verwandtschaftssystem in seiner Grundstruktur ferner *exogam*, das heißt die Ehepartner mußten außerhalb der eigenen Gens gesucht werden (vgl. S.71). „*Kein Mitglied darf innerhalb der Gens heiraten*", schrieb Engels dazu im ‚*Ursprung*', und dieses

„*Eheverbot innerhalb der Gens* werde „*unverbrüchlich eingehalten*"; „*dies ist die Grundregel der Gens, das Band, das sie zusammenhält*" (MEW 21, S.87).

Bei den Irokesen galt dabei auf der Basis der mütterlichen Abstammungsfolge oder *Matrilinearität* (bei Morgan und Engels „*Mutterrecht*" - vgl. S.72) auch eine *matrilokale* Wohnsitzregel, das heißt der Ehemann verließ nach der Heirat seine eigene Gens bzw. Lineage und zog in das Langhaus seiner Frau und ihrer Angehörigen – auch die gemeinsamen Kinder gehörten der mütterlichen Gens bzw. Lineage an.

„*Es bleiben also nur die Nachkommen der **Töchter** jeder Generation innerhalb des Geschlechtsverbandes; die der Söhne gehen über in die Gentes ihrer Mütter*",

schrieb Engels dazu im ‚*Ursprung*' (MEW 21, S.86). „Damit ist die weibliche Abstammungslinie ordnungsbildend", so Thomas Wagner:

„Die jungen Frauen bleiben im Langhaus ihrer *Ohwachira* [= mütterlichen Lineage ; vgl. Anm.48], wenn sie von ihren weiblichen Verwandten verheiratet werden, (…) (und) bilden mit ihren jeweiligen Partnern und Nachkommen innerhalb des Langhauses separate Wohngemeinschaften mit einer eigenen Kammer und Feuerstelle. (…) Das Zusammengehörigkeitsgefühl der Frauen, die (…) wegen der starken Bindungen an die Geschlechtsgenossinnen keine soziale Unsicherheit zu befürchten haben, ist aufgrund dieser sozialen Organisation sehr hoch. Das Problem unehelicher Geburt und die damit verbundene Schwierigkeit verwandtschaftlicher Zuordnung und rechtlicher Absicherung des Kindes ist unbekannt. Jedes Neugeborene wird automatisch als Familienmitglied der mütterlichen *Oh-wachira* betrachtet und erhält den Status und den Anspruch auf alle Namen, Titel, Privilegien und Funktionen, die die *Ohwachira* durch die Frauen und Mütter zu vergeben hat." ((49))

Der irokesische Haushalt

Gemeinsamer Wohnort und Haushalt der irokesischen ‚*Matri-Lineages*' waren ihre charakteristischen Langhäuser mit der indigenen Bezeichnung *Ganonh'sees*, die im Durchschnitt etwa 6 x 20 m maßen und zwischen fünf und zwanzig Einzelfamilien Unterkunft bieten konnten – bis zu ungefähr hundert Personen. ((50)) Die Irokesen bezeichneten sich selbst nach diesem charakteristischen Wohnhaustyp auch als *Haudenosaunee* = ‚Leute des Langhauses'.

   „Die Langhausgemeinschaften wurden schon früh als Orte eines haushaltlichen ‚Kommunismus' beschrieben", so Wagner:

„Nahrungsmittel jeglicher Art - ob sie aus der frauenspezifischen Feldarbeit und Sammeltätigkeit oder der männerdominierten Jagd und dem Fischfang stammen [vgl. S.26] - werden von den Frauen einer *Ohwachira* verwaltet. Das an mehreren Feuern der *Ohwachira* zubereitete Essen wird von ihrem weiblichen Vorstand den einzelnen Kleinfamilien zugeteilt. Typischerweise bildet eine Älteste den Fokus aller Aktivitäten der *Ohwachira.*" ((51))

„*Kommunistischer Haushalt bedeutet Herrschaft der Weiber im Hause*",

brachte Engels diese Verhältnisse im ‚*Ursprung*' kurz und bündig auf einen Nenner (MEW 21, S.53):

„*Die kommunistische Haushaltung, in der die Weiber meist oder alle einer und derselben Gens angehören, die Männer aber auf verschiedene Gentes sich verteilen, ist die sachliche Grundlage jener in der Urzeit allgemein verbreiteten* **Vorherrschaft der Weiber**" (MEW 21, S.54).

Egalität und Solidarität

Morgan und Engels hoben des weiteren vor allem die Rolle dieser Verwandtschaftsverbände und Lebensgemeinschaften als grundlegende Basiselemente der irokesischen Gesellschaft hervor, in denen das Zusammengehörigkeitsgefühl groß war und die ganze Gruppe für jedes einzelne ihrer Mitglieder bis in den Tod hinein einstand. Im Einklang damit spielten auch individueller Besitz und Privateigentum nur eine untergeordnete Rolle.

„Das Vermögen Verstorbner fiel an die übrigen Gentilgenossen, es mußte in der Gens bleiben. Bei der Unbedeutendheit der Gegenstände, die ein Irokese hinterlassen konnte, teilten sich die nächsten Gentilverwandten in die Erbschaft" (MEW 21, S.87),

schrieb Engels im *‚Ursprung'* dazu.

„Schon früh berichteten koloniale Beobachter, dass materieller Besitz so in Umlauf gehalten wurde, daß kein einzelner, ohne gegen seine Gruppe und die herrschende Moral zu verstoßen, Reichtum hätte anhäufen können"

hebt auch Wagner hervor:

„Morgan bezeichnete die Gastfreundschaft als eines der anziehendsten Kennzeichen der irokesischen Gesellschaft, und auch die gegenwärtige historische Forschung erklärt kurz und bündig: Es wurde geteilt, was immer da war, und entweder mußte keiner oder alle hungern."

„Ist schon durch das egalitäre Ethos des Teilens einer Anhäufung ökonomischen Reichtums ein wirksamer Riegel vorgeschoben", so Wagner weiter,

„leisten [auch] im Anschluß an die Gemeinschaftsarbeiten veranstaltete Feste ihren Teil zur Nivellierung von Besitzunterschieden. Denn über ihre solidaritätsstiftende, integrative Funktion hinaus stellen diese Feste eine vielfach genutzte Möglichkeit dar, zwischenzeitlich entstandene ökonomische Ungleichheiten wieder auszugleichen. Für die sich jeweils ökonomisch verausgabende Familiengruppe der

Veranstalter bieten sie eine reizvolle Möglichkeit des Prestigegewinns und verhindern zugleich, dass sich dauerhaft Reichtum in ihren Händen anhäufen lässt [vgl. S.84]. (…) Der Praxis des Teilens wird bei den Irokesen stets der Vorzug gegeben vor dem Prinzip der Besitzanhäufung." ((52))

„Freiheit, Gleichheit, Brüderlichkeit"

„Alle Mitglieder einer irokesischen Gens waren persönlich frei und verpflichtet, einer des andern Freiheit zu schützen",

faßte Morgan das Leitprinzip der irokesischen Gesellschaft in seiner *,Ancient Society'* zusammen:

„Sie waren einander gleich in Befugnissen und persönlichen Rechten, (...) und sie waren eine durch Blutsbande verknüpfte Brüderschaft. Freiheit, Gleichheit und Brüderlichkeit, obwohl nie formuliert, waren die Grundprinzipien der Gens. (...) Dies erklärt hinlänglich den Unabhängigkeitssinn und die persönliche Würde des Auftretens, die allgemein als Attribute des Indianercharakters anerkannt sind" (vgl. MEW 21, S.89).

„In der Gentilgesellschaft verließ der Einzelne sich betreffs seiner Sicherheit auf seine Gens", fuhr der Anthropologe fort:

„Sie nahm die Stelle ein, deren später der Staat sich bemächtigte. (...) Innerhalb ihrer Mitgliedschaft war das Band der Verwandtschaft ein mächtiges Element für gegenseitige Unterstützung. Jemand schädigen hieß, seine Gens schädigen, und jemandem beistehen hieß, mit seiner Gentilverwandtschaft für ihn eintreten. (...) [Daher war] die Verpflichtung, den Mord eines Blutsverwandten zu rächen, bei den Irokesen und überhaupt bei den Indianerstämmen allgemein anerkannt, (...) und diese uralte Praxis der Blutrache hatte ihre Geburtsstätte in der Gens" (vgl. MEW 21, S.87/88). ((53))

Engels beschrieb diese Blutrache im *,Ursprung'* wie folgt:

„Die Gentilgenossen schuldeten einander Hilfe, Schutz und namentlich Beistand zur Rache für Verletzung durch Fremde. (...) Erschlug ein Gentilfremder einen Gentilgenossen, so war die ganze Gens des Getöteten zur Blutrache verpflichtet. Zuerst versuchte man Vermitt-

lung; (...) wurde diese angenommen, war die Sache erledigt. Im andern Fall ernannte die verletzte Gens einen oder mehrere Rächer, die den Töter zu verfolgen und zu erschlagen verpflichtet waren. Geschah dies, so hatte die Gens des Erschlagnen kein Recht, sich zu beklagen, der Fall war ausgeglichen" (MEW 21, S.87/88).

‚*Magna Charta*' der irokesischen Gens

Morgan listete die „*Rechte, Privilegien und Pflichten*" der Mitglieder einer irokesischen Gens, die er als ***jus gentilicium*** (= Gentilrecht) bezeichnete, in seiner ‚*Ancient Society*' in Stichworten wie folgt auf:

> „*I. Das Recht der Wahl ihrer Sachems und Häuptlinge.*
> *II. Das Recht der Absetzung ihrer Sachems und Häuptlinge.*
> *III. Die Verpflichtung, nicht innerhalb der Gens zu heiraten.*
> *IV. Das Recht der Beerbung des Eigentums verstorbener Mitglieder.*
> *V. Gegenseitige Verpflichtung zu Hilfe, Abwehr und Sühne für erlittene Unbilden.*
> *VI. Das Recht, ihren Mitgliedern Namen zu geben.*
> *VII. Das Recht, Fremde in die Gens zu adoptieren.*
> *VIII Gemeinsame religiöse Feierlichkeiten (unsicher).*
> *IX. Ein gemeinsamer Begräbnisplatz.*
> *X. Die Ratsversammlung der Gentilgenossen.*"

„*Diese Funktionen und Attribute verliehen der Organisation sowohl Lebenskraft als auch Selbständigkeit und schützten die persönlichen Rechte ihrer Mitglieder*",

kommentierte der Anthropologe seine Stichwortliste. ((54)) Engels zählte diese kennzeichnenden Merkmale Morgans Aufslistung folgend im ‚*Ursprung*' gleichfalls Punkt für Punkt auf (MEW 21, S.86-89).

Sachems und Häuptlinge

An erster und letzter Stelle von Morgans Liste standen Merkmale bzw. Institutionen der politischen Organisation und „*öffentlichen Verfassung*" der Irokesen, die ihm und Engels besonders wichtig waren und die wir bisher noch nicht erörtert haben. Es handelte sich dabei zum einen um die Position der Stammesführer und –häuptlinge, zum anderen um die Ratsversammlung aller Gentil- oder Stammesmitglieder. Engels bezeichnete beide Ämter bzw. Einrichtungen im ‚*Ursprung*‘ als Musterbeispiele „*der Organisation einer Gesellschaft, die noch keinen Staat kennt*", und hob sie deshalb besonders hervor (MEW 21, S.93-95).

„*Fast alle amerikanischen Indianerstämme hatten zwei Grade von Vorstehern, die unterschieden werden können als* **Sachems** *(Friedensvorsteher) und gemeinsame* **Häuptlinge** *(Kriegsanführer)*",

schrieb Morgan in seiner ‚*Ancient Society*‘ dazu:

„*Sie wurden in jeder Gens (...) proportional zur Zahl ihrer Mitglieder gewählt; bei den Seneka-Irokesen kommt ein Häuptling auf ungefähr fünfzig Personen*". ((55))

„*Die Pflichten des Sachem beschränkten sich lediglich auf Friedensangelegenheiten*" und die offizielle Repräsentation der *Gens*, „*deren offizielles Oberhaupt er war*", so der Anthropologe weiter, während „*der Kriegshäuptling nur auf Kriegszügen etwas zu befehlen hatte*" - so Engels im ‚*Ursprung*‘ (MEW 21, S.86). Beide Ämter waren strikt voneinander getrennt, so dass der Friedensvorsteher dem amerikanischen Anthropologen Jack Weatherford zufolge

„nicht als Sachem in den Krieg ziehen konnte, sondern sein ziviles Amt vorübergehend niederlegte und ein einfacher Krieger wurde, wenn er sich entschloß, auf den Kriegspfad zu gehen. Dies entsprach der Tradition vieler Stämme, die sich im Krieg und Frieden auf verschiedene Führer verließen." ((56))

Die irokesische Bezeichnung für den *Sachem* lautete *Hoyarnagowar* mit der Bedeutung ‚Ratgeber des Volkes‘, was nach Morgan „*vortrefflich das Amt definierte*", denn

*„nach der Natur und den Obliegenheiten dieses Amtes (...) waren die Sachems **nicht Herren**, die unabhängig kraft des ihnen verliehenen Rechts regierten, sondern aus freier Wahl erkorene **Vertreter** der Gentes."* ((57))

Obwohl sie in einer von Morgan ausführlich beschriebenen Zeremonie feierlich in ihr Amt eingeführt wurden (vgl. S.137/138), das sie bei korrekter Wahrnehmung lebenslang ausübten, war *„die Gewalt des Sachem innerhalb der Gens"* nach Engels' Worten *„väterlich, rein moralischer Natur"*, denn irgendwelche *„Zwangsmittel hatte er nicht"* (MEW 21, S.86). *„Das Amt des **Sachem** war erblich in der Gens in dem Sinne, daß es wiederbesetzt wurde, so oft eine Vakanz eintrat"*, so Morgan:

*„Wenn auch das Amt **in der Gens erblich** war, so konnte doch jedes ihrer männlichen Mitglieder dazu gewählt werden. (...) Die **Wahl**, welche durch **freie Abstimmung** aller erwachsenen Männer und Weiber vor sich ging, fiel gewöhnlich auf einen Bruder des verstorbenen Sachem oder auf einen der Söhne einer Schwester* [vgl. MEW 21, S.86]. *(...) Der Sachem einer Gens war* ex officio [= von Amts wegen, MK] *Mitglied des Stammesrats und des noch höheren Bundesrats."*

„Die nämliche Methode der Wahl und Bestätigung galt" nach Morgan *„auch in Bezug auf die Wahl des [Kriegs]Häuptlings"*, dessen Amt im Kontrast dazu aber *„nicht erblich war, weil es zur Belohnung persönlichen Verdienstes verliehen wurde und mit dem Träger desselben ausstarb."* ((58))

Das Amt des ‚Friedenshäuptlings‘ war mit anderen Worten formell ein Wahlamt, das aber zumeist matrilinear innerhalb einer bestimmten Gens weitervererbt wurde, während Kriegshäuptlinge ausschließlich nach ihren individuellen Fähigkeiten *ad personam* ernannt bzw. gewählt wurden. Daneben gab es bei den Irokesen als weitere öffentliche Ämter und Funktionen noch die religiösen ‚Hüter des Glaubens‘, Medizinbewahrer, Liedhalter, Ausrufer, Flötenhalter und Herolde für speziellere Aufgaben.

In der modernen Ethnologie und auch in der aktuellen indigenen Literatur werden die von Morgan und Engels genannten Titel und Ämter zum Teil etwas anders benannt. Die *sachems* bezeichnet man dort nun häufig als ‚Clanhäuptlinge‘, und Morgans und Engels‘ ‚Kriegshäuptlinge‘ nach der in ihrem Siedlungsgebiet beheimateten und als besonders widerstandsfähig geltenden Weißfichte (*Picea glauca*) als *‚Pine Tree Chiefs‘*. An der grundlegenden Charakterisierung und Funktion dieser Führungsämter hat sich durch ihre modifizierte Benennung aber nur wenig geändert. ((59))

Ansehen statt Machtfülle

„Hollywoodfilme und Abenteuerromane lassen häufig den Eindruck entstehen, dass die Indianerstämme im allgemeinen von starken Häuptlingen geführt wurden", faßt der amerikanische Anthropologe Jack Weatherford die beschriebenen Sachverhalte zusammen,

„doch sehr viel öfter regierte ein *Rat*, und der sogenannte Häuptling bekleidete gewöhnlich einen Ehrenplatz, der ihm eher *Achtung* verschaffte als Macht. Häuptlinge spielten meistens mehr eine zeremonielle und religiöse als eine politische oder wirtschaftliche Rolle."((60))

Dementsprechend besaßen weder *Sachems* noch Kriegshäuptlinge abgesehen von ihren öffentlichen Funktionen irgendwelche Privilegien oder „*irgendeinen Vorrang*", und sie blieben stets gebunden an die Beschlüsse und Entscheidungen der Ratsversammlung aller Clan- oder Stammesmitglieder, „*um Usurpation zu verhüten*" - so Morgan. ((61)) Bereits im Jahr 1747 berichtete der britische Kolonialbeamte Cadwallader Colden, „*jede* [indianische] *Nation für sich*" sei

„*eine uneingeschränkte Republik, die in allen öffentlichen Fragen von Krieg und Frieden von dem Sachems oder Ältesten regiert wird, deren Autorität und Machtbefugnis einzig auf dem Vertrauen des Rests ihrer Nation in ihre Weisheit und Integrität beruht. Sie setzen ihre Entscheidungen niemals durch Zwang oder Gewalt gegen irgendeinen ihres Volkes durch.*" ((62))

Dieser Sachverhalt wird auch durch die moderne Forschung in vollem Umfang bestätigt: „Weibliche wie männliche Häuptlinge", schreibt etwa Thomas Wagner,

„verfügen über keinerlei Zwangsmittel und können jederzeit ihres Amtes enthoben werden. Ihre einzige Machtressource bleibt **Prestige**, das sie sich in ihrer Arbeit für das Wohl der Gemeinschaft erwerben müssen." - „Weder können sie über Erzwingungsstäbe verfügen, noch sind überhaupt Befehls- und Gehorsamsberziehungen irgendwo auf Dauer gestellt."

Selbst der höchste Vorsitzende und Sprecher des irokesischen Stammesbundes (vgl. S.46/47) verfügte Wagner zufolge

„über keinerlei eigene Zwangsgewalt und war nur insofern eine herausragende Autorität, als er dem anerkannten Konsens aller Mitglieder des Irokesenbundes seine Stimme gab." ((63))

Verstieß ein Häuptling in schwerwiegender Weise gegen diesen Konsens, so drohte ihm die Absetzung durch die Ratsversammlung, denn *„obwohl das Amt der Sachems und Häuptlinge dem Namen nach lebenslänglich war"*, so Morgan,

„ hing sein Besitz in der Praxis doch von gutem Verhalten ab. (...) Durch die Existenz und gelegentliche Ausübung dieser Macht [der Absetzung, MK] *wurde die Obergewalt der Gentilgenossen über ihre Sachems und Häuptlinge behauptet und bewahrt. (...) Wenn ein Sachem oder Häuptling in gehöriger Form durch den Rat seiner Gens abgesetzt worden war, (...) so galt er fortan einfach als Privatperson. "* ((64))

Die irokesische Ratsversammlung

Bei der „*Ratsversammlung der Gens"* lag nach Morgan also letztlich die Entscheidungsmacht in der irokesischen Gesellschaft. Sie war nach den Worten des Anthropologen

„eine demokratische Versammlung, weil jedes erwachsene männliche und weibliche Mitglied in allen Fragen, die aufs Tapet kamen, eine Stimme hatte. Sie wählte und setzte ab ihre Sachems und Häuptlinge,

wählte die ‚Hüter des Glaubens‘ [= religiösen Funktionsträger], *ver-zieh oder rächte den Mord eines Gentilgenossen* [vgl. S.38/39] *und adoptierte Fremde in die Gens. Sie war der Keim des höheren Stam-mes- und des noch höheren Bundesrats, der jedoch ausschließlich aus Häuptlingen als Vertretern der Gentes zusammengesetzt war. (...) Gewöhnliche Angelegenheiten wurden von den Häuptlingen ins Reine gebracht, aber alles, was von allgemeinem Interesse war, wurde der Entscheidung einer Ratsversammlung vorbehalten.“* ((65))

„Kurz, [der Rat] war die souveräne Gewalt in der Gens“, faßte Engels den Sachverhalt im ‚*Ursprung*‘ kurz und bündig zu-sammen (MEW 21, S.89).

Die *Phratrie*

Aus diesen Grundelementen der irokesischen Gesellschaft gin-gen dann stufenartig weitere und immer umfassendere Sozial-verbände und politische Zusammenschlüsse hervor. Morgan hob unter ihnen zunächst die sog. ‚*Phratrie*‘ (griech. = ‚Bru-derschaft‘) aus mehreren enger miteinander verwandten bzw. verbundenen Gentes hervor. Die Phratrie existierte nach seinen Worten *„in einer großen Anzahl der Stämme der amerikani-schen Ureinwohner“*, was vermuten lasse,

„daß sie in der gesamten ganowanischen [= nordamerikanischen, MK] *Völkerfamilie ganz allgemein vorgeherrscht hat“*, ja *„auf allen Kontinenten verbreitet war.“*

„Die Phratrie hatte bei den Irokesen teils gesellschaftliche, teils religiöse Zwecke“, so der Anthopologe weiter – sie spielte eine Rolle bei Festlichkeiten und sportlichen Veranstaltungen, bei der Sühnung von Verbrechen durch Blutrache (vgl. S.38/39) und bei Totenbegräbnissen (vgl. MEW 21, S.89/90). Nach Morgan war sie

„ferner direkt beteiligt an der Wahl der Sachems und Häupt-linge der einzelnen Gentes; (...) Verwaltungsfunktionen im strengen Sinne des Wortes besaß sie [indes] nicht – diese blie-ben der Gens, dem Stamm und dem Bund vorbehalten.“ ((66))

Der Stamm

Eine größere Anzahl solcher ethnisch, sprachlich und kulturell miteinander verbundenen Gentes und Phratrien bildeten bei den Indianern Nordamerikas den sprichwörtlichen *Stamm* (heute oft auch als ,*Nation*' bezeichnet, vgl. Kapitel 1), der einige hundert bis zu mehrere tausend Personen umfaßte und in den meisten Fällen den umfassendsten Verband und Zusammenschluß der Indigenen bildete. „*Es fällt schwer, einen Indianerstamm nach den positiven Elementen seiner Zusammensetzung zu beschreiben*", schrieb Morgan dazu:

> „*Nichtsdestoweniger ist er scharf begrenzt und bildet die schließliche Organisation der großen Masse der amerikanischen Ureinwohner. (...) Jeder Stamm war bezeichnet durch einen eigenen Namen, einen besonderen Dialekt, eine oberste Verwaltung und den Besitz eines eigenen Gebiets, welches er innehatte und als sein Eigentum verteidigte* [vgl. MEW 21, S.90/91]. *Die Stämme waren ebenso zahlreich wie die Dialekte. (...)* **Einem Fremden ist wohl der Stamm erkennbar, aber nicht die Gens.**" ((67))

Hinzu kamen noch allen Stammesangehörigen „*gemeinsame religiöse Vorstellungen (Mythologie) und Kultusverrichtungen*", so Engels im ,*Ursprung*' (MEW 21, S.91).

> „*(Der Stamm) war gering an Mitgliederzahl, schwach an Kraft und arm an Hilfsmitteln, aber nichtsdestoweniger eine vollständig organisierte Gesellschaft. Er illustriert den* **Zustand der Menschheit auf der Unterstufe der Barbarei**"

- so Morgans Fazit. ((68))

Wie jede einzelne Gens besaß auch der Stamm einen gemeinsamen, segmentübergreifenden Stammesrat und einen Häuptling, der in der Regel wie in den einzelnen Clans demokratisch gewählt und absetzbar war. Die „*Verfassung*" im Ganzen entsprach nach Morgans Worten somit „*einer repräsentativen Demokratie*", weshalb diese auf einen „*sehr alten Stammbaum*" zurückblicken könne.

Aufgabe des Stammesrates war es nach den Worten des Anthropologen, *„die gemeinsamen Interessen des Stammes zu wahren und zu beschützen."* Dies umfaßte neben der Entscheidung zum Krieg auch das Recht zum Friedensschluß:

„Der Stammesrat hatte die Macht, Krieg zu erklären und Frieden zu schließen, Gesandtschaften auszusenden und zu empfangen und Bündnisse zu schließen. Er übte all die Machtbefugnisse aus, die bei einer so einfachen und in ihrem Wirkungskreis so beschränkten Regierung nötig waren."

Dagegen war der oberste Stammeshäuptling nach Morgans Worten mit *„so geringer Machtvollkommenheit"* ausgestattet, daß seine Position

„die Vorstellung, die man sich von einer Exekkutivbehörde macht, nicht erreichte; die Pflichten und Befugnisse dieses Amtes waren gering" (vgl. S.42 und MEW 21, S.93). ((69))

Der Irokesenbund

„Über die Vereinigung im Stamm kam die große Mehrzahl der amerikanischen Indianer nicht hinaus", so Engels im *,Ursprung':*

*„In wenig zahlreichen Stämmen, durch weite Grenzstriche voneinander geschieden, durch ewige Kriege geschwächt, besetzten sie mit wenig Menschen ein ungeheures Gebiet. Bündnisse zwischen verwandten Stämmen bildeten sich hie und da aus augenblicklicher Notlage und zerfielen mit ihr. Aber in einzelnen Gegenden hatten sich ursprünglich verwandte Stämme (...) zusammengeschlossen zu dauernden Bünden und so den ersten Schritt getan zur **Bildung von Nationen**. In den Vereinigten Staaten finden wir die entwickeltste Form eines solchen Bundes bei den Irokesen"* (MEW 21, S.93).

„Die Irokesen waren in fünf unabhängige Stämme eingeteilt", schrieb Morgan dazu in seiner *,Urgesellschaft',*

„hatten aneinandergrenzende Territorien [in den heutigen Staaten New York, Pennsylvania, Ohio sowie Teilen Kanadas, MK] *in Besitz genommen und sprachen gegenseitig verständliche Dialekte dessel-*

ben Sprachstammes. Außerdem waren (...) gewisse Gentes verschiedenen Stämmen gemeinsam." ((70))

Trotzdem kam es bis ins 16. Jahrhundert zwischen diesen Einzelstämmen immer wieder zu blutigen und kräftezehrenden Stammeskriegen und Fehden, die den Ruf der Irokesen als besonders blutige und brutale Krieger begründeten (vgl. Kapitel 6). *„Im Prinzip galt jeder Stamm als im Kriegszustand befindlich mit jedem andern Stamm, mit dem er keinen ausdrücklichen Friedensvertrag geschlossen",* schrieb Engels dazu im *‚Ursprung'* (MEW 21, S.92).

Um diese intertribalen Konflikte in den Griff zu bekommen und zu überwinden, schlossen sich die fünf irokesischen Stämme der *Seneca,* der *Mohawk, Cayuga, Oneida und Onondaga* (später kamen auch noch die *Tuscarora* hinzu) vermutlich im 16.Jahrhundert unter dem gemeinsamen Dach einer Verfassung, die sie *Kaianerekowa* oder ‚Großes Friedensgesetz' nannten, zum damals unter den nordamerikanischen Indianern einzigartigen *Irokesenbund* zusammen. Er sollte die gemeinsamen Angelegenheiten aller beteiligten Stämme einvernehmlich regeln und drohende Konflikte nach dem Konsensprinzip entschärfen – später trat er auch als gemeinsame Interessenvertretung aller Irokesen in den Verhandlungen mit den europäischen Siedlern auf. ((71))

Dieser politische Zusammenschluß hatte nach Morgan *„weder eine oberste Exekutivbehörde noch ein offizielles Oberhaupt",* sondern basierte allein auf dem Einvernehmen und einstimmigen Beschluß eines Bundesrates aus fünfzig *Sachems,* die von den der Konföderation angeschlossenen Einzelstämmen nach einem festgelegten Schlüssel entsandt wurden und von denen jeder einzelne ein Vetorecht besaß, mit dem er Beschlüsse blockieren konnte (vgl. MEW 21, S.94).

„Einstimmigkeit unter den Sachems war in allen öffentlichen Angelegenheiten erforderlich und wesentliche Bedingung der Gültigkeit jedes öffentlichen Aktes. Sie war ein Grundgesetz der Konföderation",

so Morgan. ((72))

Dieser irokesische Stammesbund, der *„noch heute als ein Meisterstück von Indianerweisheit gefeiert wird"* – so Morgan 1877 -, erwies sich als so wirksam, dass der Irokesenhäuptling *Canassatego* in einer Rede vor einer indianisch-britischen Versammlung im Jahr 1744 auch den untereinander zersplitterten und nicht selten zerstrittenen englischen, französischen und spanischen Siedlern empfohlen haben soll, sich in einer ähnlichen Konföderation zusammenzuschließen, um die gegenseitigen Verhandlungen zu erleichtern - einer einflußreichen Forschungshypothese zufolge war dies der geistige Zündfunke für die Gründung der Vereinigten Staaten von Amerika (vgl. S.18).

Eine *„Gesellschaft ohne Staat"*

„Die Verfassung der amerikanischen Ureinwohner begann mit der Gens und endete mit dem Bund von Stämmen", faßte Morgan die gesellschaftliche Organisation der Indianer in seiner *‚Ancient Society'* zusammen:

„Letzteres war der höchste Punkt, bis zu welchem ihre Verfassungsinstitutionen [gelangten] [vgl. MEW 21, S.94]. Diese brachten in organischer Reihenfolge hervor:
Zuerst die **Gens**, *eine Gesamtheit von Blutverwandten, die einen gemeinsamen Gentilnamen hatten; zweitens die* **Phratrie**, *eine Vereinigung verwandter Gentes, die sich für gewisse gemeinsame Zwecke zu einer höheren Assoziation verbunden hatten; drittens den* **Stamm**, *eine Vereinigung der zumeist in Phratrien organisierten Gentes, deren Mitglieder denselben Dialekt sprachen, und viertens einen* **Bund von Stämmen**, *dessen Mitglieder die Dialekte der nämlichen Grundsprache redeten.*
Hieraus ging hervor eine Gentilgesellschaft **(societas),** *die sich durchaus unterschied von einer politischen Gesellschaft oder dem Staat* **(civitas).** *Der Unterschied zwischen diesen beiden ist groß und fundamental. Als Amerika entdeckt wurde, gab es daselbst weder eine politische Gesellschaft noch Staatsbürger, weder einen Staat noch irgend[eine] Zivilisation."*

Obwohl diese Gesellschaftsverfassung nach Morgans Worten *„sowohl eine sehr einfache als auch eine sehr niedrige Organisation"* war und

„nur wenige hundert und höchstens ein paar tausend Leute nötig [waren], um einen Stamm zu bilden und demselben eine beachtenswerte Stellung in der ganowanischen [= nordamerikanischen, MK] *Völkerfamilie anzuweisen",* ((73))

ermöglichte sie nach seinem Urteil doch ein ebenso wirksam organisiertes und geregeltes, aber von seinem ganzen Wesen her erheblich demokratischeres gesellschaftliches Leben als die *civitas* bzw. der Staat, die in der späteren ‚Zivilisation' an ihre Stelle traten.

Auch Engels sprach im ‚*Ursprung*' vom Musterbeispiel der *„ Organisation einer Gesellschaft (...), die noch keinen Staat kennt",* und fuhr fort:

„ Wir sehn bei den nordamerikanischen Indianern, wie ein ursprünglich einheitlicher Volksstamm sich über einen ungeheuren Kontinent allmählich ausbreitet, wie Stämme durch Spaltung zu Völkern, ganzen Gruppen von Stämmen werden. (...) Wir sehn aber auch, wie sehr – die Gens als gesellschaftliche Einheit einmal gegeben – die ganze Verfassung von Gentes, Phratrien und Stamm sich **mit fast zwingender Notwendigkeit – weil Natürlichkeit –** *aus dieser Einheit entwickelt. Alle drei sind* **Gruppen verschiedner Abstufungen von Blutsverwandtschaft**, *jede abgeschlossen in sich und ihre eignen Angelegenheiten ordnend, jede aber auch die andre ergänzend. Und der Kreis der ihnen anheimfallenden Angelegenheiten umfaßt die Gesamtheit der öffentlichen Angelegenheiten der* **Barbaren der Unterstufe***"* (MEW 21, S.95).

„ Und es ist eine wunderbare Verfassung in all ihrer Kindlichkeit und Einfachheit, diese Gentilverfassung!", schwärmte Engels mit unverhohlener Begeisterung weiter:

„Ohne Soldaten, Gendarmen und Polizisten, ohne Adel, Könige, Statthalter, Präfekten oder Richter, ohne Gefängnisse, ohne Prozesse geht alles seinen geregelten Gang. Allen Zank und Streit entscheidet die Gesamtheit derer, die es angeht, die Gens oder der Stamm. (...) Obwohl viel mehr gemeinsame Angelegenheiten vorhanden sind als jetzt (...) braucht man doch nicht eine Spur unsres weitläufigen und verwickelten Verwaltungsapparats. Die Beteiligten entscheiden, und in den meisten Fällen hat jahrhundertelanger Gebrauch bereits alles

geregelt. (...) Alle sind gleich und frei - auch die Weiber. (...) So sahn die Menschen und die menschliche Gesellschaft aus, ehe die Scheidung in verschiedne Klassen vor sich gegangen war" (MEW 21, S.95/96; vgl. S.51/52).

Dieses enthusiastische und fast schon ein wenig sozialromantische Plädoyer zeigt unverkennbare Anklänge an die Aufklärer des 18. Jahrhunderts (vgl. S.15/16), doch es harmoniert ebenso mit den Ergebnissen der modernen Forschung. So schreibt etwa Thomas Wagner:

„Der Irokesenbund verbindet verwandtschaftliche Organisationsformen mit rätedemokratischen Entscheidungsverfahren und dem föderalen Integrationsprinzip auf eine Weise, die politischer Führung den herrschaftlichen Modus verweigert und nur konsensualen [= einvernehmlichen, MK] Beschlüssen allgemeinverbindlichen Charakter zugesteht. Egalisierende Mechanismen der Machtteilung verhindern die Festigung ökonomischer und politischer Ungleichheiten. (...) Durchweg gilt dabei das Souveränitätsprinzip. Keine Gruppe, kein Individuum hat gegenüber irgendeiner anderen Vereinigung eine herrschaftliche Weisungsbefugnis. (...)

Der ‚Graswurzelcharakter' der irokesischen Demokratie verbindet das Prinzip der Herrschaftslosigkeit mit der Institutionalisierung von Autoritätspositionen, ohne dass hiermit Weisungsbefugnisse gegen das Widerstreben der untergeordneten Ebenen durchgesetzt werden können. Autoritäten innerhalb des hochformalisierten und zeremoniell gestützten Ämtersystems auf verwandtschaftlicher Rekrutierungsbasis können bei erfolgreicher ‚Amtsführung' mit dem Respekt der Geführten rechnen, Gefolgschaften ausbauen und stabilisieren, doch kann ihnen bei Missfallen ihre Macht jederzeit entzogen werden. Obwohl nur aus bestimmten Familiengruppen weibliche und männliche Clan-Häuptlinge (...) ausgewählt werden, (...) sind einer Verselbstständigung ihrer Macht erhebliche Schranken gesetzt. Denn alle Führungspositionen müssen ohne Erzwingungsstäbe auskommen und bleiben grundlegend von der Zustimmung von Gefolgschaften abhängig, als deren bloßes Sprachrohr sie sich zu verstehen verpflichtet sind."

Wagner spricht deshalb von einer „egalitären Konsensdemokratie" der Irokesen, die „auf die repressive Durchsetzung von Entscheidungen völlig verzichten muss." ((74))

Friedrich Engels über Gentilgesellschaft und Zivilisation

(Alle Zitate stammen aus Engels' ‚Ursprung …', MEW 21)

„Und es ist eine wunderbare Verfassung in all ihrer Kindlichkeit und Einfachheit, diese Gentilverfassung! Ohne Soldaten, Gendarmen und Polizisten, ohne Adel, Könige, Statthalter, Präfekten oder Richter, ohne Gefängnisse, ohne Prozesse geht alles seinen geregelten Gang. Allen Zank und Streit entscheidet die Gesamtheit derer, die es angeht, die Gens oder der Stamm. (…) Obwohl viel mehr gemeinsame Angelegenheiten vorhanden sind als jetzt – die Haushaltung ist einer Reihe von Familien gemein und kommunistisch, der Boden ist Stammesbesitz, nur die Gärtchen sind den Haushaltungen vorläufig zugewiesen -, so braucht man doch nicht eine Spur unsres weitläufigen und verwickelten Verwaltungsapparates. Die Beteiligten entscheiden, und in den meisten Fällen hat jahrhundertealter Gebrauch bereits alles geregelt. Arme und Bedürftige kann es nicht geben – die kommunistische Haushaltung und die Gens kennen ihre Verpflichtungen gegen Alte, Kranke und im Krieg Gelähmte. Alle sind gleich und frei - auch die Weiber. Für Sklaven ist noch kein Raum, für Unterjochung fremder Stämme in der Regel auch noch nicht. (…) Und welche Männer und Weiber eine solche Gesellschaft erzeugt, beweist die Bewunderung aller Weißen, die mit unverdorbnen Indianern zusammenkamen, vor der persönlichen Würde, Geradheit, Charakterstärke und Tapferkeit dieser Barbaren. (…) So sahn die Menschen und die menschliche Gesellschaft aus, ehe die Scheidung in verschiedne Klassen vor sich gegangen war. Und wenn wir ihre Lage vergleichen mit der der ungeheuren Mehrzahl der heutigen zivilisierten Menschen, so ist der Abstand enorm zwischen dem heutigen Proletarier und Kleinbauer und dem alten freien Gentilgenossen" (MEW 21, S.95-97)

„Das ist die eine Seite. Vergessen wir aber nicht, daß diese Organisation dem Untergang geweiht war. Über den Stamm ging sie nicht hinaus; (…) Was außerhalb des Stammes, war außerhalb des Rechts. Wo nicht ausdrücklicher Friedensvertrag vorlag, herrschte Krieg von Stamm zu Stamm, und der Krieg wurde geführt mit der Grausamkeit, die den Menschen vor den übrigen Tieren auszeichnet und die erst später gemildert wurde durch das Interesse. Die Gentilverfassung in ihrer Blüte, wie wir sie in Amerika sehn, setzte voraus eine äußerst unentwickelte Produktion, also eine äußerst dünne Bevölkerung auf weitem Gebiet; also ein fast vollständiges Beherrschtsein des Menschen von der ihm fremd gegenüberstehenden, unverstandnen äußeren Natur, das sich widerspiegelt in den kindischen religiösen Vorstellungen. Der Stamm blieb die Grenze für den Menschen, sowohl dem Stammesfremden als auch sich selbst gegenüber: Der Stamm, die Gens und ihre Einrichtungen waren

*heilig und unantastbar, waren eine von der Natur gegebne höhere Macht, der der einzelne in Fühlen, Denken und Tun unbedingt untertan blieb. So imposant die Leute dieser Epoche uns erscheinen, so sehr sind sie ununterschieden einer vom andern, sie hängen noch, wie Marx sagt, **an der Nabelschnur des naturwüchsigen Gemeinwesens**"* (MEW 21, S.97).

„Die Macht dieser naturwüchsigen Gemeinwesen mußte gebrochen werden – sie wurde gebrochen. Aber sie wurde gebrochen durch Einflüsse, die uns von vorn herein als eine Degradation erscheinen, als ein Sündenfall von der einfachen sittlichen Höhe der Gentilgesellschaft. Es sind die niedrigsten Interessen – gemeine Habgier, brutale Genußsucht, schmutziger Geiz, eigensüchtiger Raub am Gemeinbesitz – die die neue, zivilisierte, die Klassengesellschaft einweihen; es sind die schmählichsten Mittel – Diebstahl, Vergewaltigung, Hinterlist, Verrat, die die alte klassenlose Gentilgesellschaft unterhöhlen und zu Fall bringen. Und die neue Gesellschaft selbst, während der ganzen dritthalbtausend Jahre ihres Bestehens, ist nie etwas andres gewesen als die Entwicklung der kleinen Minderzahl auf Kosten der ausgebeuteten und unterdrückten großen Mehrzahl, und sie ist dies jetzt mehr als je zuvor" (MEW 21, S.97).

„[Mit ihrer] Grundverfassung hat die Zivilisation Dinge vollbracht, denen die alte Gentilgesellschaft nicht im entferntesten gewachsen war. Aber sie hat sie vollbracht, indem sie die schmutzigsten Triebe und Leidenschaften des Menschen in Bewegung setzte und auf Kosten seiner ganzen übrigen Anlagen entwickelte. Die platte Habgier war die treibende Seele der Zivilisation von ihrem ersten Tag bis heute, Reichtum und abermals Reichtum (...) nicht der Gesellschaft, sondern dieses einzelnen lumpigen Individuums. (...) Wenn ihr dabei die steigende Entwicklung der Wissenschaft und zu wiederholten Perioden die höchste Blüte der Kunst in den Schoß gefallen ist, so doch nur, weil ohne diese die volle Reichtumserrungenschaft unsrer Zeit nicht möglich gewesen wäre" (MEW 21, S.171).

„Im Besitz der öffentlichen Gewalt und des Rechts der Steuereintreibung, stehn die Beamten nun [= im entwickelten Staat, MK] da als Organe der Gesellschaft **über** *der Gesellschaft. Die freie, willige Achtung, die den Organen der Gentilverfassung gezollt wurde, genügt ihnen nicht, selbst wenn sie sie haben könnten; Träger einer der Gesellschaft entfremdeten Macht, müssen sie in Respekt gesetzt werden durch Ausnahmegesetze, kraft derer sie eine besondre Heiligkeit und Unverletzlichkeit genießen. Der lumpigste Polizeidiener des zivilisierten Staats hat mehr ‚Autorität‘ als alle Organe der Gentilgesellschaft zusammengenommen; aber der mächtigste Fürst und der größte Staatsmann oder Feldherr der Zivilisation kann den geringsten Gentilvorsteher beneiden um die unerzwungne und unbestrittene Achtung, die ihm gezollt wird. Der eine steht eben mitten in der Gesellschaft; der andre ist genötigt, etwas vorstellen zu wollen außer und über ihr"* (MEW 21, S.166).

3 Ein weltweites Modell?
Die Überdehnung der Gens-Theorie

Aus den im letzten Kapitel zitierten Aussagen Morgans und Engels' ist bereits deutlich geworden, dass sie die beschriebene Sozial- und Stammesorganisation der Irokesen als beispielgebend und musterhaft, ja als die universelle *Grundform* der ,Urgesellschaft' in der Vergangenheit und Neuzeit auf der ganzen Welt ansahen.

*„Soweit unsere Kenntnis reicht, erstreckte sich diese Organisation über **die ganze antike Welt auf allen Kontinenten**",*

schrieb Morgan in seiner *,Ancient Society'* unmißverständlich und konkretisierte:

*„Die Gentilorganisation erschließt uns (...) **die nahezu universelle Verfassungsgrundform der alten asiatischen, europäischen, afrikanischen, amerikanischen und australischen Gesellschaft**. Sie war das Werkzeug, mittels dessen die Gesellschaft organisiert und zusammengehalten wurde. In der Wildheit beginnend und durch die drei Subperioden der Barbarei fortgesetzt, blieb sie bestehen bis zur Einführung der politischen Gesellschaft (...) nach Beginn der Zivilisation."* ((75))

Dies galt nach seiner Überzeugung keineswegs nur im weitesten Sinn, sondern durchaus präzise und exakt in all den konkreten Ausprägungsformen und Details, die er aus seinen eigenen Forschungen und aus antiken Quellen für die irokesische und die antike griechische und römische Gesellschaft erschlossen hatte.

*„Für das Verständnis der Indianer sind **die Gens, die Phratrie, der Stamm und die Konföderation** Gegenstände von höchster Wichtigkeit. Sie stellen die **Organisation der Gesellschaft** dar",*

so hob er mit Nachdruck hervor.

*„Unsere eigenen ältesten Vorfahren haben **dieselben Zustände, einen nach dem andern** durchgemacht, und haben, daran ist nicht zu zweifeln, **dieselben oder sehr ähnliche Einrichtungen** besessen, mit vielen Sitten und Gebräuchen derselben Art"* (vgl. Teilband 2 dieser Studie, S. 42-45)

- diese seien mithin *„eine Illustration des Entwicklungsgangs unserer eigenen Vorfahren."*

*„Aus dem weit verbreiteten und nahezu allgemeinen Vorkommen der Gentilorganisation kann man mit Sicherheit auf deren **ursprüngliche Allgemeinheit**, und zwar mit der **Abstammung in der weiblichen Linie** schließen",*

schrieb er an anderer Stelle seiner ,*Urgesellschaft'*. Man könne daher

*„als festgestellt und bewiesen erachten, daß **die ganze organische Reihenfolge der alten Gesellschaft** - nämlich die Gens, die Phratrie, der Stamm und der Bund von Stämmen - (...) **auf allen Kontinenten** verbreitet war",* und *„**jede Rasse der Menschheit** (...) unter der Gentilorganisation gestanden"* habe. ((76))

Überdehnung der Gentiltheorie

Mit dieser weltweiten, pauschalen ,Universalisierung' der Gentiltheorie überdehnte Morgan freilich sein eigentlich bahnbrechendes und wegweisendes Konzept. Hatten sich bei der Parallelisierung der irokesischen und der frühen griechischen und römischen Gesellschaft seine ethnographischen Beobachtungen und die antiken Textquellen noch gegenseitig gestützt und zu einem plausiblen und fundierten Gesamtbild zusammengefügt, so war seine pauschale Übertragung des daraus abgeleiteten detaillierten Gentilmodells auf nahezu alle vorstaatlichen Kulturen und Gesellschaften weltweit und letztlich auf die Frühgeschichte der gesamten Menschheit mehr oder minder hypothetisch und spekulativ.

Morgan untermauerte diese gewagte Verallgemeinerung anders als seine Analogien mit dem antiken Griechenland und Rom, die er auf insgesamt 120 Seiten seines Buches eingehend begründete, auch nicht im einzelnen detailliert und empirisch, sondern versuchte sie auf gerade einmal zwanzig Seiten seiner *'Ancient Society'* lediglich summarisch zu belegen. ((77)) Er begab sich auf diese Weise aus dem Bereich der wissenschaftlich fundierten Analyse und Argumentation (Irokesen und antikes Griechenland/Rom) auf das unsichere Terrain bloßer Mutmaßungen und Spekulationen, die ihn nicht selten auch in die Irre führten, wie wir später noch an einigen Beispielen sehen werden.

Diese pauschale Verallgemeinerung und ,Überdehnung' seiner eigentlich genialen Grundhypothese wurde auch durch den Umstand begünstigt, dass Morgan als eingefleischter Evolutionist (ähnlich wie Marx und Engels) ohnehin von einer in den Grundzügen weltweit einheitlichen Kultur- und Gesellschaftsentwicklung überzeugt war (vgl. Teilband 1 dieser Studie, S.54-58 und Teilband 2, S.41-45), und dass die theoretischen Tücken seines damals revolutionär neuen Ansatzes anfangs naturgemäß noch nicht zu erkennen waren, sondern sich erst im weiteren Fortgang der Forschung deutlicher zeigten (vgl. Teilband 2 dieser Studie, Kapitel 3).

Getreue Übernahme im *'Ursprung'*

Auch Engels folgte im *'Ursprung'* nur geringfügig zurückhaltender Morgans weltweiter Verallgemeinerung des Irokesenmodells, die gut mit seiner und Marx' gleichfalls evolutionistischer Grundhaltung und mit seiner angestrebten Präsentation der irokesischen Stammesorganisation als Musterbeispiel der „*Grundzüge der Gesellschaftsverfassung der Urzeit vor der Einführung des Staats*" (MEW 21, S.85) zusammenpaßte (vgl. S.49 und Teilband 2, dieser Studie, Kapitel 3).

„Die römische und griechische Gens wird zum ersten Mal aus der der Wilden - namentlich der amerikanischen Indianer - vollständig aufgeklärt und damit eine feste Basis für die Urgeschichte gefunden",

schrieb Engels bereits im Februar 1884 unmittelbar nach der Entdeckung von Marx' *‚Ancient Society'*-Exzerpten begeistert an Karl Kautsky (MEW 36, S.110; vgl. Teilband 1 dieser Studie, S.16), und im Vorwort des *‚Ursprung'* betonte er gleichfalls, Morgan habe

„in den Geschlechtsverbänden der nordamerikanischen Indianer den Schlüssel gefunden, (...) der uns die wichtigsten, bisher unlösbaren Rätsel der ältesten **griechischen, römischen und deutschen Geschichte** *erschließt"* (MEW 21, S.28).
      „Daß die **ganze Gesellschaftsorganisation** *der Griechen und Römer der Urzeit* **in Gens, Phratrie und Stamm** *ihre getreue Parallele findet in der amerikanisch-indianischen"* (MEW 21, S.85),

wurde dann zu seiner Grundprämisse für den *‚Ursprung'* und zu seinem ‚roten Faden' durch die gesamte Schrift, wobei er mehrfach auch Marx' Randnotiz in dessen *‚Ancient Society'*-Exzerpten zitierte:

„Durch die griechische Gens guckt der Wilde (Irokese z. B.) aber auch unverkennbar durch" (MEW 21, S.99 und 119).

Freilich ging auch Engels ebenso wie Morgan noch deutlich über diese indianisch-antike Parallele hinaus und postulierte ohne Umschweife,

„daß die Gens eine **allen Barbaren** *bis zu ihrem Eintritt in die Zivilisation, und sogar noch nachher,* **gemeinsame Einrichtung** *(soweit unsere Quellen bis jetzt reichen)"*

gewesen sei und weltweit

„über die Grundzüge der Gesellschaftsverfassung der Urzeit – vor der Einführung des Staats – ungeahnte Aufschlüsse" gebe (MEW 21, S.85).

Dies verstand offenkundig auch er einschließlich aller von Morgan für die Irokesen erschlossenen Details, denn man könne sehen - so hob er hervor -,

„wie sehr – die Gens als gesellschaftliche Einheit einmal gegeben – **die ganze Verfassung von Gentes, Phratrien und Stamm** *sich* **mit fast zwingender Notwendigkeit – weil Natürlichkeit** *– aus dieser Einheit entwickelt. (...) Wo wir also bei einem Volk die Gens als gesellschaftliche Einheit vorfinden, werden wir auch nach einer ähnlichen Organisation des Stammes suchen dürfen wie die hier geschilderte"* (MEW 21, S.95).

Vorsichtige Relativierungen

Engels argumentierte indes stellenweise auch etwas vorsichtiger als Morgan, indem er auf gewisse Unterschiede zwischen den einzelnen Indianerstämmen im Hinblick auf die konkrete Ausprägung ihrer im Prinzip ähnlichen Grundstrukturen und Merkmale sowie auf Lücken im damaligen Wissensstand hinwies. So schrieb er im *‚Ursprung'* Morgan folgend zwar zunächst verallgemeinernd:

„Zur Zeit der Entdeckung waren **die Indianer von ganz Nordamerika** *in Gentes organisiert, nach* **Mutterrecht"**,

relativierte diese Aussage aber bereits im folgenden Satz durch den Hinweis:

„Nur **in einigen Stämmen,** *wie den der Dakotas, waren die Gentes verfallen, und in einigen andern, Ojibwas, Omahas, waren sie nach* **Vaterrecht** *organisiert"* (MEW 21, S.89).

Tatsächlich hatte Morgan in seiner *‚Ancient Society'* fast ebenso viele Indianerstämme mit männlicher wie mit weiblicher Abstammungsfolge - nämlich 14 von 30 - aufgelistet, die er aber kurzerhand zur *„Abweichung von der ursprünglichen Form"* erklärte und in seiner allgemeinen Theorie der matrilinearen Gens schlicht unter den Tisch fallen ließ (vgl. Teilband 1 dieser Studie, S.106). ((78))
Engels übernahm Morgans Formulierung von der *„Abweichung"* im *‚Ursprung'* bemerkenswerterweise nicht, und er wies ebenso darauf hin, dass auch in der historisch überlieferten *„Gens der Griechen (...) das Mutterrecht dem Vaterrecht gewichen"* war und sie somit *„keineswegs mehr*

die archaische der Irokesen" gewesen sei (MEW 21, S.98). Desgleichen räumte er bei der Erörterung der Entwicklungsreihe von der Gens über die Phratrie zum Stamm bei den nordamerikanischen Indianern ausdrücklich ein, dass *„in manchen Fällen bei stark geschwächten Stämmen das Mittelglied, die Phratrie (fehlt)"* (MEW 21, S.91), und dass auch im antiken Griechenland bei manchen Völkern *„die Phratrie fehlen konnte wie bei den Doriern"* (MEW 21, S.98). ((79)) Ähnlich wie Morgan charakterisierte er dies allerdings als eine jüngere Degenerationserscheinung und hob als das entscheidende Grundprinzip hervor:

„In allen Fällen aber war die Gens die Einheit" (MEW 21, S.98).

Engels deutete in seinen ansonsten vollständig auf Morgan beruhenden Beschreibungen und Charakterisierungen der Gentilgesellschaft mit anderen Worten etwas stärker als dieser bereits eine gewisse Variationsbreite und Heterogenität der beschriebenen Grundstrukturen und gesellschaftlichen Organisationsformen an und wies zudem in seinem Vorwort zur Neuausgabe des *‚Ursprung'* von 1891 ausdrücklich auch auf mögliche neue Gesichtspunkte und Erkenntnisse durch den weiteren Fortgang der Forschung hin (MEW 21, S.473 und 482). Er ließ also durchaus eine gewisse Offenheit gegenüber zukünftigen neuen Erkenntnissen und sich daraus möglicherweise ergebenden veränderten Sichtweisen erkennen, die ihm von seinen naturwissenschaftlichen Studien im Zusammenhag mit der *‚Dialektik der Natur'* her nur allzu vertraut waren. Diese prinzipielle Offenheit verband er aber mit einem zumindest *vorläufig* entschiedenen Festhalten an Morgans Grundthesen und an seiner Theorie als solcher, die beständig *„mehr und mehr Anerkennung"* finde (MEW 21, S.483).

Das Ergebnis glich schon damals zwangsläufig einem Spagat, denn trotz der von Engels im *‚Ursprung'* erwähnten *„nach Vaterrecht organisierten"* Indianerstämme (MEW 21, S.89 - siehe oben) und der in Nordamerika wie auch bei den antiken Griechen teilweise nicht existierenden Phratrien (MEW 21 S.89 und 98) hielt auch er in seiner Gesamtschau dennoch an der

„*nach* **Mutterrecht** *organisierten Gens*" (MEW 21, S.89 und 481) und der „*organischen Reihe*" von „*Gens,* **Phratrie***, Stamm, Bund von Stämmen*" (MEW 21, S.98)

als der natürlichen und „*klassischen Form dieser ursprünglichen Gens*" (MEW 21, S.86) und als prinzipiellem Grundmodell der weltweiten Gesellschaftsorganisation der Urzeit fest.

Ungeahnte Vielfalt

Heute wissen wir, dass zur Vorsicht vor allzu pauschalen Schlußfolgerungen aller Grund bestand, denn die weltweite Vielfalt und Variabilität der vormodernen Gesellschaften war und ist in der Realität ungleich größer als Morgan und Engels sich jemals hätten träumen lassen. Doch ungeachtet ihrer zu einlinig-evolutionistischen Grundvorstellungen und der daraus resultierenden zu pauschalen Verallgemeinerungen und Überdehnungen war ihre aus dem Beispiel der Irokesen und des antiken Griechenland gewonnene Theorie der Gentilgesellschaft eine überaus bedeutsame und zukunftsweisende Entdeckung und einer der entscheidenden Grundsteine, auf denen die weitere ethnologische und anthropologische Forschung aufbauen konnte.

Sozialdemokratische Kolonialpolitik:
Eduard Bernstein contra Friedrich Engels

Der um die Wende zum 20. Jahrhundert zu einem der führenden Parteiideologen aufgestiegene SPD-Politiker Eduard Bernstein (1850-1932) war in seinen jüngeren Jahren mit Friedrich Engels persönlich bekannt und spielte sogar eine gewisse Rolle beim Zustandekommen und der Veröffentlichung des ‚Ursprung'. Bei einem Besuch in London im Frühjahr 1884 logierte er in Engels' Haus, und dabei las dieser ihm während einer spätabendlichen Kaminrunde Passagen aus Marx' damals gerade von ihm entdeckten Morgan-Exzerpten vor und Bernstein riet ihm nach eigenen Angaben zu ihrer Veröffentlichung.

Der damals 34-jährige Sozialdemokrat begleitete die Entstehung des ‚Ursprung' in den Folgemonaten als Parteivertreter auch publizistisch (vgl. Teilband 1 dieser Studie, Kapitel 2), und Engels pflegte bis zu seinem Tod 1895 engen Kontakt mit dem jungen Parteigenossen, den er offenkundig für einen der fähigsten Köpfe unter den jüngeren Parteimitgliedern hielt. ((80))

Begründer des ‚Revisionismus'

Der intellektuell und publizistisch zweifellos herausragende Bernstein entwickelte sich nach Engels' Tod freilich zum Vordenker der ‚revisionistischen' Strömung innerhalb der deutschen Sozialdemokratie und propagierte nachdrücklich ihre Abkehr vom revolutionären Ziel des Sozialismus und die Umwandlung in eine staatstragende Reformpartei im Rahmen des damaligen Kaiserreichs. Dabei befürwortete er ausdrücklich auch die damalige Kolonialpolitik Deutschlands und anderer Länder und übte in diesem Zusammenhang harsche Kritik an Engels' ‚Ursprung'.

In einem Vorwort zur italienischen Neuausgabe der Schrift aus dem Jahr 1900 ging Bernstein seinen früheren Mentor nur notdürftig durch einige konventionelle Höflichkeitsfloskeln kaschiert nicht allein wegen dessen im ‚Ursprung' entwickeltem Staats- und Ehekonzepts (vgl. Teilband 1 dieser Studie, Kapitel 5 und Teilband 4, Kapitel 7), sondern auch wegen seiner angeblich *„falschen Ethik"* und seines *„sozialen Romantizismus"* in der Beschreibung und Wertschätzung der *„Wilden"* frontal an.

Es lohnt sich, Bernsteins diesbezügliche Ausführungen im Zusammenhang mit einer heutigen Aufarbeitung und Bewertung des ‚Ursprung' noch einmal zu lesen, weil sie als Kontrast ganz unmittelbar und prägnant Engels' damalige Unvoreingenommenheit, Fortschrittlichkeit und Zukunftsgewandtheit in der Beurteilung der indigenen Kulturen und den späteren Rückfall eines Teils der Reformsozialdemokratie in klassisch-kolonialistische Denkmuster und Positione verdeutlichen.

Die folgenden Zitate stammen aus: Eduard Bernstein, Bemerkungen über Engels' *Ursprung der Familie*. Vorrede zur italienischen Ausgabe des Buches. Zit. n.: Socialistische Monatshefte, Jg. 1900 Nr.8 (August 1900), S.447-457 (hier zit. n. der Onlineversion).

„Engels hat sich in der vorliegenden Schrift mehrfach zu (...) Folgerungen verleiten lassen, die bei näherer Prüfung nicht aufrechterhalten werden können. So überschätzt er gelegentlich – nicht immer – die Tragweite des sogenannten **Urkommunismus***, der doch im Grunde nur ein* **negativer Kommunismus** *war – Abwesenheit ausgebildeter Rechtsbegriffe – oder nur als Kollektivismus von Verwandtschaftsgruppen positive Gestalt erhielt.*

Was die Sozialdemokratie als Partei der Arbeiter heute erstrebt, ist in seinen materiellen und ideellen Voraussetzungen so grundverschieden von jenem ursprünglichen ,Recht aller auf die Erde und ihre Erzeugnisse', daß sie ihm mit völliger Unbefangenheit gegenübersteht. Es hat mit ihren Bestrebungen nicht mehr zu tun als der Animismus der Wilden mit den vitalistischen Theorien moderner Physiologen.

Bei genauerer Betrachtung stellt sich der Urkommunismus als Sondereigentum von Gruppen an der Erde und ihren von selbst dargebotenen Schätzen heraus, gegründet auf Okkupation oder Eroberung und den ihnen verwandten Formen der Gewinnung von Lebensmitteln: Einsammlung und Jagd. Indes findet man schon auf diesen Stufen auch persönliches Eigentum, das aber natürlich nur solches an Gegenständen individueller Verwendung sein konnte, wie Waffen, Schmuck u. dgl.

(...) Man kann beinahe sagen, daß der Urkommunismus ein **auf Nichtarbeit gegründeter Kommunismus** *war und in dem Maße verschwand, wie die Lebensmittelgewinnung mit der planmäßigen Bearbeitung des Bodens und der Züchtung von Haustieren erst wirklich den Charakter schöpferischer Arbeit erhielt. Oder, von der anderen Seite her, daß der Urkommunismus jenem Zustand entspricht, wo sich der Mensch noch wenig über die direkte Abhängigkeit von den freiwilligen Gaben der Natur erhoben hat, und gerade da aufhört, wo der Mensch anfängt,* **Herr über über die Natur** *zu werden. Der Abfall von diesem ursprünglichen Kommunismus ist meines*

Erachtens höchstens in dem Sinne als ein geschichtlicher Sündenfall zu betrachten, als er **ein Kosten vom Baum der Erkenntnis** war.

Ähnlich wird das geschichtliche Urteil über die Aufhebung oder Verdrängung der **Gentilverfassung** lauten müssen. Engels hebt selbst hervor, daß diese nur für eine ziemlich niedrige Stufe der gesellschaftlichen Entwicklung – dünne Bevölkerung und geringe Produktivität der Arbeit – paßte und von dem Moment an dem Untergang geweiht war, wo die Entwicklung über diese Grundlagen hinaustrieb. Die große Sympathie, die er für die auf Gentilverbänden aufgebaute (...) Gesellschaft empfindet, läßt ihn deren Schattenseiten und transitorischen [= Übergangs]Charakter nicht übersehen. Aber doch ist, will mir scheinen, seine Darstellung der Art und Weise, wie die Gentilverfassung dazu kam, der Ausbildung des Staates Platz zu machen, **nicht ganz frei von tendenziöser Färbung.** Er schildert sie generell als eine Art **Sündenfall,** herbeigeführt durch degradierende Einflüsse, die niedrigsten Interessen und schmählichsten Mittel [vgl. S.52 und MEW 21, S.97, MK], als ein Herabsinken der Menschen von einem Standpunkt relativ großer sittlicher Höhe auf den einer gewissen sittlichen Korruption. Darin liegt, denke ich, neben zu großer Verallgemeinerung von zufälligen oder sekundären Erscheinungen **ein Stück falscher Ethik,** ein Rest von **sozialem Romantizismus,** den wir sonst eher bei Radikalen mit konservativen Neigungen finden, **wie etwa bei kleinbürgerlichen Demokraten,** als beim Vertreter des wissenschaftlichen Sozialismus.

Unzweifelhaft ist da, wo die gesellschaftlichen Einrichtungen wenig entwickelt sind und dem Individuum nur geringen Spielraum für besondere Strebungen lassen, weniger Korruption möglich als in komplizierteren Gesellschaften. Aber können wir die Sittenzustande jener einfacheren Gesellschaften darum generell als höhere bezeichnen? Müssen wir uns nicht vielmehr sagen, daß- so sehr sie uns perspektivisch durch den Kontrast mit der nächsten Umgebung anmuten mögen - sie doch **ethisch nicht sehr hoch zu werten** sind? Die Ehrlichkeit aus Beschränkung oder Mangel an Verführung ist ganz anderer Natur, als die Ehrlichkeit von (...) allen möglichen Verführungen ausgesetzten Angehörigen großer komplizierter Gemeinwesen. An verschiedenen Stellen zeigt Engels selbst, wie furchtbar schnell z. B. die Sittlichkeit der barbarischen Germanen bei der Berührung mit der Zivilisation in die Brüche ging, und Ähnliches wird noch heute beobachtet, wo Angehörige einfacher Kulturkreise in den Bereich höherer Zivilisationen hineingezogen werden.

Wir verfallen nur zu leicht in den Fehler, die Abwesenheit gewisser Unsitten oder Laster unserer Zivilisation für den Beweis einer höheren Sittlichkeit zu nehmen, während sie in Wirklichkeit oft nur Zeichen der **Rohheit der Verhältnisse** und Denkart der Völker sind, bei denen wir sie bewundern. Einfachere Sitten und höhere Sittlichkeit sind, wie jeder weiß, grundverschiedene Dinge. Die **Treuherzigkeit des Naturkindes,** das jedem gerade heraus sagt, was es über ihn denkt, entzückt uns als Gegenstück gegen unsere konventionelle Höflichkeit, die uns Leuten, die wir verachten, Artigkeiten sagen *läßt. (...) Ist unsere Höflichkeit aber unsittlicher als jene Treuherzigkeit? Ich möchte es bestreiten. Sie ist keine böswillige Täuschung, eben weil sie konventionell ist. (...) Sie ist vielmehr eine **Selbstbeherrschung**, die den Bedingungen unseres entwickelten Verkehrslebens entspricht.*

*Wo Engels mit bestimmten Völkern und deren Entwicklung zu tun hat, zeigt er sich gewöhnlich von **romantischer Überschätzung früherer Kulturen** frei und spottet selbst gern über Schriftsteller, denen **der Wilde der bessere Mensch** ist. Aber wo er zusammenfaßt und allgemeine Sätze aufstellt, da passiert es auch ihm, daß er über den Lichtseiten älterer Gesellschaftsformen deren Schattenseiten vergißt. Es ist aber nicht nur die begreifliche Sympathie mit den demokratischen Einrichtungen der Urvölker, die zu solchen Einseitigkeiten verführt. Hier spielen vielmehr **gewisse Fouriersche und Hegelsche Gedankenreihen** in seine Geschichtsdarstellung hinein. Engels selbst verweist am Schluß seines Buches auf Fouriers Kritik der Zivilisation, und einer der Grundzüge dieser ist die Schilderung der bisherigen Entwicklung als **kultureller Fortschritt bei sittlicher Entartung**. Auf ähnliche Folgerungen läuft Hegels Gedanke von der Entwicklung der Geschichte in Gegensätzen hinaus. Beurteilen wir nun die Gegenwart unter diesem Gesichtspunkt, so müssen wir notgedrungen zu einer **Überschätzung bestimmter Einrichtungen der Vergangenheit** gelangen."*

Sozialdemokratische Kolonialpolitik

Soweit Bernsteins Ausführungen. Sie waren keineswegs nur eine isolierte Einzelmeinung, sondern spiegelten durchaus authentisch das damalige Überlegenheitsgefühl auch von Teilen der europäischen Sozialdemokratie und Arbeiterklasse gegenüber den ‚Wilden' und ‚Naturvölkern' und die im vorliegenden Band schon mehrfach hervorgehobenen Schattenseiten des im späten 19. Jahrhundert vorherrschenden ‚klassischen', undifferenzierten Evolutionismus wieder (vgl. S.119/120). Im gleichen Geist schrieb Bernstein bereits ein Jahr zuvor (1899) in seinem einflußreichen programmatischen Werk ‚Die Voraussetzungen des Sozialismus und die Aufgaben der Sozialdemokratie' über die damalige Kolonialpolitik:

*„Es ist weder nötig, daß die Besetzung tropischer Länder durch Europäer den Eingeborenen Schaden an ihrem Lebensgenuß bringt, noch ist es bisher durchgängig der Fall gewesen. Zudem kann nur ein **bedingtes Recht der Wilden auf den von ihnen besetzten Boden** anerkannt werden. **Die höhere Kultur** hat hier im äußersten Fall auch **das höhere Recht**. Nicht die Eroberung, sondern die **Bewirtung** des Bodens gibt den geschichtlichen Rechtstitel auf seine Benützung."* ((81))

Mit exakt der gleichen - nur damals auch noch religiös untermauer-ten - Begründung hatten auch die europäischen Siedler in Nordame-rika ihren Raub des dortigen Indianerlandes ideologisch gerechtfer-tigt (vgl. S.27 mit Anm. 34 und 35).

Allerdings waren Bernsteins diesbezügliche Auffassungen zunächst nur eine Minderheitsposition innerhalb der insgesamt eher antikolonialistisch eingestellten deutschen Sozialdemokratie - sie gewannen im Zusammenhang mit der nationalistischen ‚Burgfrie-denspolitik' vor und während des Ersten Weltkriegs dann aber zunehmend an Boden. Selbst der Bernsteins ‚Revisionismus' eigent-lich ablehnend gegenüberstehende SPD-Vorsitzende August Bebel äußerte sich 1906 prinzipiell durchaus offen gegenüber den Seg-nungen eines ‚humanen' und ‚vernünftigen' Kolonialismus, wenn er verkündete:

„Daß Kolonialpolitik betrieben wird, ist an und für sich kein Verbrechen. **Kolonialpolitik** *kann unter Umständen* **eine Kulturtat** *sein. (...) Kommen die Vertreter kultivierter und* **zivilisierter Völkerschaften**, *wie es zum Beispiel die europäischen Nationen und die nordamerikanische sind, zu fremden Völkern als* **Befreier und Freunde**, *(...) um ihnen die Errungenschaften der Kultur und Zivilisation zu überbringen und sie* **zu Kulturmenschen zu erziehen**, *geschieht das in dieser edlen Absicht und in der richtigen Weise, dann sind wir Sozial-demokraten die ersten, die eine solche Kolonisation als* **große Kulturmission** *zu unterstützen bereit sind."* ((82))

4 Die segmentäre Gesellschaft

Was Morgan und Engels in der ‚*Urgesellschaft*‘ und im ‚*Ursprung*‘ beschrieben und als „*Gentilgesellschaft*“ bezeichneten, wird in der heutigen Völkerkunde und Anthropologie die *segmentäre Struktur* vorstaatlicher Stammeskulturen genannt. „*Wir nennen diese Gesellschaften segmentär*“, schrieb der französische Soziologe Emile Durkheim, der den Begriff 1893 in seinem Werk ‚*De la division du travail social*‘ (‚Von der sozialen Arbeitsteilung‘) erstmals verwendete,

*„um aufzuzeigen, dass sie aus der **Wiederholung von untereinander ähnlichen Aggregaten** gebildet sind, analog den Ringen des Ringelwurmes, und wir bezeichnen jenes elementare Aggregat als **Klan**, weil dieses Wort sehr gut dessen gemischte, sowohl familiäre wie politische Natur zum Ausdruck bringt.“* ((83))

„Segmentäre Gesellschaften sind soziale Gebilde, die aus mehreren gleichartigen und gleichrangigen Teilen bestehen, wovon jeder eine spezifische Abstammungsgruppe umfaßt“,

vermerkte der Soziologe Hartmut Apel in einer jüngeren Arbeit zum Thema:

„Im Gegensatz zu hochkulturellen Systemen wird die Einheit und der Zusammenhalt segmentärer Gesellschaften nicht durch die Existenz einer **Zentralinstanz** oder eines Verwaltungsapparats gewährleistet, sondern durch die Bindung (…) der Gesellschaftsmitglieder an **verwandtschaftliche Bezugssysteme**, (…) die die Gesellschaft auf horizontaler und vertikaler Ebene durchdringen. (…) Das Prinzip der Verwandtschaft polarisiert die Welt in die Sphäre verwandtschaftlicher Verbundenheit und die Sphäre nicht-verwandtschaftlicher Fremdheit.“

„Gesellschaftliche Integration erfolgt nicht über Arbeit und Besitz“, so Apel weiter,

sondern über das Bewußtsein gleichen Ursprungs. (…) Verwandtschaftliche Verbundenheit nötigt zu solidarischen Verhaltensweisen und bedingt zugleich die **Gleichheit der gesellschaftlichen Parzellen**. Machtstreben und Anhäufung von gesellschaftlichem Reichtum widerspricht den moralischen Normen und wird unterlaufen. (…) Besitz wird als Produkt ungerechtfertigter Bereicherung auf Kosten der Gruppe interpretiert. Die Anhäufung von gesellschaftlichem Reichtum, der dem Gemeinwesen entzogen wird, wird als unmoralisches Verhalten geächtet." ((84))

Die den Gemeinschaften zugrunde liegenden Verwandtschaftsverbände als soziale ‚Grundzellen' leben oftmals miteinander am gleichen Ort (wenn auch nicht unbedingt im selben Haus wie bei den Irokesen), sie wirtschaften und arbeiten gemeinschaftlich und werden nach ihrem Tod zumeist auch auf einem gemeinsamen Friedhof bestattet. Als ähnlich geartete und gleichrangige gesellschaftliche Segmente verfügen sie nur über sehr flache Hierarchien und niederschwellige Führungsfunktionen ohne nennenswerte materiellen Privilegien und echte Befehlsgewalt, und bei der Partnerwahl sind sie in der Regel *exogam*, das heißt geheiratet wird stets außerhalb der eigenen Einheit bzw. verwandtschaftlichen Gruppe. Nach den Worten des Ethnologen Josef Franz Thiel machen

„die[se] Verwandtschaftsbeziehungen (…) in kleinen, noch wenig gegliederten Gesellschaften praktisch die einzige oder doch die wesentliche soziale Gliederung aus. Wirtschaft, Religion, Recht etc. werden auf der Basis der Verwandtschaft gehandhabt. Ihr kommt deshalb gerade in diesen Ethnien eine große Bedeutung zu." ((85))

Bereits Engels hatte ja im ‚*Ursprung*' festgestellt, das von ihm dort beschriebene gentile System sei

„*die ganze öffentliche Verfassung*, unter der die Irokesen über vierhundert Jahre gelebt haben und noch leben (...) - die Organisation einer Gesellschaft, (...) die noch keinen Staat kennt" (MEW 21, S.94/95).

Und tatsächlich charakterisierte seine und Morgans exemplarische Darstellung der irokesischen Stammesordnung und Kultur bereits zutreffend die meisten der Grundelemente und wesentlichen Merkmale, die die Völkerkunde und Anthropologie seither auch für andere vorstaatliche und archaische Gesellschaften überall auf der Welt als kennzeichnend nachgewiesen haben.

Forschungsfortschritt und neuere Erkenntnisse

Freilich hat Morgans und Engels' aus ihren Beobachtungen und Analysen abgeleitete Theorie der einstmals weltweit verbreiteten Gentilgesellschaft trotz ihres bahnbrechenden Grundansatzes in den letzten 140 Jahren auch gehörig Federn lassen müssen, und zwar eben deshalb, weil die beiden das von ihnen im Prinzip völlig richtig erkannte und mustergültig beschriebene Beispiel der Irokesen in ihrer ersten Begeisterung zu sorglos und pauschal als in all seinen konkreten Ausprägungsformen und Details allgemeingültig für sämtliche vormodernen Völker und indigenen Kulturen auf der ganzen Welt erklärten. Genau diese aus ihren einspurig-evolutionistischen Grundanschauungen erwachsene Annahme (vgl. Teilband 1 dieser Studie, Kapitel 4 und Teilband 2, Kapitel 3) hat sich aber in den seither vergangenen 140 Jahren als in der vermuteten Absolutheit überzogen und falsch erwiesen.

Exemplarisch verdeutlichen läßt sich dies etwa am Beispiel der vermeintlich stets *matrilinearen* Gens, über die Engels wie schon zitiert im Vorwort zur Neuausgabe des ‚*Ursprung*‘ von 1891 schrieb:

„*Die* **mutterrechtliche Gens** *ist der Angelpunkt geworden, um den sich diese ganze Wissenschaft dreht; seit ihrer Entdeckung weiß man, in welcher Richtung und wonach man zu forschen und wie man das Erforschte zu gruppieren hat*" (MEW 21, S.481).

Heute wissen wir dagegen, dass unter 860 diesbezüglich weltweit untersuchten indigenen Völkern und Kulturen nur eine Minderheit von etwa 14 Prozent matrilinear organisiert war bzw. ist, während 46 Prozent der umgekehrten *patrilinearen* und weitere 36 Prozent einer ‚*ambilinearen*‘ (das heißt diversen) Abstammungsregel folgten. ((86))

Und auch andere Details der indigenen Ehe- und Verwandschaftsorganisation haben sich mittlerweile als deutlich vielgestaltiger und heterogener erwiesen, als es eine bloße Verallgemeinerung des irokesischen Beispiels vermuten lassen könnte. So ist etwa auch die *matrilokale* Residenzregel, nach der der Ehemann (wie für die Irokesen beschrieben) im Anschluß an die Heirat an den Wohnsitz und in den Verwandschaftsverband seiner Frau und ihrer Mutter zieht (vgl. S.35), nach aktuellen Studien nur bei etwa 13 Prozent der diesbezüglich weltweit dokumentierten Ethnien üblich, während mehr als zwei Drittel von ihnen (69 und in Afrika fast 75 Prozent) der umgekehrten *patri-* bzw. *virilokalen* Residenzregel (die Ehefrau zieht in den Haushalt ihres Mannes bzw. von dessen Vater) oder diversen Mischformen folgen. ((87)) Selbst in *matrilinearen* Kulturen geht den aktuellen Studien zufolge nur in rund einem Drittel (32 Prozent) der Fälle auch eine *matri-* oder *uxorilokale* Wohnsitzregel (der Ehemann zieht in den Haushalt seiner Frau bzw. ihrer Mutter) mit der mütterliche Abstammungsfolge einher, während der Rest patrilokalen (18 Prozent) oder anderen Residenzregeln folgt. ((88)) Und ein ähnlich heterogenes Bild ergibt sich auch bei zahlreichen anderen gesellschaftlichen Aspekten und Kulturmerkmalen wie etwa der Existenz oder Nichtexistenz von Phratrien und *Moities* oder der *Totem*verwendung (vgl. S.71) – kulturelle *Diversität* ist im Hinblick auf solche Einzelmerkmale also offenkundig eher die Regel als die Ausnahme.

Anstelle einer weitgehenden gesellschaftlichen und kulturellen *Homogenität* der auf einer ähnlichen kulturellen Stufe stehenden und unter vergleichbaren sozialökonomischen Verhältnissen lebenden indigenen Völker, wie sie Morgan und Engels noch vermuteten, belegen die modernen anthropologischen Forschungen mit anderen Worten eine erstaunliche Vielfalt und Variabilität unterschiedlich ausgestalteter Sozialstrukturen bei den indigenen Kulturen, die man man im 19. Jahrhundert noch nicht für möglich gehalten hätte.

Terminologische Veränderungen

Eine zweite wesentliche Veränderung hat sich in der modernen Anthropologie in Gestalt einer gegenüber den von Morgan und Engels verwendeten Begriffen gewandelten Fachterminologie vollzogen. Wer heute ein Buch über Verwandtschaftsethnologie oder frühe Sozialsysteme zur Hand nimmt, wird darin kaum mehr auf die lateinischen bzw. griechischen Begriffe *Gens* oder *Phratrie* stoßen. Anstelle von *Gens* ist die moderne Forschung wieder zu dem bereits zu Morgans Zeit gebräuchlichen, aber von ihm absichtlich nur selten benutzten Begriff *Clan* (oder *Klan*; vgl. MEW 21, S.87) zurückgekehrt und verwendet zusätzlich neu geschaffene Fachtermini wie etwa die englische Bezeichnung *Lineages* für die erwähnten segmentären Abstammungsgruppen (siehe dazu die Begriffserklärungen auf den folgenden Seiten). ((89)) *Lineage* bezeichnet dabei in der Regel einen aus mehreren Dutzend Mitgliedern bestehenden Großfamilien- oder Sippenverband, der sich von einem drei bis maximal sieben Generationen zurückliegenden *realen* Urahn (oder einer Urahnin) ableitet, während der aus mehreren Lineages bestehende *Clan* einige hundert oder gar Tausende von Mitgliedern umfassen kann und sich auf einen zumeist *mythischen* oder auch nur *fiktiven* Urahn bezieht.

Auch diese heutigen Fachbegriffe und Termini werden in der anthropologischen Literatur aber keineswegs immer einheitlich verwendet, sondern können je nach Autor und Forschungsrichtung unterschiedliche Bedeutungsnuancen aufweisen. Außerdem ist oftmals nicht ganz klar, auf welche der so bezeichneten Abstammungsgruppen sich bestimmte Kulturelemente und soziale Regeln wie etwa die Exogamie (vgl. S.35 und 72) oder die Verwendung gemeinsamer Totems (vgl. S.70) jeweils beziehen.

Weiter auf S.74

Kleines Lexikon der Ethnologie Teil 1: Völkerkundliche Sozialstrukturen

Kernfamilie

Der zumeist alltäglich zusammenlebende engste Verwandtschaftsverband aus Eltern und ihren Kindern, zu denen manchmal auch noch mitwohnende Großeltern oder Geschwister hinzukommen. Die Rolle und Bedeutung der Kernfamilie gegenüber umfassenderen Verwandtschaftsverbänden variiert zwischen den verschiedenen indigenen Kulturen, ist aber zumeist geringer ausgeprägt als in modernen Industriegesellschaften.

Lineage

Zumeist drei bis fünf Generationen weit zurückreichende Abstammungs- und Verwandtschaftsgruppe, die in direkter Linie von einem realen und bekannten gemeinsamen Urahn abstammt. Mehrere Lineages zusammen bilden einen *Clan.*

Clan

(In etwa gleichbedeutend mit ‚*Gens*‘ und ‚*Sippe*‘ bei Morgan und Engels.) Umfassendere Deszendenz- und Verwandtschaftsgruppe aus mehreren Lineages, die ihre Abstammung von einem in der Regel *fiktiven* oder mythischen Urahn ableitet. Clans sind ähnlich wie Lineages durch enge soziale Bindungen und Verpflichtungen (beispielsweise zur ‚Blutrache‘, vgl. S.38) und oft auch durch den Besitz eines gemeinsamen *Totems* (emblemartiges Tier oder Pflanze) charakterisiert und bilden zusammen mit Lineages die sozialen Grundelemente der vormodernen *segmentären* Gesellschaft.

Segmentäre Kulturen/Gesellschaften

In der Regel ein- oder zweistufig gegliederte und nicht hierarchisch strukturierte indigene Gesellschaften aus vielen gleichrangigen und zumeist weitgehend autonomen sozialen Basiszellen (= ‚Segmenten‘) auf verwandtschaftlicher Grundlage.

Phratrie

(von altgriech. *phratreia* = ‚Bruderschaft‘.)
Vor allem aus der altgriechischen Literatur bekannter Abstammungsverband aus mehreren Gentes bzw. Clans, die vor allem bei militärischen, politischen, kulturellen oder religiösen Anlässen temporär zusammenwirkten.

Moitie

Gliederungsform indigener Kulturen in zwei komplementäre soziale oder Abstammungshälften, zwischen denen häufig wechselseitige Heiraten sowie eine gewisse Aufgabenteilung bei Festlichkeiten, religiösen Riten u. ä. üblich sind (= sog. *Dualsystem*).

Stamm

In der Regel mehrere hundert oder einige tausend Personen umfassender Verband aus kulturell und sprachlich miteinander verbundenen indigenen Clans, die ein gemeinsames Stammesterritorium bewohnen und oft auch durch gleichartige kulturelle und religiöse Gebräuche, eine identische Tracht u. ä. miteinander verbunden sind.

Im Alltag leben die verschiedenen Einzelgruppen des Stammes indes zumeist weitgehend autonom und getrennt voneinander, und schließen sich nur bei besonderen Anlässen wie religiösen Festlichkeiten oder gemeinsamen Kriegszügen als Gesamtverband auf Stammesebene zusammen. Stammesgesellschaften können für derartige Anlässe - müssen aber nicht zwangsläufig – einen gemeinsamen Häuptling haben, der je nach politischer Struktur und Verfassung des Stammes über geringere oder umfassendere Befugnisse verfügt (vgl. S.42/43 und Kapitel 10).

Exogamie

(Von altgriech. *exo* = ,außen' und *gamos* = ,Hochzeit)
In indigenen Kulturen weitverbreitete Heiratsregel, nach der Eheschließungen innerhalb der eigenen Verwandtschaftsgruppe (= *Lineage* oder *Clan*) nicht zulässig sind, sondern die Ehepartner außerhalb der eigenen Deszendenz- und Verwandtschaftsgruppe gesucht werden müssen. Diese Regel kann - muss aber nicht – ebenso auch für sexuelle Beziehungen Lediger ohne Heirat gelten.

Die Exogamie zielt nach heutiger Annahme weniger auf ,genetische' Inzenstvermeidung als vielmehr primär auf die Wahrung des Sozialgefüges innerhalb der verschiedenen Gruppen und die Allianzbildungen zwischen ihnen ab.

Endogamie

(Von altgriech. *endo* = ,innen' und *gamos* = ,Hochzeit)
Das komplementäre Gegenstück zur Exogamie, das heißt ein (weltweit gesehen sehr viel selteneres) Heirats*gebot* innerhalb der eigenen Abstammungsgruppe.

Matrilinealität

(Bei Morgan und Engels auch *‚Mutterrecht‘*)
Abstammungs- und Deszendenzregel, nach der die Verwandtschaftsrech-
nung und Erbfolge über die mütterliche Linie erfolgt. Die Kinder gehören
demnach zum Verwandtschaftsverband (= *Lineage, Clan*) der Mutter und
erben ihre Gruppenzugehörigkeit, ihren gesellschaftlichen Status sowie
materielle und ideelle Güter von ihr und von Seiten der mütterlichen
Verwandten (beispielsweise auch das Anrecht auf die Häuptlingswürde vom
Mutterbruder). Diese Erbfolgeregel muß aber keineswegs mit einer allgemeinen gesellschaftlichen Dominanz und Vorherrschaft der Frauen im Sinne
eines ‚Matriarchats‘ einhergehen (vgl. Teilband 1 dieser Studie, S.106).
        Während Morgan und Engels die Matrilinearität (unter der Be-
zeichnung ‚Mutterrecht‘) für die ursprünglich auf der ganzen Welt verbreitete Hauptform der Abstammungsregelung innerhalb der *‚Gentilgesellschaft‘*
hielten (z.B. MEW 21, S.89 und 481; vgl. Kapitel 3), konnte die moderne
ethnographische Forschung sie nur bei einer Minderheit der indigenen
Völker nachweisen (vgl. S.67).

Patrilinealität

(Bei Morgan und Engels auch *‚Vaterrecht‘*)
Das komplementäre Gegenstück zur Matrilinearität, also die Deszendenz-
und Erbfolgeregelung über die *väterliche* Linie. Ist zumindest heute auch
unter indigenen Völkern die häufigste Form der Abstammungsregelung.

Matrilokalität

Wohnsitz- oder *Residenz*regel, nach der der Ehemann nach der Heirat seine
eigene Familie verläßt und zur (oder in die Nähe der) Familie seiner Frau
zieht. Kommt vor allem in matrilinearen Gesellschaften häufiger vor, beispielsweise bei den Irokesen (vgl. S.35).

Patrilokalität

Das umgekehrte Pendant zur Matrilokalität, bei dem die Ehefrau nach der
Heirat ihre eigene Familie verläßt und zur (oder in die Nähe der) Familie
ihres Ehemannes zieht. Ist vor allem in patrilinearen Gesellschaften die
Regel und stärker als im umgekehrten Fall mit einem Statusverlust der Frau
verbunden, die in der Familie und *Lineage* ihres Mannes oft als ‚Fremde‘ gilt.

Akephale Kulturen/Gesellschaften

(Von altgriech. *a-* = ‚ohne‘ und *kaphos* = ‚Haupt‘.)
Segmentäre Gesellschaften ohne politische Zentralinstanz, weisungsbefug-
tes ‚Oberhaupt‘ oder Staat. Akephale Kulturen sind das ethnologische
Vorbild für die moderne anthropologische Konzeption der ‚Regulierten
Anarchie‘ (vgl. S.79 ff.).

Häuptling

Nicht einheitlich definierter Begriff, der offizielle Oberhäupter oder ‚Vorsteher' ganz unterschiedlicher Sozialverbände und gesellschaftlicher Gruppierungen von der Lokalgruppe bis zum Stamm bezeichnen kann und dementsprechend in der völkerkundlichen Literatur auch unterschiedlich angewandt wird. Die moderne Sozialanthropologie bezeichnet als *Häuptling* zumeist das Oberhaupt und die zentrale Autorität einer bereits mehrstufig organisierten Gesellschaft mit entwickelteren politischen Strukturen und Institutionen.

Im Gegensatz zum Clan- oder Dorfältesten und zum *Big Man* segmentärer Kulturen (vgl. S.82-84) verfügt ein Häuptling zumeist bereits über echte Leitungs-, Entscheidungs- und oft auch temporäre Weisungsbefugnisse, er kann sich im Gegensatz zu einem *Monarchen* oder Staatsoberhaupt aber noch nicht auf einen eigenen institutionalisierten und unter seiner Kontrolle und Befehlsgewalt stehenden *Machtapparat* stützen. Deshalb ist er im Gegensatz zu einem echten *Herrscher* noch in vergleichsweise hohem Maß auf den Konsens und die Unterstützung seines Stammes bzw. Volkes sowie anderer Regional- und Unterführer angewiesen (vgl. S.132/33).

Dieses heutige Verständnis des Häuptlingsamtes und der Häuptlingsposition unterscheidet sich zumindest graduell von der Verwendung des Begriffs im ‚*Ursprung*' und in Morgans ‚*Ancient Society*', wo Engels und der amerikanische Anthropologe das Wort als Bezeichnung für einen eher macht- und befugnisarmen Gentilführer (*Sachem*) oder für die reinen Kriegshäuptlinge der Irokesen verwendeten (MEW 21, S.93; vgl. S.40/41).

Die Entwicklungsstufe des sog. ‚Häuptlingstums' (*chiefdom*) nach modern-anthropologischem Verständnis ist strukturell nochmals ein Stück weiter entwickelt und entspricht in etwa Morgans und Engels' ‚*Militärischer Demokratie*' in der Endphase der Gentilgesellschaft, wobei die moderne Forschung im Gegensatz ihnen sehr viel stärker auch ‚zivile' und religiöse Aufgaben statt vorwiegend nur militärische Funktionen in den Mittelpunkt des Wirkens der Stammesoberhäupter und Häuptlinge rückt (vgl. Kapitel 13).

Segmentäre Stammesmuster

Alle diese Details sind für unser Thema indes nicht weiter bedeutsam und sollen deshalb hier auch nicht ausführlicher erörtert werden. Für uns ist vielmehr die von Morgan und Engels schon vor 140 Jahren am Beispiel der Irokesen beschriebene Tatsache entscheidend, dass

„die Struktur eines Stammes eine Art von Bau aus vorgegebenen Elementen ist, wobei kleine Einheiten vermittels ihrer Zusammensetzung eine Serie von immer größeren, inklusiveren [= einschließenderen, MK] Einheiten bilden, bis die Ebene des Stammes als Ganzes erreicht ist",

wie es der amerikanische Kulturanthropologe Frank Robert Vivelo formuliert. ((90)) Bereits Engels hatte in diesem Sinn ja von *„Gruppen verschiedner Abstufungen von Blutsverwandtschaft"* gesprochen,

„jede abgeschlossen in sich und ihre eignen Angelegenheiten ordnend, jede aber auch die andre ergänzend, und der Kreis der ihnen anheimfallenden Angelegenheiten umfaßt die Gesamtheit der öffentlichen Angelegenheiten der Barbaren der Unterstufe" (MEW 21, S.95).

„Jedes segmentäre System umfaßt dabei Teilgebilde (= ‚Segmente') verschiedener Größenordnung", betont auch der deutsche Ethnologe Justin Stagl,

„die auf mehreren Ebenen ineinander ‚verschachtelt' sind: Mehrere Familien setzen sich also z. B. zu einer *Lineage* und mehrere Lineages zu einem *Clan* zusammen, oder mehrere Haushalte bilden einen Weiler, mehrere Weiler ein Dorf und mehrere Dörfer einen Gau."

Man könne sich, so Stagl weiter,

„diese Form der politischen Organisation vielleicht am besten mit Hilfe der Analogie eines Baukastens verständlich machen, der aus mehreren Sätzen von Bauelementen besteht, die nicht ein- für allemal auf bestimmte Weise zusammengefügt sind, sondern immer wieder nach bestimmten Regeln miteinander kombiniert, wieder auseinandergenommen und neu zusammengesetzt werden können." ((91))

Ähnlich wie beim biologischen Zellwachstum war und ist auch diese Aneinanderreihung und vielfältige Kombination gleichartiger sozialer Einzelsegmente ein organischer und bestimmten Gesetzmäßigkeiten folgender – Engels hätte gesagt *„naturwüchsiger"*- Prozeß (MEW 21, S.95), ((92)) aus dem aber wie in der Tier- und Pflanzenwelt ganz unterschiedliche Resultate entstehen können.

Ein urkommunistisches Paradies?

Bereits Morgan pries

„die Einfachheit dieser Organisation und die Leichtigkeit, mit welcher sie als ein Teil des gesellschaftlichen Systems der Urgesellschaft gehandhabt wird", ((93))

und tatsächlich erscheint die vorstaatliche Gesellschaft angesichts ihrer genialen Schlichtheit und Gleichheit ebenso wie ihrer Ächtung jeglichen Besitz- und Machtstrebens auf den ersten Blick wie ein herrschaftsfreies, solidarisches ‚urkommunistisches Paradies', als das sie sowohl im utopischen Sozialismus (vgl. S. 16/17) wie auch in der zivilisationskritischen Alternativbewegung der 1970er und 1980er Jahre auch vielfach idealisiert und gefeiert wurde.

Allerdings wies ja schon Engels, der im *‚Ursprung'* gleichfalls die *„einfache sittliche Höhe der Gentilgesellschaft"* in romantischen Worten und klassischen Formulierungen würdigte, mit gleichem Nachdruck auch auf ihre strukturelle Begrenztheit und ihre materiellen Limitierungen hin. *„Vergessen wir aber nicht, daß diese Organisation dem Untergang geweiht war"*, so betonte er in seiner Schrift:

„Über den Stamm ging sie nicht hinaus. (...) Was außerhalb des Stammes, war außerhalb des Rechts. Wo nicht ausdrücklich Friedensvertrag vorlag, herrschte Krieg von Stamm zu Stamm. (...) Die Gentilverfassung in ihrer Blüte (...) setzte voraus eine äußerst

unentwickelte Produktion, also eine äußerst dünne Bevölkerung auf weitem Gebiet. (...) So imposant die Leute dieser Epoche uns erscheinen, (...) sie hängen noch, wie Marx sagt, **an der Nabelschnur des naturwüchsigen Gemeinwesens.** *Die Macht dieser naturwüchsigen Gemeinwesen mußte gebrochen werden – sie wurde gebrochen. Aber sie wurde gebrochen durch Einflüsse, die uns von vorn herein als eine Degradation erscheinen, als ein Sündenfall von der einfachen sittlichen Höhe der Gentilgesellschaft.*" (MEW 21, S.97; vgl. S.51/52).

Vor allem galt das beschriebene indigene Solidar- und Konsensprinzip in aller Regel nur innerhalb der einzelnen Verwandtschaftsverbände, Clans und Stämme, während nach außen – also gegenüber anderen Gemeinschaften und Stammesverbänden – Mißtrauen und Feindseligkeit vorherrschten und kriegerische Gewalt das übliche Mittel der Konfliktregelung war (vgl. Kapitel 6). Darüber hinaus aber war und ist eine derartige ‚direkte Demokratie' und unmittelbare Mitwirkung aller Gesellschaftsmitglieder an sämtlichen öffentlichen Angelegenheiten wie in vielen segmentären Kulturen in der Regel nur in zahlenmäßig begrenzten Gemeinschaften von einigen hundert bis wenigen tausend Menschen möglich, in denen zumindest potentiell noch ‚jeder jeden kennen' und unmittelbar mit ihm kommunizieren und interagieren konnte - in der heutigen Anthropologie spricht man diesbezüglich auch von sog. *‚Face-to-face-Gesellschaften'*. ((94)) Wuchs die Zahl der Menschen in einem Gemeinwesen über eine solche Größenordnung hinaus, dann wurde die beschriebene Form der direkten politischen Mitwirkung und auf persönlichem Interessenausgleich beruhenden Konfliktlösung oftmals schwierig oder sogar unmöglich. ((95))

Soziale ‚Zellteilung' statt Hierarchiebildung

Die nordamerikanischen Indianer lösten dieses Problem unter vollständiger Wahrung ihrer angestammten segmentären Struktur, indem sich ihre Sozialverbände bei übermäßigem Wachstum oder in Konfliktfällen einfach in mehrere neue aufspalteten, die sich gleichrangig neben den älteren etablierten.

76

„Mit dem Anschwellen der Anzahl von Mitgliedern in einer Gens und der darauf folgenden räumlichen Trennung ihrer Mitglieder trat eine Abzweigung ein, und der ausscheidende Teil nahm einen neuen Gentilnamen an",

schrieb Morgan dazu in seiner ,*Urgesellschaft*'. Auf diese Weise bildeten sich

„neue Stämme sowohl wie auch neue Gentes (...) fortwährend durch natürliches Wachstum, und dieser Vorgang wurde durch die große Ausdehnung des amerikanischen Kontinents merklich beschleunigt. Sobald in einem Gebiet (...) Überbevölkerung eingetreten war, mußte nach und nach ein Teil der Bevölkerung abziehen. (...) Trennung und Unabhängigkeit waren die Folge, obwohl die Landgebiete aneinander grenzten, und so wurde ein neuer Stamm geschaffen. Dies ist (...) die Art und Weise, wie die Stämme der amerikanischen Ureinwohner gebildet wurden, und sie kann als allgemein gültig angenommen werden." ((96))

In den indigenen Kulturen Nordamerikas fand also, um in unserer obigen biologischen Analogie (vgl. S.74/75) zu verbleiben, eine einfache soziale ,Zellteilung' anstelle der Herausbildung komplexerer hierarchischer Strukturen wie in den jüngeren historischen Gesellschaftsformen statt, so dass die Gleichartigkeit und Gleichrangigkeit der einzelnen verwandtschaftlichen ,Basiszellen' trotz des Bevölkerungswachstums nach wie vor gewahrt blieb. Das Geflecht aus vielen weitgehend autonomen und einander gleichgestellten gesellschaftlichen Einzelsegmenten breitete sich also ähnlich wie bei einem Moosteppich oder einem Korallenriff ,horizontal' immer weiter in der Fläche aus, ohne dass daraus ,vertikal' ein mehrstufiger und stärker hierarchisch strukturierter Organismus hervorgegangen wäre.

Morgan bedauerte vor dem Hintergrund seines evolutionistischen Weltbildes ausdrücklich diese

„beständige Neigung zur Spaltung unter wilden und barbarischen Stämmen, welche sich als ein großes Hindernis des Fortschritts erwiesen hat",

und beklagte in seiner ‚*Ancient Society*‘ den daraus resultierenden Verzicht auf eine gesellschaftliche ‚Weiter‘- und ‚Höherentwicklung‘, der freilich als

„*ein sowohl natürliches wie auch unvermeidliches Resultat der Gentilorganisation und der materiellen Verhältnisse, unter denen sie
existierte, betrachtet werden*“ müsse. ((97))

Bereits in seinem 1852 erschienenen ethnographischen Vor-
gängerwerk ‚*League of the Ho-Dé-No-Dan-Nee, or Iroquois*‘
(vgl. S.25) hatte er die nordamerikanischen Ureinwohner aus
einem ähnlichen Blickwinkel sogar noch sehr viel fundamenta-
ler wegen ihres fehlenden ‚Fortschrittsstrebens‘ kritisiert.
„*Allerdings war die indianische Gesellschaft durch einen fata-
len Mangel gekennzeichnet: Fehlen einer fortschrittlichen Ge-
sinnung*“, so schrieb er dort:

„*Generation auf Generation folgte demselben Kreislauf von Kurz-
weil, Arbeit, Kampf, Jagd und häuslichem Umgang. Es gab weder
Fortschritt noch Erfindungen noch ein Reifen politischer Einsicht.
Die alten Formen wurden gewahrt, die alten Bräuche weiterhin ge-
pflegt. Was sie in einem Punkt erreichten, verloren sie wieder in
einem anderen, so daß die nächstfolgende Generation nicht weniger
unwissend war als die vorhergehende.*“ ((98))

Diese Formulierungen erinnern frappierend an das negative
Urteil von Karl Marx in den 1850er Jahren über die selbstge-
nügsamen Dorfgemeinschaften im damaligen Asien, „*die sich
beständig in derselben Form reproduzieren*“ und auf diese
Weise zu einer stationären, „*sich nicht verändernden Gesellschaft*“ führten (MEW 9, S.220 und MEW 23, S.379; vgl.
Teilband 4 dieser Studie, Kapitel 2). Letztlich stand diese
Sichtweise auch hinter der von Marx und Engels in ihren
frühen Jahren vertretenen Auffassung von den sogenannten
„*geschichtslosen Völkern*“ (vgl. Teilband 2 dieser Studie,
S.24).

Das anthropologische Konzept der *Regulierten Anarchie*

Freilich kann man in solchem kulturellen Beharrungsvermögen und dem archaischen Mechanismus der gesellschaftlichen ‚Zellteilung‘ und Segmentierung statt Umstrukturierung auch einen Vorteil statt einen Nachteil sehen, wie es etwa der Soziologe Thomas Wagner in seinem bereits mehrfach zitierten Buch *Irokesen und Demokratie* tut. Wagner sieht in der beschriebenen einfachen Form der „Regulierung der Gruppengröße" durch Aufspaltung einen „wirksamen Mechanismus gegen Zentralisierungstendenzen", der die Hierarchienbildung erschwere und „die Etablierung einer repressiven Regierungsform unwahrscheinlich macht." ((99)) Er bekennt sich damit zu einer von dem deutschen Ethnologen Christian Sigrist Mitte der 1960er Jahre begründeten Schule innerhalb der westdeutschen Anthropologie, die die vom Evolutionismus als Defizite und Beschränkungen aufgefaßten Charakteristika und Merkmale der segmentären Kulturen genau umgekehrt als sinnvolle Schutzvorkehrungen gegen individuelles Machtstreben und als bewußte Lenkungsmechanismen zur Aufrechterhaltung einer herrschaftslosen *Regulierten Anarchie* ansieht. ((100))
 Sigrist entwickelte dieses explizit anti-evolutionistische und antiherrschaftliche Konzept 1967 in seiner gleichnamigen Dissertation auf der Grundlage von Forschungsergebnissen der britischen *social anthropology* (vgl. S.118), die sich im frühen 20. Jahrhundert in der Ära der damals noch globalen Kolonialherrschaft Großbritanniens vor allem auf der Grundlage ethnographischer Forschungen in Afrika herausbildete. ((101)) Die Konzeption des Ethnologen wurde seither von anderen Autoren wie Wagner auch auf die nordamerikanischen Indianer und andere indigene Kulturen weltweit übertragen. Sigrists Absicht war es nach eigenen Worten, mit seinen Arbeiten

„die Funktionsfähigkeit herrschaftsfreier Organisationen empirisch nachzuweisen. Damit sollten funktionalistische Behauptungen über die Unentbehrlichkeit von Herrschaft und Schichtung widerlegt werden."

Es ging dem Forscher dabei nach eigenem Bekunden letztlich um den wissenschaftlichen Nachweis, dass archaische

„Herrschaftslosigkeit nicht Ausdruck organisatorischen Unvermögens, sondern vielmehr *gewollt* ist." ((102))

Dabei distanzierte sich der engagierte Ethnologe, der auch verschiedene damalige Befreiungsbewegungen in der ‚Dritten Welt' politisch und praktisch unterstützte und der als Hochschullehrer deshalb mit massiver Repression von seiten des westdeutschen Wissenschaftsestablishments und Staates zu kämpfen hatte, ((103)) ausdrücklich auch vom historischen Materialismus orthodoxer Prägung. Sigrist sah aber andererseits einzelne Gemeinsamkeiten und Parallelen mit dem ursprünglichen Marximus und bekundete Mitte der 1970er Jahre gewisse Sympathien für den „Antibürokratismus" und „gegen die Verselbständigung bürokratischer Strukturen gerichtete" Bestrebungen der chinesischen Kulturrevolution. ((104))

Ungeliebte Positionen

Wenig überraschend brachte ähnlich wie die westdeutsche auch die offizielle DDR-Forschung nur wenig Sympathie für einen derart unorthodoxen und herrschaftskritischen Gesellschaftsentwurf auf und bekämpfte die von Sigrist ins Leben gerufene anthropologische Strömung, die in den 1970er und frühen 1980er Jahren einen nicht unbeträchtlichen Einfluß unter westdeutschen, aber auch unter französischen Kulturwissenschaftlern erlangte, ziemlich pauschal und undifferenziert als ‚kleinbürgerlich' und ‚anarchistisch'. ((105))
    Tatsächlich aber wurde von den Vertretern dieser progressiv orientierten Forschungsrichtung innerhalb der bürgerlichen Anthropologie gerade auch für unsere Fragestellung durchaus fruchtbares und wertvolles ethnologisches Faktenmaterial zusammengestellt und ausgewertet, und allzu weit waren ja zumindest ihre Intentionen auch nicht von Engels' gleichfalls sehr wertschätzender Beurteilung und Würdigung der vorstaatlichen Kulturen im *‚Ursprung'* entfernt (vgl. S.51).

Freilich schloß Engels an seine mitunter fast hymnischen Formulierungen über die *„Gesellschaft, die noch keinen Staat kennt"* (MEW 21, S.95), auch die bereits zitierten deutlichen Worte über ihre strukturellen Grenzen und Limitierungen an (vgl. S.51/52), die die Verfechter des Konzepts der *‚Regulierten Anarchie'* mit Sicherheit kaum unterschrieben hätten. Wir werden auf all dies im folgenden Kapitel noch einmal ausführlicher zurückkommen.

Stammesgesellschaft und Zivilisation

Wir befinden uns damit bereits mitten in der Debatte über die politische Bewertung der vorstaatlichen Stammeskulturen im Vergleich mit den herrschaftlich organisierten Gesellschaften der ‚Zivilisation', und damit auch über die Frage des historischen Nutzens oder Schadens, den ihre sukzessive Auflösung zugunsten komplexerer und für große Bevölkerungsverbände sicherlich leistungsfähigerer, aber eben auch hierarchisch strukturierter und in einem beträchtlichen Maß auf Repressions- und Unterdrückungsmechanismen basierender Gesellschaftssysteme zur Folge gehabt hat.

Exakt um die Klärung dieser Fragen und des damit zusammenhängenden *‚Ursprungs des Staats'* und seine weltgeschichtliche Bedeutung aus *historisch-analytischer* statt wie lange Zeit üblich nur aus weltanschaulich-philosophischer Sicht (vgl. S.14/15) ging es ja letztlich auch Engels im *‚Ursprung'* ebenso wie zuvor schon in seinem *‚Anti-Dühring'* (vgl. Teilband 4 dieser Studie, Kapitel 7). Wir wollen ihm und Morgan in den folgenden Kapiteln auf diesem Weg der kulturübergreifenden und vergleichenden historisch-anthropologischen Analyse folgen, aber unter Einbeziehung und Auswertung auch des seither von der Forschung neu gewonnenen und erarbeiteten Wissens und Materials. Dazu müssen wir uns zunächst eingehender mit der Frage befassen, wie und warum gesellschaftliche Führungspositionen und Hierarchien und mit ihnen auch Macht, Herrschaft und Unterdrückung sowie als ihr institutioneller Ausdruck der Staat in der Menschheitsgeschichte überhaupt entstanden.

5 Von „*Dienern*" zu „*Herren*" – der Weg in die Klassengesellschaft

In den beschriebenen ‚*akephalen*' (von griech. *akephalos* = ‚ohne Haupt') oder herrschaftslosen Gesellschaften, wie sie vor allem für einfachere neolithische Pflanzer- und Viehzüchterkulturen - Morgans und Engels' ‚*Unter- und Mittelstufe der Barbarei*' – charakteristisch waren, existierten oberhalb der einzelnen Verwandtschafts- und Siedlungsverbände so gut wie gar keine dauerhaften Macht- und Führungspositionen, und innerhalb der einzelnen Clans oder Dörfer beschränkten sie sich auf niederschwellige Autoritäts- und Einflußpositionen ohne irgendeine Befehls- und ‚Erzwingungsmacht' wie etwa Sippenoberhäupter und Dorfvorsteher:

„Ein Clan-Oberhaupt **präsidierte** nur über Verwandte, beherrschte sie aber nicht",

so der amerikanische Anthropologe Eli Sagan. ((106)) Die wenigen ‚öffentlichen' Koordinierungs- und Führungsaufgaben in solchen vorwiegend personal strukturierten und überschaubaren ‚*Face-to-Face*'-Gemeinschaften, in denen im Prinzip noch ‚jeder jeden persönlich kannte', wurden auf die in Kapitel 2 für die Irokesen beschriebene Weise eher im Sinne eines ‚Kümmerns' und der solidarischen Schlichtung und Vermittlung als einer autoritären Anordnung wahrgenommen:

„Die Gentilverfassung (...) hatte kein Zwangsmittel außer der öffentlichen Meinung",

schrieb Engels ebenso knapp wie zutreffend dazu (MEW 21, S.164).

Schamanen, Priester, Heiler

Mord und Totschlag sowie andere Gewalttätigkeiten wurden in der Regel durch Blutrache (vgl. S.38/39) seitens des betroffenen Clans und/oder einer materiellen Kompensation von seiten der Verursachergruppe geahndet, und andere Streitigkeiten und Konflikte schlichteten die Clan- und Dorfoberhäupter als höchste öffentliche ‚Instanzen‘ möglichst einvernehmlich durch Konsensfindung und einen für alle tragbaren Kompromiß. Für den Kontakt mit den übernatürlichen Mächten und die damit zusammehängende Krankenheilung waren Schamanen, Priester und Heiler zuständig, die oftmals eher am Rande der Gemeinschaft lebten und schon allein deshalb nur selten Herrschaftsambitionen entwickelten - als Wahrsager, Heiler und spirituelle Führer der Gemeinschaft waren sie jedoch unentbehrlich. ((107))

Älteste als Bewahrer der Tradition

Im übrigen stand die überlebenswichtige Wahrung der traditionellen Ordnung und des Status Quo innerhalb der Gemeinschaft im Mittelpunkt aller Bemühungen und wurde durch die gewissenhafte Einhaltung der althergebrachten Verhaltensregeln und den sorgsamen Vollzug bestimmter kultischer und religiöser Riten gesichert. Nicht zuletzt deshalb spielten und spielen die ‚Alten‘ (beginnend bei etwa 40 Jahren aufwärts), die oftmals im ‚Ältestenrat‘ oder ähnlichen Institutionen zusammengeschlossen waren, in den vormodernen Gesellschaften eine ausschlaggebende Rolle als Berater, Entscheidungs- und Wissensträger.

Während sie in unserer heutigen Informationsgesellschaft mit ihrem ‚extern‘ auf Festplatten und Mikrochips gespeicherten und sich alle paar Jahre vervielfachenden Wissen nur allzu leicht von der technologisch-wissenschaftlichen Entwicklung überholt und in der Folge auch gesellschaftlich beiseitegeschoben werden, waren sie in den archaischen und namentlich den schriftlosen Kulturen, in denen noch keine vom menschlichen Gedächtnis unabhängige Überlieferung existierte, die wichtigsten Bewahrer des Wissens und die unverzichtbaren Hüter der kulturellen Tradition. ((108))

Die informelle Führungsrolle der ‚*Big Men*'

In einer ganzen Reihe von indigenen Kulturen spielten zudem sog. ‚*Big Men*' eine wichtige Rolle bei der Planung, Organisation und Durchführung von Aufgaben, für die Initiative und ein gewisser materieller Aufwand erforderlich war, wie beispielsweise den Bau eines Gemeinschaftshauses, die Veranstaltung eines großen Festes oder die Durchführung einer Handelsexpedition. Dieses *Big-Man-System* war nach den Worten des Ethnologen Marshall D. Sahlins, der es erstmals am Beispiel der pazifischen Kulturen Melanesiens beschrieb, vor allem für „Gesellschaften mit einer einfachen neolithischen Produktionsweise" auf der Basis vergleichsweise unkomplizierter Formen des Pflanzenanbaus mit Grabstock und Hacke auf kleinen Gartenparzellen (sog. ‚Garten'- oder ‚Hackbau'; vgl. Teilband 2 dieser Studie, Kapitel 8) charakteristisch. ((109))

Die *Big Men* waren in solchen Kulturen (und sind es mancherorts noch heute) ehrgeizige und erfolgreiche Individuen, die aufgrund ihrer persönlichen Initiative, ihrer Leistungen und ihres wirtschaftlichen Erfolgs eine informelle Führungsrolle als ‚Netzwerker', Sponsoren oder ‚Coaches' innerhalb ihrer zumeist kleinen - oft nur wenige hundert Menschen zählenden – Gemeinschaften übernahmen. Es handelte sich dabei jedoch nicht um ein offizielles Amt, sondern um eine rein individuelle, durch persönliche Leistungen und ‚*Charisma*' (vgl. S. 174/175) erlangte und daher stets von Verlust bedrohte Einflußposition, die in der Regel auch keine materiellen Privilegien mit sich brachte. ((110)) Vielmehr investierten die *Big Men,* von denen stete Freigiebigkeit und großzügiges Sponsorentum erwartet wurde, oftmals große Teile ihres persönlichen Besitzes um des Ruhmes und der Ehre willen in prestigebringende Gemeinschaftsprojekte und standen dadurch am Ende nicht selten selbst mit leeren Händen da. ((111)) Diese in indigenen Kulturen mitunter selbst bei Häuptlingen zu beobachtende materielle Selbstbescheidung aufgrund der von ihnen erwarteten Freigiebigkeit unterstreicht einmal mehr den fundamentalen Unterschied zwischen ‚zivilisierten' und archaischen Gesellschaften, in denen großzügiger Einsatz zum Nutzen der Gemeinschaft mehr zählte als individueller ökonomischer Erfolg, und wo soziale und politische Einflußpositionen daher keineswegs zwangsläufig mit persönlichem Wohlstand oder gar Reichtum verbunden waren (vgl. S.134). ((112))

Neuartige Anforderungen erfordern komplexere Strukturen

Wie nun entstanden aus solchen vergleichsweise egalitären Kulturen mit nur wenigen gesellschaftlichen Sonderstellungen und ausgesprochen ‚flachen Hierarchien‘ die staatlich organisierten Gesellschaften der Antike und der Neuzeit, in denen wenige Machtträger über die Masse der Bevölkerung herrschten und mit - je nach Kulturepoche und Entwicklungsniveau – blanker Gewalt oder subtileren Methoden ihre Unterordnung und ihren Gehorsam erzwangen?

Der entscheidende Faktor für diese Entwicklung war neben dem bereits erwähnten ökonomischen Fortschritt und Bevölkerungswachstum vermutlich die Herausbildung und zunehmende Bedeutung neuartiger gesellschaftlicher Aufgaben und Funktionen, die es in den Stammesgesellschaften so zuvor nicht gegeben hatte und die daher auch bis dahin unbekannte Formen der Delegierung an auf ihre Wahrnehmung spezialisierte und dafür freigestellte Amtsträger und Funktionäre in gleichfalls neuartigen politischen und administrativen Institutionen erforderten.

Anstatt das gesellschaftliche Geflecht aus zahlreichen gleichartigen sozialen Basiselementen wie in vielen segmentären Kulturen durch einfache ‚Zellteilung‘ immer weiter auszudehnen oder aufzuspalten (vgl. S.77), gingen einzelne Stammeskulturen mit anderen Worten zu neuen, veränderten Formen eines auch *hierarchischen* Wachstums über, und entwickelten sich dadurch zu vielschichtigeren Gesellschaftsorganismen mit arbeitsteilig spezialisierten Funktionsorganen und ‚vertikal‘ gestaffelten Strukturen sowie politischen Lenkungsmechanismen weiter.

*„Neben (der) ausschließlich der Arbeit frönenden großen Mehrheit
bildet sich eine von direkt-produktiver Arbeit befreite Klasse, die die
gemeinsamen Angelegenheiten der Gesellschaft besorgt: Arbeitsleitung, Staatsgeschäfte, Justiz, Wissenschaft, Künste usw. Das Gesetz
der **Arbeitsteilung** ist es also, was der **Klassenteilung** zugrunde
liegt",*

umriß Engels diese Entwicklung 1878 im ‚Anti-Dühring'. Und
er fuhr fort:

*„Aber das hindert nicht, (...) daß die herrschende Klasse - einmal im
Sattel - nie verfehlt hat, ihre Herrschaft auf Kosten der arbeitenden
Klasse zu befestigen und die gesellschaftliche **Leitung** umzuwandeln
in **Ausbeutung** der Massen"* (MEW 20, S.262/63). ((113))

Von Dienern zu Herren

Zu Beginn wurden die in den neu entstandenen gesellschaftlichen Führungspositionen tätigen Amtsträger und Spezialisten
sicher in vielen Fällen noch entsprechend den Traditionen der
herrschaftslosen Gesellschaft durch Wahl bestimmt und in
einem gewissen Maß auch kontrolliert, doch mit der Zunahme
und dem Bedeutsamerwerden ihrer Aufgaben und ihrer daraus
resultierenden wachsenden Handlungsvollmacht und Unentbehrlichkeit vermochten sie sich dieser gesellschaftlichen Kontrolle und Verantwortlichkeit mehr und mehr zu entziehen und
wurden so von ursprünglichen ‚Dienern' zu ‚Herren' der Gesellschaft. Engels hat auch diesen in allen ‚zivilisierten' Kulturen vor sich gegangenen Verwandlungsprozeß im ‚Anti-
Dühring' treffend und in klassischen Worten beschrieben:

*„In den naturwüchsigen, ackerbautreibenden Gemeinwesen der spä-
tern Kulturvölker (...) bestehn von Anfang an gewisse gemeinsame
Interessen, deren Wahrung einzelnen, wenn auch unter Aufsicht der
Gesamtheit, übertragen werden muß: Entscheidung von Streitigkeiten; Repression von Übergriffen einzelner über ihre Berechtigung
hinaus; Aufsicht über die Gewässer, besonders in heißen Ländern;
endlich (...) religiöse Funktionen. Dergleichen **Beamtungen** finden
sich in den urwüchsigen Gemeinwesen zu jeder Zeit, so in den ältesten deutschen Markgenossenschaften und noch heute in Indien.*

*Sie sind selbstredend mit einer gewissen **Machtvollkommenheit** ausgerüstet und **die Anfänge der Staatsgewalt.** (...)*

> *Diese Organe, die schon als Vertreter der gemeinsamen Interessen der ganzen Gruppe (...) eine besondre (...) Stellung haben, verselbstständigen sich bald noch mehr, teils durch die (...) fast selbstverständlich eintretende Erblichkeit der Amtsführung, teils durch ihre (...) wachsende **Unentbehrlichkeit.** Wie diese Verselbständigung der gesellschaftlichen Funktion gegenüber der Gesellschaft mit der Zeit sich bis zur **Herrschaft über die Gesellschaft** steigern konnte, wie der ursprüngliche Diener, wo die Gelegenheit günstig, sich allmählich in den Herrn verwandelte, wie je nach den Umständen dieser Herr als orientalischer Despot oder Satrap, als griechischer Stammesfürst, als keltischer Clanchef usw. auftrat, (...) wie endlich die einzelnen herrschenden Personen sich zu einer **herrschenden Klasse** zusammenfügten, darauf brauchen wir hier nicht einzugehn. Es kommt hier nur darauf an, festzustellen, daß **der politischen Herrschaft überall eine gesellschaftliche Amtstätigkeit zugrunde lag;** und die politische Herrschaft hat auch dann nur auf die Dauer bestanden, wenn sie diese ihr gesellschaftliche Amtstätigkeit vollzog"* (MEW 20, S.166/67; Kürzungen und Hervorhebungen von mir, MK).

„Die Sache faßt sich am leichtesten vom Standpunkt der Teilung der Arbeit", bekräftigte Engels zwölf Jahre später (1890) nochmals ausdrücklich in einem seiner sog. ,Altersbriefe':

> *„Die Gesellschaft erzeugt gewisse gemeinsame Funktionen, deren sie nicht entraten kann. Die hierzu ernannten Leute bilden einen neuen Zweig der Teilung der Arbeit innerhalb der Gesellschaft. Sie erhalten damit besondre Interessen auch gegenüber ihren Mandanten, sie verselbständigen sich ihnen gegenüber – und der Staat ist da"* (MEW 37, S.490).

Alternative Optionen

Ob eine bestimmte Kultur den hier von Engels skizzierten historisch *möglichen*, aber keineswegs *zwangsläufigen* Weg der Klassen- und Herrschafts- bzw. Staatsbildung tatsächlich einschlug, oder ob sie stattdessen in ihrer ursprünglichen Form als akephale Stammesgesellschaft weiterexistierte, konnte von den verschiedensten Faktoren oder auch von schlichten Zufällen abhängen. Aus der Variante der kulturellen *Beharrung* gingen neben den von Morgan erforschten nordamerikanischen Indianergesellschaften auch die anderen indigenen Kulturen der Neuzeit hervor, die Marx und Engels in ihren jüngeren Jahren mitunter auch etwas abschätzig als *„geschichtslose Völker"* bezeichneten (vgl. S.78 und Teilband 2 dieser Studie S.24 mit Anm.24). Diese in ihren herrschaftsfreien Strukturen verbliebenen Stammesgesellschaften oder ‚*Naturvölker*‘, wie man sie früher auch vielfach nannte, waren bis vor wenigen Jahrhunderten keineswegs jene seltene und auf wenige Rückzugsgebiete beschränkte ‚exotische‘ Sondererscheinung, als die wir sie heute kennen, sondern prägten Jahrzehntausende lang das Bild der Menschheitskultur auf allen fünf Kontinenten und stellten den überwiegenden Teil der Erdbevölkerung - diese Tatsache sollte man sich immer wieder vor Augen halten. ((114))

Erst während der letzten 5000 Jahre gingen aus der entgegengesetzten Option der gesellschaftlichen *Hierarchisierung* und Klassenbildung in zunächst nur wenigen Weltregionen die entwickelten Zivilisationen des Altertums und der Neuzeit hervor, die wie von Marx und Engels beschrieben die ökonomische Entwicklung und den technologischen Fortschritt der Menschheit enorm beförderten, aber dabei nach Marx‘ Worten nur allzu oft

„jenem scheußlichen heidnischen Götzen (glichen), der den Nektar aus den Schädeln Erschlagener trinken wollte" (MEW 9, S.226).

Wir wollen uns im folgenden Kapitel ausführlicher mit jenem Gesichtspunkt beschäftigen, den Engels im ‚*Anti-Dühring*‘ zwar mit Nachdruck hervorhob, aber nicht detaillierter ausführte, nämlich mit der Frage, welche *Art* von gesellschaftlichen ‚Sonderaufgaben‘ und Herausforderungen bei der Entstehung der gesellschaftlichen *„Beamtungen"* (MEW 20, S.167) und damit letztlich auch des Staates eine bedeutsame Rolle spielten und welche konkreten *Ansatzpunkte* die Entwicklung egalitärer Stammeskulturen zu Klassengesellschaften und herrschaftlich strukturierten Staatswesen damit hatte.

6   Kriegsführer

Eine der ersten und wichtigsten dieser gesellschaftlichen ‚Sonderaufgaben' resultierte aus der bereits erwähnten Beschränkung des archaischen Konsens- und Solidarprinzips (vgl. S.37) auf die jeweils eigene Verwandtschafts- oder Stammesgruppe, während gegenüber anderen Clans und Stämmen oftmals Mißtrauen oder Feindschaft vorherrschten und es immer wieder zu gewaltsamen Fehden und Stammeskriegen kam. *„Was außerhalb des Stammes, war außerhalb des Rechts"*, stellte Engels wie bereits zitiert diesbezüglich im *‚Ursprung'* fest, so dass

„im Prinzip jeder [Indianer]Stamm als im Kriegszustand befindlich mit jedem andern Stamm [galt], mit dem er keinen ausdrücklichen Friedensvertrag geschlossen" (MEW 21, S.92). ((115))

Die moderne Ethnologie hat diese Feststellung bestätigt und charakterisiert den Stamm als „die größte Einheit, innerhalb derer die Lösung eines Konflikts durch Diskussion möglich ist", während zwischen den verschiedenen Stämmen oft „permanente Feindseligkeit herrscht." Deshalb sei „Krieg in der primitiven Gesellschaft allgegenwärtig" – so der amerikanische Soziologe Eli Sagan. ((116))

Stammesfehden und kriegerische Scharmützel

Den Berichten zeitgenössischer Chronisten zufolge war der „Anlass kriegerischer Auseinandersetzungen" bei den nordamerikanischen Indianern neben der bereits erwähnten obligatorischen Rächung von persönlichen Übergriffen und Totschlag (vgl. S. 38) vor allem

„die Abspaltung von Clans wegen Streitigkeiten um Jagdgründe oder Land in einer insgesamt wenig fruchtbaren Region mit harten Lebensbedingungen und seit 1740 auch der zunehmende Siedlungsdruck durch die europäischen Kolonisatoren. Dies alles führte zur Etablierung einer kriegerischen Kultur, in der es immer auch um den

Beweis von Mut und Tapferkeit durch die Erbeutung von Skalpthrophäen, heiratsfähigen Frauen oder Gefangenen für den Marterpfahl ging." ((117))

In Fällen von Blutrache oder bei anderen ‚Privatfehden' zwischen einzelnen Clans beschränkten sich die indianischen Kriegszüge zumeist auf begrenzte Scharmützel kleinerer und in der Regel nur aus den betroffenen Sippen stammender Kriegergruppen. Der französische Geograph und Begründer der Kolonie Neufrankreich, Samuel de Champlain, beschrieb solche Stammesfehden bei den Irokesen 1616 vermutlich etwas untertreibend als eine Art *„organisierter Sportveranstaltung"*:

„Die Krieger reisten gemächlich zum Territorium des Gegners, während sie unterwegs jagten und fischten. (...) Hatten sie das gegnerische Dorf erreicht, so wurden häufig Frauen und Kinder entführt, bevor die Belagerung begann. Normalerweise zogen sich die Angreifer (...) zurück, sobald sie eigene Verluste erlitten hatten, (...) offene Feldschlachten wurden möglichst vermieden. (...) Auf dem Heimweg transportierten sie ihre verwundeten Gefährten auf dem Rücken mittels einer provisorischen Trage." ((118))

„Selbst bei größeren ‚nationalen' Kriegen hatten die Völker der Irokesen-Konförderation nicht die Möglichkeit, zwangsweise Krieger zu rekrutieren", heißt es in einem aktuellen Ausstellungskatalog weiter zu diesem Thema:

„Die ‚Armeen' der Irokesen bestanden im Wesentlichen aus einer Anzahl lokaler Kriegergruppen, die mehr durch Verbindungen zwischen Personen und Stammesgruppen zusammengehalten wurden als durch die Befehlsgewalt der Stammesführung oder der Konföderation." ((119))

„Es sind ganz die Privatkriegszüge deutscher Gefolgschaften, wie Tacitus sie uns schildert", kommentierte Engels diese indianischen Unternehmungen im *‚Ursprung',*

„nur daß bei den Deutschen die Gefolgschaften bereits einen ständigern Charakter angenommen haben. (...) Solche Kriegskolonnen waren selten zahlreich; die bedeutendsten Expeditionen der Indianer,

auch auf große Entfernungen, wurden von unbedeutenden Streitkräften vollführt. Traten mehrere solche Gefolgschaften zu einer großen Unternehmung zusammen, so gehorchte jede nur ihrem eignen Führer" (MEW 21, S.92/93). ((120))

In weiter entwickelten Stammesgesellschaften mußten zur Durchführung großer intertribaler Kriegszüge hingegen umfangreichere Kontingente waffenfähiger Männer ausgehoben werden, die von speziellen Kriegshäuptlingen und erfahrenen Militärführern mit größerer Autorität und Befehlsgewalt angeführt wurden. Auch sonst erforderten sie eine umfangreichere Organisation und Logistik. „Ein Häuptling", schreibt der amerikanische Anthropologe Eli Sagan dazu,

„dem eine weit größere Bevölkerung unterstand als jedem Dorfoberhaupt, konnte in einer Schlacht weit mehr Krieger ins Feld führen. Mit dem Aufstieg der Häuptlinge wurde daher die Kriegführung immer organisierter und zerstörerischer."

*„Der **Kriegsfürst** (...) wird zur ständigen Erscheinung, wenn der Kriegszustand chronisch wird"*,

stellte der Soziologe Max Weber schon 1920 lapidar dazu fest. ((121))

Gebietseroberungen und Herrschaft

Doch nicht nur zur intertribalen Kriegführung selbst, sondern auch zur Sicherung neu eroberter Gebiete und Beherrschung der dortigen Bevölkerung im Gefolge erfolgreicher Kriegszüge wurde in vielen Kulturen ein umfangreicherer, hierarchisch organisierter Herrschaftsapparat erforderlich, wenn vor dem Hintergrund steigender Produktivität und/oder wachsenden Bevölkerungsdrucks neben Blutrache und Raub (vgl. S.38) auch die dauerhafte Eroberung fremder Stammesgebiete zum regelmäßigen Kriegsziel wurde. Engels hat diesen Zusammenhang im ‚*Ursprung*' anschaulich am Beispiel der Germanen nach der Eroberung des Römerreichs seit dem 4. Jahrhundert n. Chr. beschrieben.

Nach seinen Worten

„entsprang der Staat bei den **deutschen** *Überwindern des Römer-reichs (...) direkt aus der Eroberung großer fremder Gebiete, die zu beherrschen die Gentilverfassung keine Mittel bietet"* (MEW 21, S.164). - *„Die deutschen Völker, Herren der Römerprovinzen, hatten diese ihre Eroberung zu organisieren. (...) An die Spitze der zunächst größtenteils fortbestehenden römischen lokalen Verwaltungskörper mußte man einen Ersatz für den römischen Staat stellen, und dieser konnte nur ein andrer Staat sein. Die Organe der Gentilverfassung mußten sich so in* **Staatsorgane** *verwandeln, und dies, dem Drang der Umstände gemäß, sehr rasch. Der nächste Repräsentant des er-obernden Volks war aber der* **Heerführer**. *Die Sicherung des erober-ten Gebiets nach innen und außen forderte Stärkung seiner Macht. Der Augenblick war gekommen zur* **Verwandlung der Feldherrn-schaft in Königtum**: *sie vollzog sich"* (MEW 21, S.146). ((122))

In vergleichbarer Weise führten die erfolgreichen Eroberungen des zuvor ‚barbarischen' Aztekenbundes im Hochtal von Me-xiko während des 15. Jahrhunderts zur Herausbildung eines staatsähnlichen Großreichs (vgl. Teilband 4 dieser Studie, Ka-pitel 8), ((123)) und im 19. Jahrhundert vollzog sich Ähnli-ches unter den Augen der europäischen Kolonialmächte bei der gewaltsamen Schaffung des *Zulu*-Königreichs im südöstlichen Afrika. Durch eine neue, effektivere Form der Kriegführung mit tausenden von Kämpfern ((124)) und eine brutale Erobe-rungspolitik unterwarf der Zulu-Häuptling *Shaka* dort um 1820 zahlreiche benachbarte Häuptlingstümer und vereinigte sie gewaltsam in einem einzigen Staat von beträchtlicher Größe und Ausdehnung, den er zu seinen Lebzeiten freilich nur müh-sam durch eine brutale Terrorherrschaft zusammenzuhalten vermochte. „Erobern war [nämlich] eines, Konsolidieren etwas ganz Anderes", schreibt der amerikanische Anthropologe El-man R. Service dazu:

„Shaka mußte recht bald erkennen", dass „die ununterbrochenen militärischen Erfolge nicht ausreichten, um die Integration der neu-geborenen ‚Nation' zu wahren".

1828 wurde er „zur spürbaren Erleichterung des Volkes" von seinem Bruder *Dingane* ermordet, und die nachfolgenden Machthaber mußten den einzelnen Teilstämmen wieder erheblich mehr Rechte einräumen, um das gewaltsam geschaffene *Zulu*-Reich noch fünfzig Jahre lang zusammenzuhalten, bevor es 1879 von den Engländern erobert wurde. ((125)) Dies ist ein instruktives Beispiel dafür, dass sich segmentäre Stammesgesellschaften nicht allein durch bloße militärische Gewalt und willkürlich geschaffene Nationenkonstrukte in stabile Zentralstaaten verwandeln lassen, wie ja auch eine Reihe aktueller Beispiele aus dem Nahen und Mittleren Osten gezeigt haben.

Vom Heerführer zum Herrscher

Morgan und Engels sahen in solchen ursprünglich gentilen und dann zu größerer Autorität und Machtfülle gelangten Kriegsführern den wichtigsten *„Keim für das Amt einer obersten Exekutivbehörde"* (Morgan) ((126)) und bauten darauf ihre Theorie von der *‚Militärischen Demokratie'* als letzter und höchster Stufe der Gentilgesellschaft und als Übergangsstadium zum Staat auf - wir werden darauf in Kapitel 13 noch ausführlicher zurückkommen. Ähnlich schrieb auch der deutsche Soziologe Max Weber 1920 in seinem berühmten Grundlagenwerk *‚Wirtschaft und Gesellschaft – Grundriss der verstehenden Soziologie'*:

*„**Der König ist überall primär ein Kriegsfürst**. Das Königtum (...) in seiner aus der Geschichte der Kulturvölker bekannten Ausprägung ist [eine] (...) nicht in erster Linie der Leitung des friedlichen Ringens des Menschen mit der Natur gewidmete, sondern den **gewaltsamen Kampf** einer Menschengemeinschaft mit anderen leitende Gewalt. "* ((127))

Auch wenn sich aus der Geschichte und Ethnographie der vergangenen Jahrtausende eine Vielzahl von Beispielen zur Untermauerung dieser Hypothese anführen ließen, ((128)) wenden heutige Anthropologen dagegen ein, dass viele indigene Militärherrschaften zumindest der Neuzeit erst als Folge von

Widerstandskriegen gegen den europäischen Kolonialismus entstanden und daher eher dessen Auswirkungen und Konsequenzen belegen als einen ausgeprägt ‚militaristischen‘ Charakter der Stammeskulturen selbst. ((129))

Gewalt als Geburtshelfer

Zweifellos jedoch bildete die organisierte Kriegsführung in größerem Maßstab einen entscheidenden Faktor beim Bedeutungszuwachs individueller Führungspositionen und bei der Herausbildung hierarchischer Strukturen in zuvor egalitären Stammesgesellschaften und war damit ein wichtiger Auslöser für ihre schrittweise Auflösung und Zersetzung.

„Wenn die Zeit der Staatenbildung und der Monarchie herangekommen ist, ist der Krieg die perfekte Hebamme“,

faßte der Anthropologe Eli Sagan diesen Zusammenhang kurz und bündig zusammen. ((130))

7 Zivil- und Friedensherrscher

Auch zur Wahrnehmung der unterschiedlichsten zivilen Funktionen und ‚Friedensaufgaben' in großen und komplexer werdenden Stammesgesellschaften waren jedoch oftmals politische und administrative Führer und Lenker mit besonderen Befugnissen und einer größeren Autorität erforderlich - auch solche ‚zivilen' Sonderaufgaben und *„Beamtungen"* (MEW 20, S.167) trugen daher maßgeblich zur Umwandlung vormals egalitärer und herrschaftsloser Stammesgesellschaften in hierarchisch und herrschaftlich strukturierte ‚Ranggesellschaften' bei, die man in der heutigen Anthropologie auch als ‚Häuptlingstümer' (*chiefdoms*) bezeichnet. Die konkreten Ansatzpunkte und Wirkmechanismen dafür konnten ganz unterschiedlicher und vielfältiger Art sein, wie wir im folgenden anhand einer Reihe exemplarischer Aufgabenbereiche und Beispiele sehen werden.

Große Baumeister und Bewässerungsmanager

So waren beispielsweise für umfangreichere gemeinschaftliche Bau- und Infrastrukturprojekte ab einer gewissen Größenordnung Organisations- und Leitungsaufgaben in einem Umfang nötig, der die Möglichkeiten einzelner Verwandtschafts- oder Siedlungsverbände überstieg und daher segmentübergreifende Anstrengungen sowie entsprechende Organisationsformen erforderte. Zum Teil resultierten solche Projekte unmittelbar aus der im letzten Kapitel behandelten Kriegsführung, denn sobald diese einen größeren Umfang und eine gewisse Regelmäßigkeit annahm, waren vor allem bei Gruppen, die über zum Raub verlockende Güter wie Getreidevorräte oder Vieh verfügten, neben der menschlichen Kampfkraft oft auch aufwendige Verteidigungsbauten nötig, die sich nur durch umfangreiche stammesübergreifende Gemeinschaftsanstrengungen errichten ließen.

Bei den meisten nordamerikanischen Indianerstämmen reichten zu diesem Zweck noch die von Morgan und Engels beschriebenen mit Zäunen und Holzbefestigungen *„verpalisadierter Dörfer"* (MEW 21, S.32), doch in anderen Kulturen wurden zum Schutz der Siedlungen und namentlich auch des Viehs umfangreiche Erdwerke, mit Holzgerüsten und Steinen stabilisierte ‚Burg'befestigungen und schließlich oft kilometerlange steinerne Stadtmauern errichtet – Engels' *„ummauerte Städte mit Türmen und Zinnen"* in der *„Oberstufe der Barbarei"* (MEW 21, S.34).

Die traditionelle archäologische und anthropologische Forschung neigte lange Zeit dazu, in nahezu jeder solchen Befestigungsanlage egal welcher Größe und Bauart einen Beleg für eine dahinterstehende Herrschaftsinstanz und ‚lenkende Hand' mit Befehlsgewalt zu sehen. Mittlerweile weiß man freilich nicht zuletzt aus völkerkundlichen Beobachtungen, dass dies keineswegs zwangsläufig der Fall sein muss, sondern dass auch für außenstehende Betrachter ausgesprochen imposant anmutende Befestigungsanlagen und andere Großbauten durchaus auch im Rahmen freiwilliger Gemeinschaftsanstrengungen auf kommunaler oder verwandtschaftlicher Grundlage und keineswegs nur unter der Knute eines Herrschers entstehen können.

Afrikanische Erdwerke

So hat beispielsweise der Prähistoriker Manfred K. H. Eggert 1988 in einem vielbeachteten Aufsatz eine Reihe völkerkundlicher Beispiele aus dem neuzeitlichen Afrika zusammengestellt, die zeigen, dass und wie indigene Siedlungs- und Verwandtschaftsgemeinschaften von wenigen hundert Menschen mit primitivsten Hilfsmitteln und in eigener Regie „wahrhaft gewaltige" Erdwerke und –aufschüttungen binnen weniger Tage oder Wochen fertigzustellen vermochten. Beim Bau einer 45 m langen und vier Meter hohen Erdrampe etwa beförderten 1955 in Nigeria „zahlreiche aus den umliegenden Dörfern zusammengekommene junge Leute" die mit einfachen Hacken aus dem Boden gelöste Erde in einer Menschenkette „durch Raken

zwischen den Beinen hindurch zum nächsten Arbeitsmann",
ohne dass dazu irgendwelche Behältnisse erforderlich gewesen
wären.

„Von den Alten sowie aus den eigenen Reihen durch Appelle an den
Gruppenstolz angefeuert, gingen sie mit einem immensen Enthusiasmus ans Werk. Der Erfolg blieb nicht aus: Die gesamte Brückenram-
pe wurde in weniger als einem Arbeitstag fertiggestellt",

so Eggert. ((131)) Vergleichbare bauliche und Infrastruktur-
leistungen erbringen bäuerliche Gemeinschaften auf der ganzen
Welt tagtäglich mit Hilfe der von Marx im ‚Kapital‘ ausführ-
lich beschriebenen ‚einfachen Kooperation‘ (MEW 23,
S.353/54) auch bei der Anlage von terrassierten Gärten und
Feldern oder beim Bau von Straßen und Wegen in kommunaler
Gemeinschaftsarbeit und Eigenregie, ohne dass dazu der Ein-
griff einer Zentralinstanz erforderlich wäre. ((132))

Monumentale Bauprojekte

Selbst größter Enthusiasmus und bereitwilligster freiwilliger
Arbeitseinsatz auf kommunaler oder verwandtschaftlicher Ebene stößt indes an seine Grenzen, wenn es um wirklich große
und/oder überörtliche öffentliche Bauprojekte von monumenta-
lem Umfang und sehr langer Zeitdauer geht. Für eine um 500
v. Chr. errichtete 70 m hohe Pyramide der altamerikanischen
Maya-Kultur auf der Halbinsel Yukatan (La Danta-Pyramide
von El Mirador) errechneten Experten beispielsweise eine Bauzeit von 10 bis 12 Millionen Arbeitstagen, und ein ähnlicher
Bauaufwand dürfte auch für die Errichtung altorientalischer
Tempel und Palastanlagen zu veranschlagen sein – von den
altägyptischen Pyramiden ganz zu schweigen. Bauprojekte
eines solchen Umfangs erforderten mit einiger Sicherheit „ein
Ausmaß an Koordination, Planung und Überwachung", das
sogar „die Kapazitäten eines [einfachen] Häuptlingstums bei
weitem überstieg", wie der Soziologe Stefan Breuer sicher
zurecht feststellt. ((133))

Altägyptische Pharaonen und mesopotamische Herrscher rühmten sich in ihren Inschriften und Biographien denn auch gern ihrer regen monumentalen Bautätigkeit, und der legendäre sumerische König *Gilgamesch* wird in dem nach ihm benannten antiken Epos für die Errichtung der ersten, 9 km langen Mauer der Stadt Uruk (um 2700 v. Chr.) gepriesen.

Künstliche Bewässerung im Alten Orient

Ähnliches gilt auch für die künstliche Garten- und Feldbewässerung, die in den Trockengebieten der Erde zur landwirtschaftlichen Erschließung und Nutzung von Natur aus nicht ausreichend fruchtbarer Bodenflächen unumgänglich war und ist. Auch diese schon für die frühbäuerlichen Gemeinschaften in weiten Teilen der Welt überlebenswichtige Aufgabe erforderte häufig Gemeinschaftsanstrengungen und Investitionen, die den Handlungsradius und das Leistungsvermögen einzelner Verwandtschafts- und Siedlungsverbände - vor allem bei überregionalen Projekten – deutlich überstiegen. Das klassische Beispiel dafür ist die künstliche Bewässerung im *Alten Orient*, mit der sich ja bereits Marx und Engels ausführlich beschäftigten (z. B. MEW 9, S.129/30 und MEW 23, S.537; vgl. Teilband 4 dieser Studie, S.30/31).

Zwar hat sich die Forschung auch hier von der früheren Vorstellung verabschiedet, jegliche dauerhafte Besiedlung und agrarische Nutzung solcher Trockengebiete außerhalb der Regenzonen sei grundsätzlich erst nach der Herausbildung der dortigen Zentralstaaten möglich gewesen, und jede einzelne Ackerfläche und jeder Bewässerungskanal im Alten Ägypten oder Mesopotamien sei gewissermaßen auf Anordnung der Herrscher oder der Tempel angelegt und unmittelbar von ihnen überwacht worden. ((134)) Weite Uferbereiche des Nils und natürliche Schwemmflächen im Zweistromland wurden vielmehr, wie wir heute wissen, bereits lange vor der dortigen Staatsbildung von kleineren Siedlungsverbänden landwirtschaftlich genutzt und zum Teil wohl auch schon in eigener Regie künstlich bewässert, wobei man die Techniken und das

‚*Know-how*‘ für die spätere großräumige Binnenkolonisation entwickelte.

Für wirklich großräumige Kanalbauten oder eine gigantische landwirtschaftliche Erschließungsmaßnahme wie die Trockenlegung des ägyptischen Fayum-Beckens südwestlich von Kairo um 1850 v. Chr., durch die eine über tausend Quadratkilometer große Sumpflandschaft in agrarisches Nutzland und den ‚Gemüsegarten Ägyptens‘ verwandelt wurde, war jedoch gewiß eine planende und organisierend Hand (in diesem Fall der Pharaonen Amenemhet II. und Sesostris II.) erforderlich. Bereits eine über 1200 Jahre ältere szenische Darstellung auf einer Kultkeule aus der Zeit um 3100 v. Chr. zeigt denn auch den damaligen Häuptling (oder frühen König) Oberägyptens namens *Skorpion* mit einer Hacke und einen Aushubkorb an einem Wasserlauf - möglicherweise die Darstellung einer Kanaleinweihungs-Zeremonie? ((135))

Siedlungswachstum und Wasserrecht

Nicht minder wichtig war die bewässerungstechnische oder ‚*hydraulische*‘ (von griech. *hydros* = ‚Wasser‘ und *aulos* = ‚Rohr‘) Funktion der Herrscher auch im mesopotamischen Zweistromland, wo die landwirtschaftlichen Anbauflächen nicht wie in der Flußoase Ägypten auf zwei schmalen Uferstreifen beiderseits des Nils angelegt waren, sondern sich innerhalb eines weiträumigen Netzwerks von natürlichen Wasserläufen und künstlich angelegten Bewässerungskanälen mosaikartig über das mehr als 150 km breite Gebiet zwischen den beiden Flüssen Euphrat und Tigris erstreckten. Neben den rein wassertechnischen Maßnahmen zur Gewinnung und Ausweitung des Fruchtlandes ((136)) stellten sich hier gewiß auch wichtige wasserrechtliche Fragen im Hinblick auf eine gerechte Verteilung des kostbaren Nasses, damit die weiter von den Hauptkanälen und Flußarmen entfernten Bauern nicht weniger Wasser erhielten als die nahebei Ansässigen. ((137))

Der neben natürlichen Klimaveränderungen maßgeblich auch durch künstliche Trockenlegungs- und Bewässerungsmaßnahmen ermöglichte Zentralisierungsprozeß im frühen Zweistromland ist vor allem in der Umgebung der um 3000 v. Chr. mit ca. 50 000 Einwohnern größten Stadt *Uruk* archäologisch deutlich greifbar, wo um diese Zeit ein starker Rückgang in der Zahl der Kleinsiedlungen zeitgleich mit dem Anwachsen Uruks zur Großstadt nachweisbar ist. Dies läßt auf eine zentral gelenkte Umsiedlungsmaßnahme oder zumindest einen politisch geförderten Konzentrationsprozeß Hand in Hand mit der Ausweitung der agrarischen Nutzflächen schließen – ein späterer König von Uruk namens *Enmerkar* (um 2750 v. Chr.) rühmte sich denn auch im sumerischen *Lugalbanda*-Epos, in fünfzigjähriger Arbeit die Sümpfe in der Umgebung der damaligen Metropole trockengelegt zu haben. ((138))

Ganz ähnlich gehörten bewässerungstechnische Projekte und Maßnahmen auch in Indien und China sowie in weiten Teilen Altamerikas zu den wichtigsten Aufgaben der dortigen Zentralherrscher und bildeten eine der wesentlichen Grundlagen des dortigen Herrschafts- und Staatsbildungsprozesses.

„Wie viele Despotien auch über Persien und Indien auf- und untergegangen sind, jede wußte ganz genau, daß sie vor allem die Gesamtunternehmerin der Berieselung der Flußtäler war, ohne die dort kein Ackerbau möglich",

schrieb Engels wie schon zitiert im *‚Anti-Dühring‘* (MEW 20, S.167).

Redistributionsökonomien

Wie bereits Marx betonte, war es letztlich

„die Konzentration der Revenuen [= Einkünfte], *wovon die Arbeiter leben, in einer Hand oder wenigen Händen"* und *„die ausschließliche Verfügung des Monarchen und der Priesterschaft über jenen Überschuß",* die *„solche Unternehmungen möglich machten"* (*‚Kapital‘* Band 1; MEW 23, S.353).

Freilich mußte dazu eine solche Verfügungsgewalt des Herrschers über das gesellschaftliche Mehrprodukt und eine entsprechende Konzentration von Investitionsmitteln in einer Hand erst einmal realisiert werden, und deshalb gehörte auch diese umfassende Ansammlung und Speicherung von Nahrungsmitteln und Sachgütern zum Unterhalt der für die öffentlichen Projekte benötigten Arbeitskräfte zu den wichtigsten Funktionen der Herrscher in den frühen Hochkulturen und beförderten ihren Aufstieg. Eine solche frühe Zentralverwaltungs- oder *Redistributions*wirtschaft, in der der Herrscher massenhaft Güter als Naturalsteuern einzog und sie später in Form öffentlicher Investitionen wieder in die Gesellschaft zurückverteilte oder ‚redistribuierte‘, bot einem Häuptling oder König, wie der amerikanische Anthropologe Elman R. Service schrieb,

„die Chance, seine Stellung dauerhaft zu festigen. (…) Er muß imstande sein, die agrikulturelle und handwerkliche Produktion anzukurbeln, um anschließend ausgewogen und klug über die Allokation [Zuweisung, MK] der Güter zu entscheiden. Zu den wichtigsten Verwendungsweisen der Güter gehört es, sie unter bestimmten Umständen zu *horten* - nicht nur im Interesse einer späteren Versorgung von öffentlichen Arbeitern und Handwerkern, sondern [auch] als Rücklage im Bedarfsfall, zum Beispiel bei Kriegen oder bei großen Festlichkeiten für einen wichtigen Gast." ((139))

Ein solches herrschaftliches ‚*Güterpooling*‘ konnte aber unter bestimmten Umständen, wie Service im Hinblick auf das frühe Mesoamerika hervorhob, sogar für den individuellen Güteraustausch von Vorteil sein und eine private Marktwirtschaft ein ganzes Stück weit ergänzen oder sogar ersetzen. Das mexikanische Hochland beispielsweise wies dem Anthropologen zufolge im 1. Jahrtausend n. Chr. „zahlreiche ökologische Regionen und Nischen" auf und war durch eine entsprechende „regionale Spezialisierung der Produktion" bei gleichzeitig erschwertem Kontakt der einzelnen Produzenten und Siedlungen aufgrund der unwegsamen Gebirgslandschaft gekennzeichnet. In so „komplizierten Umwelten" seien, so Service,

„reziproke Tauschgeschäfte zwischen den einzelnen Dörfern nicht annähernd so effizient, wie es ein koordiniertes Redistributionssystem sein kann. (…) Ein Dorf, das Mais produziert und Obsidian [= vulkanisches Glas für Handwerkszwecke, MK] benötigt, braucht nun nicht erst ein Obsidian produzierendes und Mais benötigendes anderes Dorf ausfindig zu machen, um zu einer unmittelbaren, ausgewogenen Reziprozität zu kommen. Vielmehr kann es zur Erntezeit seinen regionalen Mais-Surplus an das Redistributionszentrum liefern und [von diesem] andere Dinge erwerben, die es gerade benötigt. Damit aber dieses Veteilungssystem funktioniert, bedarf es eines koordinierenden Zentrums, eines *Redistributors* [= ,Umverteilers', MK] – kurz einer Autorität, die Planungsbefugnisse hat und als gerecht empfundene Allokationen [= Zuweisungen, MK] vornehmen kann. (…) Je zentralisierter und durchorganisierter das Autoritätszentrum ist, desto besser funktioniert die Redistribution und damit zusammenhängend auch die Spezialisierung der Produktion." ((140))

Solche frühen ,Zentralverwaltungswirtschaften', über die zu Marx' und Engels' Zeiten noch wenig bekannt war, waren nicht nur für Altamerika, sondern vor allem auch für den Alten Orient (Ägypten, Mesopotamien und Altiran) sowie für die Großreiche Asiens (Indien und China) charakteristisch und bildeten über Jahrtausende hinweg einen der wichtigsten Funktionsbereiche und Machtpfeiler der dortigen Herrscher. Die von ihnen als Abgaben oder Steuern zentral eingezogenen Güter wurden dabei, wie der Ethnologe Dieter Haller schreibt,

„in der Regel nur teilweise redistribuiert [= in die Gesellschaft zurückverteilt, MK]. Ein Teil dient dem Erhalt der Bürokratie, ein anderer wird von der zentralen Autorität zur Mehrung ihres eigenen Wohlstands und Prestiges einbehalten. Redistribution trägt so zum Erhalt der sozialen Hierarchie bei." ((141))

Diese Aspekte werden in Teilband 4 der vorliegenden Studie über den Orient ausführlicher erörtert.

8 Gottkönige und Sternenpriester

Die außergewöhnliche Machtansammlung in wenigen Händen, die mit den oben skizzierten gesellschaftlichen Leitungsfunktionen verbunden war, und die gleichfalls damit verknüpfte ökonomische Teilenteignung der primären Produzenten durch Naturalsteuern und andere Abgaben an das Herrschaftszentrum standen natürlich in krassem Gegensatz zu den in Kapitel 4 und 5 beschriebenen herrschafts- und privilegienfeindlichen Traditionen der akephalen Gesellschaft und dürften daher mindestens zu Beginn nicht selten auf den Widerstand oder eine Verweigerungshaltung seitens der Betroffenen gestoßen sein. Um solche Widerstände zu brechen und die ja durchaus sehr wirkungsvollen Mittel und Instrumente der Stammeskulturen gegen eine derartige Machtentfaltung und Herrschaftsbildung unwirksam zu machen, waren neben den skizzierten praktischen Nutzeffekten einer zentralen Lenkungsinstanz für die Gesellschaft vor allem auch *ideologische* Aspekte und Faktoren und von entscheidender Bedeutung.

Ganz besonderes halfen den neu aufgestiegenen Herrschern die ihnen oftmals zugeschriebenen sakralen Wesenszüge und Eigenschaften sowie ihre religiösen Funktionen dabei, die Akzeptanz und Anerkennung ihrer neu errichteten Herrschaft zumindest bei einem Teil der Beherrschten durchzusetzen und abzusichern. Die Sphäre des Kultes und der Religion spielte mit anderen Worten eine immens wichtige Rolle beim Aufstieg und der Konsolidierung der Macht der frühen Herrscher, die im Marxismus lange Zeit nicht ausreichend berücksichtigt wurde.

Herrschaftslegitimierung

Die allermeisten der frühen Häuptlingstümer, Staaten und Zivilisationen der Menschheitsgeschichte hatten, wie wir heute wissen, eine stark religiöse Prägung und wurden von sakralen

Häuptlingen, Priester- und Gottkönigen oder mächtigen Tempelpriesterschaften regiert und geführt, die neben ihren beschriebenen weltlichen Aufgaben nach damaligem Glauben auch überlebenswichtige religiöse Funktionen hatten und ihre gesellschaftlichen Tätigkeit auch im Namen der Ahnen, der Götter und anderer ehrfurchtgebietender Mächte erfüllten.

Die Herrschenden zogen die Steuern und Abgaben mit anderen Worten nicht nur für sich selbst und für profane Zwecke ein, sondern in mindestens dem gleichen Maß auch für die aufwendige kultische Verehrung der Götter und die Sicherung des Fortbestandes der gottgewollten und ewigen Natur- und Weltordnung (altägyptisch *Maat*; vgl. S.112). Auch ihre monumentalen Tempel, Paläste und Pyramiden errichteten sie nicht allein zum eigenen Ruhm und zum Nutzen der Gemeinschaft, sondern nach allgemeiner Überzeugung ebenso zum Wohl und im Dienste der Götter, der Ahnen und anderer höherer Mächte.

Dieses vermutlich „*naturwüchsig*" entstandene kultisch-religiöse Fundament der meisten frühen Herrschaftssysteme und Staaten sorgte gleichermaßen für ehrfürchtigen Respekt vor den neu aufgestiegenen Herrschern wie auch für eine über bisweilen erstaunlich lange Zeiträume hinweg vergleichsweise bereitwillige Unterordnung der neuen Untertanen unter ihre vermeintlich gottgewollte Autorität und Herrschaft und ihr segensreiches Wirken (vgl. S.112 ff.). Bei Fehlverhalten oder Auflehnung gegenüber einem solchen gottgleichen, *theokratischen* Herrscher (von griech. *theos* = ‚Gott' und *kratein* = ‚herrschen') bestand nach den Worten des Anthropologen Elman Service „die Strafe in der Androhung des Eingreifens der übernatürlichen Mächte", was ihn in den Augen seiner Untertanen zu einer „ziemlich furchteinflößenden Gestalt" machte.

„Der Herrscher macht und promulgiert [= verkündet, MK] nicht nur das Gesetz, sondern er *ist* das Gesetz, die Ordnung",

schreibt auch der deutsche Ethnologe Josef Franz Thiel über die Verhältnisse in solchen sakralen Häuptlings- oder König-

tümern, und diese kultisch-religiöse Durchdringung und Über-
höhung aller Aktivitäten des Herrschers und

„Konditionierung des Volkes im Kontext des Religiösen"

war nach Service einer der Hauptgründe für die „relativ friedliche Herrschaftsweise des Häuptlingstums", die es nicht selten
ermöglicht habe, auch größere Bevölkerungsmassen „ohne
regelmäßigen Rekurs auf violenten Zwang [= gewaltsame Mittel, MK] zu beherrschen." ((142))
    Besonders anschaulich verdeutlichen läßt sich dieser
Zusammenhang am Beispiel der häufig mit theokratischen
Herrschaften verbundenen Gestirn- und Himmelskulte, die in
den meisten frühen Hochkulturen eine besonders hervorgehobene Rolle spielten. Wir wollen uns daher im folgenden etwas
ausführlicher mit ihnen als exemplarisches Musterbeispiel
herrschaftlicher Kultaufgaben und religiöser Machtausübung
beschäftigen.

Astronomie und Herrschaft in den
frühen Hochkulturen

*„Die Notwendigkeit, eine Naturkraft gesellschaftlich zu kontrollie-
ren,(...) spielt die entscheidendste Rolle in der Geschichte der Indust-
rie. So z. B. die Wasserregelung in Ägypten, Lombardei, Holland
usw."*

schrieb Karl Marx im 1. Band des ‚*Kapital*' und führte dazu in
einer Fußnote weiter aus:

*„Die Notwendigkeit, die Perioden der Nilbewegung zu berechnen,
schuf* **die ägyptische Astronomie** *und mit ihr die* **Herrschaft der
Priesterkaste als Leiterin der Agrikultur.** *‚Die Sonnenwende* [am 22.
Juni, MK] *ist der Zeitpunkt des Jahres, an dem das Steigen des Nils
beginnt und den daher die Ägypter mit der größten Sorgfalt beobach-
ten mußten. (...) Es war dies Äquinoktialjahr* [= tropisches Jahr,
MK], *das sie festsetzen mußten, um sich mit ihren agrikolen* [= landwirtschaftlichen, MK] *Operationen danach zu richten. Sie mußten
daher am Himmel ein sichtbares Zeichen seiner Wiederkehr suchen'"*
(MEW 21, S.537 mit Anm.5). ((143))

Aus dieser Beobachtung der Sonne und der anderen Himmels-körper entstand der altägyptische Jahreskalender von 365 Tagen, aus dem durch Einfügung der Schalttage und –jahre letztlich auch unser heutiger Kalender hervorging, und der Sonnengott *Re,* als dessen leiblicher Sohn der Pharao galt, spielte im altägyptischen Kult und religiösen Denken als Heils-bringer auch sonst eine zentrale Rolle.

Die antiken Ägypter standen mit diesem Sonnen- und Himmelsglauben im Altertum indes keineswegs allein, denn auch in den anderen frühen Hochkulturen beobachteten speziell für diese Aufgabe ausgebildete Priesterastronomen intensiv die Vorgänge am Himmel und schufen mit ihren Beobachtungen die Grundlage für ganz ähnliche Sonnen- und Himmelskulte. So verfolgten etwa auch die Priestergelehrten im antiken Zwei-stromland von ihren bis zu 90 m hohen Tempeltürmen (*Ziggu-rats*) aus minutiös die Bewegungen der Gestirne am zumeist wolkenlosen mesopotamischen Himmel, um daraus Erkennt-nisse über die Gesetzmäßigkeiten der ‚Himmelsmechanik‘, aber auch astrologische Aufschlüsse und Vorhersagen (*Omina*) über das Wirken und Wollen der Götter zu gewinnen. Nament-lich das antike Babylon war im Altertum als ‚Wiege der Astro-nomie‘ so bekannt, dass sogar frühe griechische Gelehrte wie der berühmte Mathematiker und Astronom Thales von Milet (um 600 v. Chr.) das Zweistromland besuchten, um von den dortigen Sternenkundigen zu lernen.

Und ähnlich waren auch die Herrscher der altameri-kanischen Maya-Kultur im frühen Mexiko nach den Worten des Altamerikanisten Nikolai Grube geradezu „besessen von der Zeit" und den Gestirnen und versuchten durch kalendarische Studien „den Ursprung des Kosmos und der Zeit zu entde-cken." ((144)) Aufgrund ihrer intensiven astronomische Be-obachtungen und Berechnungen wußten sie über Sonnen- und Mondfinsternisse ebenso gut Bescheid wie über die Bewe-gungszyklen der Gestirne, die ihnen als Resultat und Ausdruck des Wirkens göttlicher Mächte galten, und auch bei ihnen ob-lagen diese als für das Wohlergehen der Gesellschaft überle-benswichtig angesehenen astronomischen, astrologischen und kalendarischen Studien speziell dafür geschulten Priesterastro-nomen im Dienste der Maya-Herrscher. ((145))

Vorgeschichtliche Himmelskultstätten in Mitteleuropa

Derartige Gestirn- und Himmelskulte reichen, wie vielleicht am deutlichsten die weltbekannte Megalithkultstätte (von griech. *megas* = ,groß' und *lithos* = ,Stein') Stonehenge in Südengland zeigt, auch in Europa bis weit in die noch schriftlose Vorgeschichte zurück. Die imposanten Steinkreise von Stonehenge, die zwischen etwa 2500 und 2000 v. Chr. in ihrer heute noch sichtbaren Gestalt fertiggestellt wurden, waren von der Orientierung her auf die jährliche Sommersonnenwende am 22. Juni und möglicherweise auch noch auf andere astronomische Daten und Himmelsereignisse hin ausgerichtet, über die die Archäologen und sog. *Archäoastronomen* bis heute kontrovers diskutieren. ((146))

Stonehenge hatte auf den Britischen Inseln indes noch weit ältere, aus Holz errichtete Vorläufer, und auch in Mitteleuropa wurden seit den 1970er Jahren von Tschechien bis nach Österreich und Bayern zahlreiche aus dem sog. *Mittelneolithikum* (ca. 5000 bis 4500 v. Chr.) stammende Kultanlagen aus kreisförmigen Gräben und hölzernen Palisadenringen entdeckt, für die zum Teil eine Ausrichtung auf die Winter- und/oder Sommersonnenwende nachgewiesen werden konnte. ((147)) Meist werden diese neolithischen sog. *Rondelle* als ,Himmelsobservatorien' zur Beobachtung und Erforschung der Bewegungszyklen der Sonne und des Mondes gedeutet, doch tatsächlich mußte man die Sonnen- und Mondzyklen, nach denen sie ausgerichtet waren, bei ihrer Errichtung schon kennen, um sie in der betreffenden Weise anlegen zu können. Es handelte sich deshalb wohl weniger um prähistorische *Observatorien* – also 'Sternwarten' und Beobachtungsstätten - als vielmehr um *Kultplätze* und Heiligtümer, an denen die betreffenden Himmelsereignisse rituell *nachvollzogen* und mit religiösen Zeremonien gefeiert wurden. ((148))
Auch die oftmals vermutete unmittelbare zeitliche Ausrichtung der damaligen Landwirtschaft auf die dort gefeierten Himmelsereignisse muß zumindest mit einem Fragezeichen versehen werden, denn die wichtigsten saisonalen Tätigkeiten

des bäuerlichen Jahres wie etwa Pflügen, Aussaat und Ernte richteten sich gewiß auch schon damals wie noch heute eher nach konkreten Naturfaktoren wie etwa der aktuellen Niederschlagssituation und Temperaturentwicklung als nach starren astronomischen oder kalendarischen Daten - *„Natur statt Kalender"* lautet dazu die Faustregel noch in der heutigen Landwirtschaft. ((149))

Es ging in diesen frühen Himmelskultstätten und Gestirnheiligtümern daher wohl eher um die sinnliche *Erfahrbarmachung* und den kultischen Nachvollzug der astronomischen Zyklen und Himmelsereignisse, deren wirkliche Ursachen und Triebkräfte man ja noch nicht kannte und die man deshalb übernatürlichen Mächten oder Gottheiten zuschrieb. Man versuchte sie deshalb vermutlich an den durch exakte Beobachtung und empirisches Erfahrungswissen ermittelten astronomischen Daten mit Hilfe kultischer Feierlichkeiten und religiöser Riten in der gewünschten Weise zu beeinflussen und in für die damaligen Agrargemeinschaften günstige Bahnen zu lenken. ((150)) Der immense Aufwand, der dafür betrieben wurde, stand gemessen an der sehr viel geringeren Bevölkerungszahl dem Bau altägyptischer Tempel oder mittelalterlicher Kirchen kaum nach und unterstreicht die enorme Bedeutung, die die kultische Absicherung der Stabilität und des Fortbestehens der kosmischen und Naturordnung in diesen noch weitgehend auf empirisches Erfahrungswissen beschränkten ‚vorwissenschaftlichen‘ Kulturen hatte.

Megalithlogistik

Wir wissen wie erwähnt aus den altägyptischen, mesopotamischen und altamerikanischen Schriftzeugnissen, dass der gesamte Bereich des Kultes und der Religion in diesen frühen Hochkulturen nicht nur mit den Tempelpriesterschaften und religiösen Spezialisten, sondern stets auch mit den politischen Herrschern verbunden war, und dass dem altägyptischen Pharao, den mesopotamischen Königen und Maya-Herrschern nicht zuletzt auch aufgrund ihrer vermuteten Verbundenheit mit den Himmelsgottheiten und Gestirnen übermenschliche Fähigkeiten oder sogar göttliche Eigenschaften zugeschrieben

‚Herren der Zeit' - bronzezeitliche Himmelskulte

Auch die auf das Neolithikum folgende mitteleuropäische *Bronze-zeit* zwischen etwa 2000 und 800 v. Chr. (vgl. Teilband 2 dieser Studie, S.70/71) war eine Epoche intensiver Himmelsbeobachtung und – verehrung, aus der eine ganze Reihe markanter Fundstücke mit ‚astronomischen' Bezügen vorliegen. Schlagzeilen gemacht hat diesbezüglich in den letzten zwanzig Jahren vor allem die mittlerweile weltbekannte bronzene ‚Himmelsscheibe von Nebra', die vermutlich im frühen 2. Jahrtausend v. Chr. gefertigt und um 1600 v. Chr. am Mittelberg in Sachsen-Anhalt vergraben wurde. Mit ihren aus Goldblech gefertigten, aufgesetzten Sonnen-, Mond- und Sternendarstellungen (darunter einem Abbild der Plejaden) ist sie nach den Worten ihres Erstbearbeiters Harald Meller die „bislang älteste konkrete Himmelsdarstellung der Menschheitsgeschichte" und könnte auf einem Ständer befestigt möglicherweise als eine Art ‚Kultstandarte' bei religiösen Feierlichkeiten Verwendung gefunden haben. ((151))

Doch auch eine Reihe aus hauchdünnem Goldblech gefertigter ‚Kulthüte' aus der jüngeren Bronzezeit (ca. 1500 bis 800 v. Chr.) haben in den letzten Jahrzehnten in dieser Hinsicht von sich reden gemacht. Ihre sorgfältig flächendeckend in das Goldblech eingepunzten Buckelreihen, konzentrischen Kreise und Mondsymbole sollen nach dem Urteil einzelner Prähistoriker einen ‚lunisolaren Kalender' (= Mond/Sonnen-Kalender) mit einer exakten Zählung von Sonnen- und Mondzyklen darstellen, der gleichfalls bei kultischen Zeremonien eine Rolle gespielt haben könnte. ((152))

Ungefähr zeitgleiche skandinavische Felsbilder zeigen ebenfalls häufig stilisierte Sonnendarstellungen und offenbar kultische Schifffahrten oder Prozessionen mit symbolartigen Sonnenscheiben und weisen damit auf die sakrale Verehrung des Zentralgestirns und anderer Himmelskörper auch im bronzezeitlichen Europa hin. Möglicherweise waren dabei auch hier bereits - wie erwiesenermaßen im Alten Orient (vgl. S.105) - aus dem Alltagsleben herausgehobene Himmels- oder Sternenpriester im Dienste politischer Oberhäupter für die Beobachtung der Gestirne und für den Vollzug der mit ihnen verbundenen kultischen Riten zuständig.

Freilich ist die detaillierte Interpretation all dieser Fundstücke, zu denen auch ein in einem Acker bei Trundholm in Dänemark gefundener 60 cm großer und von einem Pferd gezogener vergoldeter ‚Sonnenwagen' gehört, bis heute umstritten und wird unter den Fachleuten kontrovers diskutiert. ((153)) Ihr hervorgehobener Charakter und ihr möglicherweise auch bereits herrschaftlicher Kontext dürfte jedoch allein schon aufgrund der verwendeten kostbaren und zum Teil von weit her stammenden Materialien außer Frage stehen: Die beschriebenen ‚Kulthüte‘ besitzen jeweils ein Goldgewicht von 300 bis 500 g, und für die ‚Himmelsscheibe von Nebra‘ wurden Zinn und Gold aus dem fast 1400 km weit entfernten Cornwall sowie Kupfer aus den Österreichischen Alpen verwendet.

wurden. Die Vermutung liegt daher nahe, dass die Sphäre des Sakralen und der öffentlichen Kultausübung auch im vorgeschichtlichen Europa zumindest auf stammesweiter Ebene bereits zur Aufgabe speziell damit betrauter und möglicherweise auch schon für diese Tätigkeit freigestellter religiöser Spezialisten im Dienste eines Häuptlings oder zentralen Herrschers war, der für die damit verbundenen Zwecke auch Zugriff auf das gesellschaftliche Mehrprodukt hatte. Ab wann dies genau der Fall war, läßt sich freilich nur schwer ermitteln - doch liefert die Archäologie diesbezüglich zumindest einige Indizien und Hinweise.

So lagen die aus Holz und Erde errichteten Himmelskultstätten des mitteleuropäischen Neolithikums (vgl. S.107) oftmals nur wenige Kilometer voneinander entfernt und ließen sich zudem wohl auch noch mit einem begrenzten Arbeitsaufwand errichten (vgl. S.96/97), so dass es sich bei ihnen durchaus noch um lokale und gewissermaßen ‚kommunale‘, auf Siedlungs- oder Clanebene errichtete Kultstätten gehandelt haben könnte. Für die jüngste Bauphase von Stonehenge in seiner heute noch existierenden Form (spätes 3. Jahrtausend v. Chr.) mit seinen bis zu sieben Meter hohen und fünfzig Tonnen schweren Steinpfeilern, die mit Flößen auf dem Wasser umliegender Flüsse und auf hölzernen Rollen oder Schlitten über Land aus bis zu 200 km weit entfernten Steinbrüchen herantransportiert werden mußten, rechnen die Fachleute dagegen mit einer Bauzeit von bis zu 20 Millionen Arbeitsstunden (inklusive Materialtransport). Die Errichtung einer solchen mit Sicherheit auch Stammesgrenzen überschreitenden Megalithanlage erforderte daher gewiß gewaltige überregionale und stammesübergreifende Anstrengungen und dürfte das Werk einer zumindest in Ansätzen bereits zentralisierten und weiträumig vernetzten Gesellschaft gewesen sein.

Ein rätselhaftes Heiligtum

Etwas rätselhaft nimmt sich in diesem Zusammenhang freilich eine 1995 am *Göbelki Tepe* im türkischen Kurdistan entdeckte Kultanlage mit gleichfalls imposanten, bis zu fünf Meter hohen und mehrere Tonnen schweren reliefgeschmückten Steinsäulen aus, die in diesem Fall allerdings aus Steinbrüchen in der umittelbaren Umgebung stammten und nicht wie in Stonehenge aus weiter Entfernung herantransportiert werden mußten. Dennoch stellt der Bau dieser derzeit ältesten bekannten Megalithanlage der Welt nach den Worten des britischen Archäologen David Wengrow „ein entwicklungsgeschichtliches Rätsel" dar, da sie noch aus der Zeit um 9000 v. Chr. stammt und damit um fast 7000 Jahre älter ist als die ,klassische' Bauphase von Stonehenge und anderen Megalithanlagen. Dem Fundmaterial nach zu urteilen wurde sie von anfangs nur saisonal seßhaften Jägern und Wildkornsammlern am Übergang zum Getreideanbau und zur vollständigen Seßhaftigkeit errichtet (sog. *Präkeramisches Neolithikum A* - vgl. Teilband 2 dieser Studie, S.95 ff.), denen man derartige Leistungen und die dafür vorauszusetzende überregionale Organisation bislang nicht zugetraut hätte. Trotzdem nehmen die meisten Prähistoriker aufgrund der Größenordnung und Qualität des Befundes auch in diesem Fall irgendeine Form von zentral koordinierter und gelenkter, stammesübergreifender Zusammenarbeit an, über deren genauen Charakter indes weithin Unklarheit herrscht. ((154))

Die offenen und noch zu klärenden Fragen werden also nicht weniger, und der Archäologie wird auch in Zukunft der Stoff zur Diskussion und Aufklärung rätselhafter Befunde nicht ausgehen.

Der Herrscher als Heilsbringer und Gottheit

Die auf den vorangegangenen Seiten beschriebenen Gestirn-
und Himmelskulte sind nur ein besonders eindrückliches Beispiel für die zahlreichen ganz unterschiedlichen religiösen
Aufgaben, deren Wahrnehmung und Überwachung den sakralen Häuptlingen und theokratischen Herrschern der entwickelten Stammeskulturen und frühen Zivilisationen oblag. Darüber
hinaus hatten diese ersten politischen Oberhäupter aber auch
noch eine sehr viel fundamentalere kultische und religiöse
Schlüsselfunktion inne, die weit über unser vorwiegend prag-
matisch geprägtes Verständnis von religiösen und rituellen
Führungsaufgaben hinausging.

In vielen frühen Staaten und Stammesgesellschaften
gewährleistete der Herrscher nämlich durch seine besondere
Verbundenheit mit dem Himmel und den überirdischen Mächten und durch die ihm vielfach zugeschriebene eigene Gött-
lichkeit in seiner individuellen Person die Stabilität der Weltordnung und das Wohlergehen der Gemeinschaft, die sich im
Gedeihen aller ihrer Mitglieder, in der Fruchtbarkeit des Viehs
und der Felder und in allgemeiner Prosperität manifestierte.

Im pharaonischen Ägypten fand diese im Herrscher
verkörperte und durch ihn verbürgte allgemeine Stabilität ihren
Ausdruck in der Konzeption der sog. *Maat* als dem tragenden
Prinzip der kosmologischen Ordnung. „Nur dank der *Maat*
geht die Sonne auf und ist Leben möglich", heißt es in einem
aktuellen Artikel zu diesem Thema:

„Durch das menschliche Verhalten können [jedoch] die Waagschalen
aus dem Gleichgewicht geraten und *Isfet,* das heißt Chaos und Ver-
nichtung, kommen über die Erde. (…) Der König erhält daher den
göttlichen Auftrag, jene kosmologische Ordnung auf der Erde durch
das Königtum zu verwirklichen." ((155))

Ein altägyptischer Hymnus (‚*Der König als Sonnenpriester*')
beschrieb diesen vermuteten Wirkmechanismus wie folgt:

„[Der Sonnengott] *Re hat den König eingesetzt auf der Erde der
Lebenden für immer und ewig beim Rechtsprechen der Menschen,*

beim Befriedigen der Götter, beim Entstehenlassen der Maat, beim Vernichten der Isfet [= des Chaos, MK]. *Der König gibt den Göttern Opferspeisen und den Verklärten Totenopfer. Der Name des Königs ist im Himmel wie der des* [Sonnengottes] *Re.*" ((156))

Über die ähnlich gearteten Verhältnisse im alten China schreibt die Historikerin Friederike Seyfried:

„Mit der Übernahme der Macht durch die *Zhou* [zwischen ca. 1100 und 256 v. Chr. in China herrschende Dynastie, MK] wurde als neue Legitimationsbasis das Konzept des ‚*Mandats des Himmels*‘ eingeführt. Der Himmel als Repräsentant der Naturgewalten und des Willens des Kosmos ‚übergab‘ die Herrschaft an einen fähigen Führer, der daher den Namen ‚*Sohn des Himmels*‘ tragen durfte. ((157))

‚Heilige Hochzeit‘ und Königssalbung

Zur Gewährleistung dieser sakralen Heilswirkung des Herrschers fanden in vielen Kulturen bei seiner Thronbesteigung kultische Fruchtbarkeitsrituale wie etwa die zeremonielle Vermählung mit einer Göttin in Menschengestalt (sog. *Hierogamie* oder ‚Heilige Hochzeit‘) statt, die seine heilbringende Kraft und Potenz symbolisch zum Ausdruck bringen und zugleich sichern sollten. In den sumerischen Stadtstaaten des 3. Jahrtausends v. Chr. (siehe Teilband 4 dieser Studie) vereinigte sich der jeweilige Stadtfürst beispielsweise alljährlich im Rahmen des Neujahrsfestes in einem speziellen Gemach des Haupttempels rituell mit der Himmelgöttin *Inanna*, die durch eine Tempelpriesterin verkörpert wurde. „*Ninsibur geleitet den König zu ihrem Bett*", heißt es dazu in einem sumerischen Keilschrifttext,

„*und bittet* [die Himmelgöttin] *Innana, dass der König lange ihren heiligen Schoß genießen dürfe, dass er eine gute und glorreiche Regierungszeit haben und sein Thron fest gegründet sein möge. Sie soll ihm ein Zepter geben, mit dem er das Volk leiten kann, und (...) über ganz Sumer und Akkad soll sie ihm Stecken und Stab verleihen. (...) Er soll die Felder fruchtbar machen wie ein Bauer, die Schafe vermehren wie ein verläßlicher Schäfer. Unter seiner Herrschaft soll es*

Pflanzen und Korn im Überfluß geben, und in den Marschen sollen Fische und Vögel schnattern. Das Rohr soll hoch wachsen, (...) in den Wäldern sollen sich Hirsche und wilde Ziegen vermehren und die Gärten sollen Honig und Wein hervorbringen. In den Bewässerungsgräben sollen Salat und Kresse gedeihen und im Palast soll das Leben lange währen." ((158))

Im Alten Ägypten erfolgte die Erneuerung der Macht des Königs im Rahmen des sog. *Sedfestes,* das erstmals im 30. Regierungsjahr eines Pharaos gefeiert wurde und sich bis ins frühe 3. Jahrtausend v. Chr. zurückverfolgen läßt. Der König übernahm dabei feierlich die Rolle des ,Vollziehers der Schöpfung' und empfing in einem speziellen Festornat Gesandtschaften aus dem ganzen Land.

Selbst im Heiligen Römischen Reich des europäischen Hochmittelalters mußten die neu gewählten Könige (vgl. Anm. 226) zunächst feierlich vom Erzbischof von Köln gesalbt und gekrönt werden, um ihre volle sakrale Macht und Würde zu erlangen. Dem Historiker Arnold Bühler zufolge hatte diese mittelalterliche Königsweihe

„sehr alte Wurzeln. Schon den (noch nicht christlichen) Königen der Völkerwanderungszeit [4.-6. Jahrhundert n. Chr, vgl. S.92] wurde ein besonderes *Königsheil* zugeschrieben. Es befähigte die Dynastie zur Herrschaft und sorgte für das Wohl des Volkes, für fruchtbare Felder, ertragreiche Ernten, Erfolg in der Schlacht, Frieden im Reich. War das Heil gestört, hatte der König versagt." ((159))

Privilegien und ritueller Tod

Entsprechend ihrer gesellschaftlichen Stellung und dieser überlebenswichtigen Rolle für die Gemeinschaft wurden den Herrschern in allen theokratischen König- und Häuptlingstümern besondere Privilegien und Ehren zuteil, die von einem luxuriösen Leben im Palast bis zu einem üppig ausgestatteten Harem (namentlich im Orient) reichten. Als Kehrseite wurden sakrale Häuptlinge oder Könige, die ihre heilbringende Funktion wegen ihres hohen Alters oder aufgrund von Krankheiten oder körperlichem Verfall nicht mehr in vollem Umfang zu erfüllen vermochten und dadurch das Wohlergehen der Gemeinschaft gefährdeten, in manchen Stammeskulturen und frühen Staaten sogar rituell getötet, um der Gemeinschaft durch ihren Tod und durch die Übertragung ihrer Macht auf einen neuen, kraftvolleren Herrscher einen letzten, überlebenswichtigen Dienst zu erweisen. ((160))

Ein solcher rituelle Königsmord oder *Regizid* wurde bei verschiedenen afrikanischen und polynesischen Völkern noch bis in die Neuzeit hinein praktiziert und ethnographisch dokumentiert. So achteten beispielsweise die völkerkundlich gründlich erforschten *Schilluk* im Süden des Sudan nach den Worten des englischen Anthropologen James George Frazer „ihre Könige aufs höchste und trafen alle Vorkehrungen gegen ihren zufälligen Tod". Gleichzeitig waren sie jedoch

„fest davon überzeugt, dass der König nicht krank oder senil werden darf, denn aufgrund seiner schwindenden Energie könne auch das Vieh krank und unfruchtbar werden, das Getreide auf den Feldern verdorren und würden die Menschen erkranken und in immer größerer Zahl sterben. (…) Um eine solche Katastrophe zu verhindern, war es bei den *Schilluk* üblicher Brauch, ihren König zu töten, sobald er Anzeichen schlechter Gesundheit und schwindender Kräfte zeigte. Als eines der verhängnisvollen Zeichen des Zerfalls galt dabei unter anderem die Unfähigkeit, seine zahlreichen Frauen sexuell zu befriedigen. (…) Wenn ein Herrscher diese unheilvolle Schwäche zeigte, berichteten die Frauen es den Unterhäuptlingen, (…) und die Tötung des Königs erfolgte alsbald nach dem Todesurteil. (…) Dies war der alte Brauch, aber er wurde vor etwa fünf Generationen [geschrieben um 1900, MK] wegen der übermäßigen Leiden eines der auf diese Weise zu Tode gekommenen Herrscher aufgegeben." ((161))

Dieser drastische Brauch des *Regizids* war Frazer zufolge auch in anderen afrikanischen Stammstaaten ebenso wie im alten Kambodscha üblich, und manche Ägyptologen vermuten, dass er auch in Ägypten in vordynastischer Zeit (spätes 4. Jahrtausend v. Chr.) ausgeübt und später durch das symbolische *Sedfest* (vgl. S.14) abgelöst wurde. ((162)) Die Herrschaftsausübung war auf diese Weise selbst noch in entwickelten Häuptlings- und Königtümern an einen expliziten Nutzen des Herrschers für die Gemeinschaft gebunden und wurde durch seine rituelle Tötung beendet, wenn er diesen Nutzen nicht mehr erbrachte.

Geschichte und Irrationalität

Die in diesem Kapitel beschriebenen Glaubensvorstellungen und *„religiösen Schnurrpfeifereien"* (Engels, MEW 21 S.474) ((163)) mögen auf uns heutige vorwiegend rationalistisch denkende Menschen absurd, befremdlich oder auch abstoßen wirken und für uns nur schwer verständlich und nachvollziehbar sein. In den archaischen Kulturen und frühen Zivilisationen der Menschheitsgeschichte spielten sie aber offenkundig eine zentrale Rolle, die es auch in einer materialistisch orientierten Anthropologie und Geschichtsschreibung nüchtern zur Kenntnis zu nehmen und analytisch in Rechnung zu stellen gilt.

Im übrigen war und ist ja auch die Geschichte des vordergründig so rationalistischen geprägten ‚Westens' keineswegs frei von solchen ‚irrationalen' Zügen, denn was den alten Mesopotamiern, Ägyptern und Maya ihre monumentalen Tempeltürme und Pyramiden, das waren und sind den Europäern des christlichen Mittelalters und der Neuzeit ihre vielfach nicht weniger imposanten und zuweilen geradezu aberwitzig ambitionierten Schloß- und Kathedralenbauten oder heutigen Wolkerkratzer und Luxusressorts, in die für gleichfalls rein selbstdarstellerische und/oder religiöse Zwecke immense Summen aus dem gesellschaftlichen Mehrprodukt flossen und fließen. Geschichte und erst recht Macht und Herrschaft folgten – das läßt sich daraus vielleicht lernen - zwar fraglos primär sozioökonomischen Entwicklungen und Determinanten und blieben auch stets an sie gebunden - doch sie erschöpfen sich keineswegs in ihnen.

Engels hat dies bereits vor über 130 Jahren scharfsichtig erkannt und gegenüber allzu platt ökonomistischen und ‚materialistischen' Auffassungen hervorgehoben. *„Die ökonomische Bewegung"*, so schrieb er im Oktober 1890 in einem seiner ‚Altersbriefe' an den jungen sozialdemokratischen Ökonomen und Philosophen Conrad Schmidt

116

„*setzt sich* [historisch] *im ganzen und großen durch, aber sie muß auch Rückwirkung erleiden von der durch sie selbst eingesetzten und mit relativer Selbstständigkeit begabten politischen Bewegung*",
denn „ *die Gewalt (d. h. die Staatsmacht) ist auch eine ökonomische Potenz.*"

„*Was nun die noch höher in der Luft schwebenden ideologischen Gebiete angeht, Religion, Philosophie etc.*", so Engels in seinem Brief an Schmidt weiter,

„*so haben diese einen vorgeschichtlichen, von der geschichtlichen Periode vorgefundnen und übernommnen Bestand von – was wir heute* **Blödsinn** *nennen würden. Diesen verschiednen* **falschen Vorstellungen von der Natur**, *von der Beschaffenheit des Menschen selbst, von Geistern, Zauberkräften etc. [vgl.* dazu auch MEW 21, S.97] *liegt meist nur* **negativ Ökonomisches** *zum Grunde; die niedrige ökonomische Entwicklung der vorgeschichtlichen Periode hat zur Ergänzung, aber auch stellenweise zur Bedingung und selbst Ursache, die falschen Vorstellungen von der Natur. Und wenn auch das ökonomische Bedürfnis die Haupttriebfeder der fortschreitenden Naturerkenntnis war und immer mehr geworden ist, so wäre es doch pedantisch, wollte man für all diesen* **urzuständlichen Blödsinn** *ökonomische Ursachen suchen. Die Geschichte der Wissenschaften ist die Geschichte der allmählichen Beseitigung dieses Blödsinns, resp. seiner* **Ersetzung durch neuen, aber immer weniger absurden Blödsinn**" (MEW 37, S.490-493).

Dies ist eine wenig bekannte und erfrischend unkonventionelle Variante des Konzepts vom historischen Fortschritt aus der Feder des Mitbegründers des Marxismus, mit der sich Manches besser verstehen und erklären läßt als mit jenem scheinklugen und vermeintlich allwissenden Quark, der in der späteren Geschichte des Marxismus oftmals als ‚historischer Materialismus' aufgetischt wurde und zum Teil heute noch wird (vgl. Teilband 4 dieser Studie, Kapitel 10).

Kleines Lexikon der Ethnologie Teil 2: Forschungsdisziplinen und –strömungen

Anthropologie

(von griech. *anthropos* = ‚Mensch' und *logos* = ‚Lehre')
‚Wissenschaft vom Menschen'. Wurde im deutschen Sprachraum früher vorwiegend als *‚Physische Anthropologie'*, das heißt als das Studium der menschlichen Körpermerkmale und Verhaltensweisen (= *‚Biologie des Menschen'*) sowie ethnischer und individueller Besonderheiten verstanden und betrieben. Nach der politischen Instrumentalisierung und dem verheerenden Mißbrauch dieser Forschungsdisziplin in der berüchtigten *‚Rassenkunde'* der Nationalsozialisten (die sich freilich auf weit ältere rassistische Klischees und Vorurteile stützen konnten), setzte sich seit den 1970er Jahren allmählich auch in Deutschland das Forschungsverständnis der internationalen, vorwiegend angloamerikanisch geprägten *Kultur-* und *Sozialanthropologie* durch, die die Technologie und Wirtschaftsweise, die Sozialstrukturen sowie die Sitten und Gebräuche der indigenen Völker und Kulturen in den Mittelpunkt ihrer Forschungen stellt.

Ethnologie/Völkerkunde

(von griech. *ethnos* = ‚Volk' und *logos* = ‚Lehre')
Die theoretisch-auswertende und vergleichende *‚Völkerkunde'*. Im 19. Jahrhundert von Lewis Morgan in den USA mitbegründet, beschäftigt sie sich vorwiegend mit den heute bzw. in der Neuzeit noch existierenden vormodernen, nichtstaatlichen und ursprünglich meist auch schriftlosen Völkern und Kulturen. Spezielle Fachrichtungen sind dabei die Wirtschafts- und Sozial-, die Politik-und Rechts- sowie die Religions- und Verwandtschaftsethnologie.

Seit dem 16. Jahrhundert (= *‚Zeitalter der Entdeckungen'*) aus zunächst vorwiegend anekdotischen und oft auch phantasievoll ausgeschmückten Reiseberichten entstanden und bis ins späte 19. Jahrhundert zumeist von interessierten Laienforschern wie etwa Missionaren, Kaufleuten oder Abenteurern betrieben, gewann die Ethnologie mit der europäischen Besiedlung Nordamerikas und der weltweiten Expansion vor allem des englischen Kolonialismus erheblich an Bedeutung und wurde zu einer staatlich geförderten und universitären Wissenschaft. Um die Kulturen der indigenen Völker, die man dabei zu unterwerfen trachtete, besser zu verstehen und dadurch auch erfolgreicher kontrollieren zu können, wurden systematische und staatlich geförderte wissenschaftliche Forschungsprojekte initiiert, an denen sich auch die großen europäischen und amerikanischen Museen beteiligten, um der Öffentlichkeit in ihren Ausstellungen möglichst spektakuläre und exotische Kunstwerke, Waffen und andere Schaustücke der sog. Kolonial- und ‚*Naturvölker*' präsentieren zu können.

In der Fachhistorie der Ethnologie gingen also lange Zeit politische und wissenschaftliche Motive, echtes Forschungsinteresse und ein Hang zur Exotik Hand in Hand, bevor sich die Disziplin mit dem Niedergang des Kolonialismus seit dem Ende des Zweiten Weltkriegs schrittweise aus diesem kolonialen Forschungskontext lösen konnte und in einer zeitweise einflußreichen progressiven Unterströmung sogar explizit antikolonialistische und antiimperialistische Züge entwickelte (vgl. S.79/80).

Auch in der früheren DDR wurden die zuvor bereits existierenden völkerkundlichen Institute und Museen etwa in Dresden, Leipzig und Ostberlin engagiert weitergeführt und betrieben eine vom regionalen Radius her zwar beschränkte, aber dennoch intensive ethnologische Forschung. ((164))

Ethnographie

(von griech. *ethnos* = ‚Volk' und *graphein* = ‚beschreiben')
Wörtlich übersetzt ‚*Völkerbeschreibung*'. Im Kontrast zur *theoretisch auswertenden* und analysierenden Ethnologie (siehe links) die völkerkundliche ‚*Feld*'- und Forschungsarbeit innerhalb einzelner indigener Kulturen, in der die ethnologischen Daten gewonnen und dokumentiert werden. Methodisch grundlegend ist dabei das Prinzip der sog. *teilnehmenden Beobachtung*, bei der der Ethnograph – nachdem er innerhalb der betreffenden indigenen Gruppe bekannt und akzeptiert ist - über einen längeren Zeitraum hinweg ((165)) an ihren täglichen Arbeiten und Verrichtungen sowie an besonderen Veranstaltungen und Festlichkeiten teilnimmt, wobei er sich selbst eher im Hintergrund hält und die Geschehnisse als ‚teilnehmender Beobachter' für die spätere ethnologische Auswertung und Analyse detailliert beobachtet und dokumentiert. ((166))

Evolutionismus

Hauptströmung der Anthropologie im späten 19. Jahrhundert, der neben vorwiegend britischen Forschern wie Edward Tylor und Sir Henry Maine (vgl. Teilband 1 dieser Studie, S.45/46) auch Lewis Morgan angehörte.

Zentraler Leitsatz und wichtigste Prämisse des ‚klassischen' Evolutionismus war die in Abgrenzung zum biblischen Schöpfungsglauben und zur kirchlichen Lehre von der Unveränderlichkeit der biologischen Arten wie auch der menschlichen Sozialordnung entwickelte Auffassung, dass die menschliche Gesellschaft ebenso wie der Mensch selbst und die gesamte Natur durchaus einer beständigen Entwicklung vom Einfacheren zum Komplexen und vom ‚Niederen' zum ‚Höheren' unterliegen. Diese im Grundsatz zweifellos zutreffende und wegweisende Erkenntnis wurde von den Begründern des Evolutionismus allerdings eng mit einer Reihe weitergehender Einzelhypothesen verknüpft, die aus heutiger Sicht fragwürdig oder schlicht unhaltbar sind.

119

Vor allem gingen die Pioniere dieser Forschungsrichtung ganz selbstverständlich von einer *unilinearen* (= ‚einlinigen‘), das heißt auf der ganzen Welt weitgehend identisch verlaufenen Evolution und Menschheitsentwicklung aus, so dass die in der Neuzeit noch existierenden ‚Naturvölker‘ als eine Art ‚*überlebender Fossilien*‘ und getreuer Relikte einst in genau derselben Form auf der ganzen Welt verbreiteter Kultur- und Gesellschaftsformen erschienen (vgl. Kapitel 3 und Teilband 1 dieser Studie, S.56-58). Auch Lewis Morgan vertrat in seiner ‚*Ancient Society*‘ unmißverständlich diese Position und zog daraus den Schluß:

„*Indem wir die Beschaffenheit dieser Stämme und Völker (…) untersuchen, haben wir es im wesentlichen mit der Urgeschichte und Beschaffenheit unserer eigenen Urahnen zu tun.*“ ((167))

Neo-Evolutionismus

Im Gegensatz dazu basiert der nach dem Zweiten Weltkrieg vor allem von angloamerikanischen Anthropologen und Prähistorikern wie Leslie White, Elman Service und V. Gordon Childe entwickelte ‚*Neo-Evolutionimus*‘ auf der Grundprämisse einer *multilinearen*, das heißt ‚mehrspurig‘ verlaufenen Evolution und Menschheitsentwicklung, die zwar gleichfalls von einfacheren zu komplexeren Gesellschaftsstrukturen voranschritt, aber aufgrund der unterschiedlichen Natur- und Kulturbedingungen in den verschiedenen Erdregionen und bei verschiedenen Völkern unterschiedlich verlief. So entstanden etwa die ‚Zivilisation‘ und der Staat wie im ‚*Ursprung*‘ beschrieben in Europa überwiegend auf der Grundlage einer privatwirtschaftlich strukturierten Ökonomie und Wirtschaftsordnung, im Orient und anderen Weltregionen hingegen auf der Basis einer herrschaftlich gelenkten Zentralverwaltungswirtschaft, die auf dem Prinzip der *Redistribution* beruhte (vgl. S.100 und Teilband 4 dieser Studie über den Orient).

Geht man von einem solchen multilinearen Evolutionskonzept aus, so wird dadurch automatisch auch die Vorstellung *universeller* und auf der ganzen Welt in exakt gleicher Weise wirkender historischer Gesetzmäßigkeiten sowie eines weltweit gleichsam ‚naturgesetzlich‘ vorgezeichneten kulturellen Entwicklungsprozesses hinfällig (vgl. Kapitel 9 und Teilband 1 dieser Studie, S.56-58).

Funktionalismus

Im frühen 20. Jahrhundert vor allem in England einflußreiche Strömung der Ethnologie, die die Kultur und Gesellschaft indigener Völker nicht vorwiegend nach einzelnen Teilbereichen wie den Wirtschaftsformen, religiösen Vorstellungen, Sitten und Gebräuchen usw. betrachtet, sondern als funktionelles Ganzes analysiert und die einzelnen Kulturelemente vornehmlich unter dem Gesichtspunkt ihrer Funktion und Bedeutung für das Gesellschaftsganze untersucht

Weist der Funktionalismus aufgrund dieser ‚ganzheitlichen' und funktionalen Betrachtungsweise eine gewisse Verwandtschaft mit der materialistischen Sichtweise auf, so entwickelte er in seiner konkreten Umsetzung bei seinen Hauptvertretern Bronislaw Malinowski, Alfred Radcliffe-Brown und Marcel Mauss indes die fragwürdige Tendenz, eine kritische *Hinterfragung* und Bewertung der festgestellten Kausalitäten und Zusammenhänge grundsätzlich abzulehnen und bereits den Nachweis der *Funktionalität* einer Kulturerscheinung im Sinne ihrer erfolgreichen Zweckerfüllung als Beleg ihrer *Berechtigung* und Argument für ihre Rechtfertigung zu mißdeuten. Bei bedenklichen völkerkundlichen Gebräuchen oder historischen Strukturen wie der Sklaverei, der ‚Hexen'verbrennung oder der Klitorisbeschneidung kann dies leicht einsehbar zu einer fragwürdigen Verwischung der Grenze zwischen wissenschaftlicher Analyse und verharmlosender Apologie führen (vgl. S.196).

Historismus

Traditionell-konservative Schule der Geschichtswissenschaft, die die Einzigartigkeit und Individualität historischer Ereignisse und Epochen betont und sich explizit gegen theoretische Modellbildungen und die Suche nach historischen Grundmustern oder Gesetzmäßigkeiten wendet.

Ursprünglich als Gegenströmung zu rein philosophisch-spekulativen Geschichtstheorien (vgl. S.14) entstanden, enthielt der Historismus mit seiner berechtigten Forderung nach einer möglichst empirisch fundierten und durch konkrete Quellen untermauerten Geschichtsschreibung zunächst ein methodisch durchaus fortschrittliches Element. Er beschränkte sich in der Folge indes unter weitgehender Ausblendung der Wirtschafts- und Sozialgeschichte fast ausschließlich auf eine klassische Staats- und Herrschergeschichte und wurde so zu einer herrschaftsorientierten und machtstabilisierenden bürgerlichen Legitimationswissenschaft.

Im 19. und frühen 20. Jahrhundert mit bedeutenden Historikern wie Leopold von Ranke (1795-1886) vor allem in Deutschland einflußreich und weithin vorherrschend, kritisierten ihn Marx und Engels bereits 1845/46 in ihrer ‚*Deutschen Ideologie*' vehement als *„eine bloße ‚Ritter'-, Räuber- und Gespenstergeschichte"* (MEW 3, S.39/40; vgl. Teilband 1 dieser Studie, S.54/55) und entwickelten ihre eigene historisch-materialistische Geschichtsauffassung in expliziter Abgrenzung von dieser traditionellen Geschichtsschreibung der *„Fürstenbedienten"* (MEW 21, S.103; vgl. S.167).

Heute in seiner weitgehenden theoretischen Abstinenz und individualisierenden Selbstgenügsamkeit auch von den meisten bürgerlichen Geschichtswissenschaftlern kritisiert und abgelehnt, lebt der Historismus dennoch im Denken und in den Arbeiten vieler konservativer Historiker und Politologen fort.

9 Kulturentwicklung ohne Herrschaft?

Es waren, wie wir in den vorangegangenen Kapiteln gesehen haben, also ganz unterschiedliche Ursachen und Gründe, die dazu führen konnten, dass ursprünglich egalitäre und akephale Stammesgruppen und Kulturen sich zu hierarchisch strukturierten, herrschaftlich und schließlich staatlich organisierten Gesellschaften fortentwickelten. Man wäre versucht, daraus vom Wesen her unterschiedliche funktionelle Typen von Herrschaft und Herrschaftsträgern abzuleiten, wie dies Historiker und Soziologen auch immer wieder getan haben. In manchen Fällen ist dies sicher auch möglich, doch oftmals fällt eine solche saubere Unterscheidung und funktionelle ‚Trennung‘ der verschiedenartigen Herrschaftsgrundlagen und –funktionen auch ausgesprochen schwer.

So erscheint beispielsweise der König (oder Häuptling) Oberägyptens auf den ältesten Denkmälern aus der Frühzeit (spätes 4. Jahrtausend v. Chr.) gleichermaßen als fürsorglich über zivile Angelegenheiten waltender Schirmherr der Bewässerungsanlagen (*Skorpion-Keulenkopf*, vgl. S.99) und irdische Verkörperung des göttlichen *Horus*falken wie auch als keulenschwingender und seine Feinde zerschmetternder Kriegsherr und Eroberer wie auf der berühmten *Narmer-Palette* aus der sog. Reichseinigungzeit (um 3000 v. Chr.), und diese Dichotomie zwischen säkularer Fürsorge, gottgleicher Heiligkeit und brachialer herrschaftlicher Gewalt blieb auch für die Pharaonen der nachfolgenden drei Jahrtausende altägyptischer Geschichte charakteristisch.

Eine ähnlich widersprüchliche Mischung aus friedlich-fürsorglichem Wirken, sakraler Heiligkeit und unerbittlicher kriegerischer Eroberungs- und Vernichtungskraft war auch für die Herrscher zahlreicher anderer Kulturen beispielsweise in Afrika oder Altamerika kennzeichnend (vgl. S.92), was darauf hinweist, dass eine derart klare Trennung zwischen ‚säkularen‘ und religiösen Funktionen, militärischer und ‚ziviler‘ Herrschaft, wie sie bisweilen angenommen wird, wohl doch nicht den historischen und völkerkundlichen Tatsachen entspricht.

Historische Gesetzmäßigkeiten?

Aus welchen Gründen und in welcher konkreten Gestalt der Übergang zur frühen Herrschaft und Staatlichkeit aber auch immer erfolgte - er war für die betroffenen Völker und Stämme stets verbunden mit dem Verlust ihrer früheren gesellschaftlichen Gleichheit und Solidarität (vgl. Kapitel 4 und 5) und mit der Verwandlung ihres Gemeinwesens in eine hierarchische Rang- oder Klassengesellschaft mit ausgeprägten Ausbeutungs- und Unterdrückungsstrukturen und einer klaren gesellschaftlichen Aufspaltung in Herrscher und Beherrschte, *„Freier und Sklave, Patrizier und Plebejer"*, wie es Marx und Engels 1848 im *‚Kommunistischen Manifest'* (MEW 4, S.462) in klassischen Worten formulierten (aus heutiger Sicht wäre man versucht, auch noch *„Pharao und Fellache", „Mandarin und Pachtbauer"* oder andere soziale Gegensätze des globalen Südens in diese berühmte und vielzitierte Reihe der Klassenantagonismen einzufügen (vgl. dazu Teilband 4 dieser Studie über den Orient).

Der historische Preis für den Übergang zur Staatlichkeit und Zivilisation war also durchaus schmerzhaft und hoch, doch andererseits eröffneten das damit zumeist verbundene neue, höhere Kulturniveau und die komplexere, mehrstufige Gesellschaftsordnung den betreffenden Völkern auch gänzlich neue Möglichkeiten und erlaubte ihnen die Realisierung zuvor unerreichbarer Ziele - so jedenfalls lautet die gängige, von bürgerlichen Soziologen und Historikern vertretene, aber im Grundsatz auch vom Marxismus geteilte moderne westliche Geschichtsauffassung.

Ein alternativloser Entwicklungsweg?

Mußte der historische Fortschritt also tatsächlich zwangsläufig und im Sinne einer unabänderlichen Gesetzmäßigkeit

„jenem scheußlichen heidnischen Götzen (gleichen) (...), der den Nektar aus den Schädeln Erschlagener trinken wollte",

wie es Marx 1858 in einem seiner Indien-Artikeln grimmig formulierte (MEW 9, S.226), oder hätte es möglicherweise auch anders geartete Entwicklungswege unter Vermeidung eines solch hohen Preises gegeben?

Die weltweite Häufigkeit – ja geradezu Regelmäßigkeit – des gesellschaftlichen Wandels zur Rang- oder Klassengesellschaft und zum Staat beim Übergang zu einer höheren Zivilisationsstufe scheint zunächst einmal klar für die These von der historischen Gesetzmäßigkeit und Alternativlosigkeit zu sprechen, und doch ist eine gewisse Vorsicht vor allzu pauschalen Schlußfolgerungen geboten. Es gibt nämlich auch einige – wenngleich äußerst seltene und rare – *mögliche* vorgeschichtliche und historische Gegenbeispiele, von denen im folgenden zwei zumindest kurz skizziert und auf ihre Relevanz für unser Thema hin überprüft werden sollen. Dabei sei nicht zuletzt auch daran erinnert, dass selbst der angeblich so geschichtsdeterminierte Marx in seinen berühmten *Sassulitsch*-Briefentwürfen aus dem Februar 1881 eine solche Entwicklungsausnahme fürs damalige Russland ausdrücklich anerkannte und sich in seinen späteren Jahren auch sonst explizit gegen eine *„geschichtsphilosophische Theorie des allgemeinen Entwicklungsganges"* wandte,

„der allen Völkern schicksalsmäßig vorgeschrieben ist, was immer die geschichtlichen Umstände sein mögen, in denen sie sich befinden" (MEW 19, S.111; vgl. Teilband 4 dieser Studie, Kapitel 3). ((168))

Vor diesem Hintergrund nun also zu unseren beiden (prä)historischen Beispielen bzw. Prüffällen.

Catalhöyük – eine egalitäre Stadt in der Steinzeit?

In den 1960er Jahren entdeckte der britische Prähistoriker James Mellaart in der anatolischen Konya-Ebene die archäologischen Überreste der etwa 13 Hektar großen Siedlung *Catalhöyük* (von türk. *catal* = ‚Gabelung' und *höyük* = ‚Hügel') aus dem frühen Neolithikum (vgl. Teilband 2 dieser Studie, Kapitel 8), in der zwischen 7400 und 6000 v. Chr. bis zu 8000 Menschen gelebt haben könnten.

Die dortigen frühen Getreidebauern und Schaf- und Ziegenzüchter wohnten in rechteckigen Lehmziegelhäusern, die ohne Straßen und Wege dicht aneinandergebaut waren und über ihre Flachdächer betreten wurden. „In jedem Haus lebte eine Familie von fünf bis zehn Personen", schreibt der derzeitige Ausgräber Ian Hodder, der vermutet, dass

„der autonome Haushalt die primäre soziale Einheit in Catalhöyük war. Allein von der Fläche her mag [die Siedlung] eine Stadt gewesen sein, doch obwohl wir sehr sorgfältig (…) gruben, konnten bisher keine Anzeichen für öffentliche Bereiche, administrative Gebäude, Häuser oder Sadtteile von Eliten gefunden werden."

Dies deute darauf hin - so der Archäologe -, dass

„die gesellschaftlichen Regeln nicht von einer zentralen Macht bestimmt, sondern durch die tägliche Praxis des Haushalts weitergegeben wurden." ((169))

Häusliche Kunst und Kultausübung

In vielen der Häuser dieser vor 9000 Jahren bewohnten Stadt fanden sich bunte Wandmalereien von Wildtieren wie Rindern oder Leoparden sowie aus Ton oder Stein gefertigte Frauenfiguren, in denen manche Prähistoriker Darstellungen von Muttergottheiten sehen. Der Entdecker Catalhöyüks, James Mellaart, interpretierte die auf solche Weise geschmückten Häuser in den 1960er Jahren als spezielle ‚Kulträume' oder ‚Schreine', während die heutigen Ausgräber von einem nichtspezialisierten und gleichmäßig über die ganze Siedlung verteilten häuslichen ‚Alltagskult' sprechen. Die starken spirituellen Neigungen und sozialen Bindungen der Bewohner Catalhöyüks werden auch durch über hundert unter den Wohnräumen der Lebenden aufgefundene menschliche Skelette belegt, die von der uns heute etwas makaber anmutenden

Sitte zeugen, in unmittelbarer Gemeinschaft mit den Toten zu leben. ((170))

Aufgrund des äußeren Siedlungsbildes von Catalhöyük, das man angesichts seiner Größe wohl als eine frühneolithische *Stadt* bezeichnen muß, drängt sich ein Vergleich mit den von der Bauweise her ähnlichen, aber deutlich kleineren Siedlungen der neuzeitlichen Pueblo-Indianer im Südwesten der USA auf (vgl. MEW 21, S.32/33). Die Kultur dieser Indigenen beruhte, wie der deutsche Archäologe Karl J. Narr 1985 hervorhob,

„noch nicht auf einer geschichteten Gesellschaft mit ausgeprägt herrschaftlicher Organisation, sondern auf grundsätzlich egalitären Bedingungen." ((171))

Und ebenso haben sich auch in Catalhöyük bislang kaum Hinweise auf größere Besitzunterschiede oder eine ausgeprägte soziale Hierarchie gefunden.

Musterbeispiel für Herrschaftslosigkeit?

Diese in der Frühgeschichte ausgesprochen seltene Kombination von offenkundig bereits recht hochentwickelten kulturellen Verhältnissen und einem vergleichsweise egalitären Fundspektrum und Erscheinungsbild hat die frühe anatolischen Siedlung zu einem wichtigen Argumentationsbeispiel und Studienobjekt einer leicht anarchistisch angehauchten jüngeren Prähistorikergeneration in England und den USA gemacht, die in ihr einen archäologischen Präzendenzfall und Beleg dafür sieht, dass kulturelle Höherentwicklung keineswegs immer mit sozialer Spaltung, Hierarchienbildung und politischer Herrschaft einhergegangen sein müsse, sondern ebenso auch auf egalitärer Grundlage und solidarische Weise habe erfolgen können. In den hiesigen Wissenschaftsmedien bekannt wurde diese latent staats- und herrschaftskritische Forschungsrichtung jüngst durch den voluminösen Bestseller ‚*Anfänge – eine neue Geschichte der Menschheit*‘ des amerikanischen Mitbegründers der ‚*Occupy*‘-Bewegung, David Graeber, und des britischen Archäologen David Wengrow, der die Menschheits- und

Zivilisationsgeschichte von ihren Anfängen bis zur Gegenwart aus eben diesem Blickwinkel heraus erzählt und nachzeichnet. ((172))

"Die Frage wird immer drängender", schreibt auch der Ausgräber Ian Hodder im Hinblick auf die Befunde von Catalhöyük,

"wie so viele [5000 bis 8000, MK] Menschen ohne zentrale Herrschaft organisiert werden konnten? Es gab womöglich Ältestenräte [vgl. S.83], doch es gibt nichts, das auf größere oder einflußreichere Strukturen schließen läßt. Selbst (…) die Bauarbeiten waren offenbar dezentral organisiert, da es große Unterschiede zwischen dem bei den einzelnen Häusern verwendeten Baumaterial gab."

Hodders Antwort auf die selbstgestellte Frage:

"Die Organisation einer derart großen Menge an Menschen ohne zentrale Autorität war nur möglich durch einen aufwendigen *Sozialcode*, der das tägliche Leben der Bewohner Catalhöyüks regelte. Die Kunst war ein integraler Teil des Glaubenssystems, das sich in das tägliche Leben integrierte und so aus der Routine bestimmte *Rituale* zum täglichen Zusammenleben erschuf." ((173))

Autonome Gentilhaushalte?

"Obwohl das Gelände [der Siedlung] sehr groß und dicht bebaut ist", betonen auch Wengrow und Graeber, gab es "in Catalhöyük offenbar keine Rangunterschiede" und "liegen keinerlei Hinweise auf eine zentrale Autorität vor":

"Jeder Haushalt scheint mehr oder weniger eine Welt für sich gewesen zu sein – ein separater Ort für Lagerung, Produktion und Konsum. Daneben konnte jeder Haushalt über seine Rituale offenbar in hohem Maße selbst entscheiden."

"War Catalhöyük also eine ‚egalitäre Gesellschaft'?", fragen die beiden Autoren und geben eine zwiespältige Antwort:

"Für ein reflektiert egalitäres Ideal im Sinne einer bewusst uniformen Kunst, Architektur oder materiellen Kultur gibt es keine Hinweise.

Auf eine Rangordnung wiederum weist kaum etwas explizit hin. Einzelne Häuser hatten jedoch eine Geschichte und erlangten offenbar auch ein gewisses Maß an kumulativem Prestige. (…) [Dies] scheint mit dem Gedanken zu harmonieren, Älteste und vielleicht insbesondere weibliche Älteste hätten eine einflußreiche Stellung genossen [vgl. S.83]. Jedoch sind die angeseheneren Haushalte zwischen den weniger angesehenen verteilt und bilden keine Eliteviertel." ((174))

Die gesellschaftliche und soziale Struktur Catalhöyüks wird also wohl auch weiterhin Gegenstand reger Diskussion und Hypothesenbildung sein, und zumindest vorerst bleiben die Rätsel dieser frühneolithischen Stadt ungelöst.

Die Induskultur - Zivilisation ohne Herrscher?

Etwa 5000 Jahre nach Catalhöyük entstand – um zum zweiten Beispiel zu kommen - auf dem Gebiet des heutigen Pakistan die sog. *Induskultur*, deren Blütezeit zwischen etwa 2600 und 1800 v. Chr. lag. Sie war also zeitgleich mit den großen Zivilisationen des Alten Ägypten und Mesopotamien, und obwohl sie sehr viel weniger bekannt und populär ist als diese, sind die außerordentlich gut erhaltenen Ruinen ihrer beiden größten Städte *Mohenjo-Daro* (am Südlauf des Indus) und *Harappa* (im nördlichen Pakistan) um keinen Deut weniger eindrucksvoll als diejenigen der großen Zentren des Zweistromlandes wie Ur oder Babylon.

In Harappa und Mohenjo-Daro dürften den umfangreichen Ausgrabungen zufolge jeweils mehr als 40 000 Menschen gelebt haben, so dass man sie ohne jede Einschränkung als echte, hochentwickelte antike Metropolen bezeichnen kann. „Doch im Unterschied zu Ägypten und Mesopotamien, wo die Herrschenden ihre Macht in monumentalen Bauten verewigten", heißt es dazu in einem aktuellen Wissenschaftsartikel,

„finden sich am Indus so gut wie keine Paläste, Tempel oder reich ausgestattete Gräber. Auch Kriegsgerät und Waffen gibt es kaum. Aber ob die Menschen hier tatsächlich eine friedliche, gleichberechtigte Gemeinschaft begründeten, wie nicht wenige Forschende annehmen, bleibt ungewiss. Denn Chroniken existieren nicht." ((175))

Was dagegen existiert und historische Einblicke gewährt, sind die noch meterhoch erhaltenen Straßenzüge und Gebäudereste Mohenjo Daros, die unter anderem zeigen, dass die Städte der Induskultur im Gegensatz zu denen des Zweistromlandes, wo die Kanalisation in der Regel auf die Tempel- und Palastbezirke beschränkt war, über eine geradezu vorbildliche und zukunftsweisend Hygiene- und Wasserkultur verfügten. So gab es in Mohenjo-Daro beispielsweise nicht weniger als 700 über das ganze Stadtgebiet verteilte Brunnen sowie ein Netz erstklassig konstruierter unterirdischer Abwässerkanäle. Ein 72 Quadratmeter großes öffentliches Wasserbecken – das sog. *Große Bad* – diente möglicherweise kultischen Waschungen, und sogar viele Wohnhäuser der Stadt verfügten über eigene Baderäume und gemauerte Sitztoiletten.

In der Induskultur wurde also offenkundig mehr in eine vorbildliche hygienische Infrastruktur für die Stadtbewohner investiert als in Tempel, Paläste und prunkvolle Gräber für eine kleine Elite wie in Ägypten und Mesopotamien. ((176))

„Alles ist nach höchsten architektonischen Standards gebaut, aber ohne Denkmäler, die einzelnen Herrschern gewidmet sind, oder andere Zeichen persönlicher Verherrlichung",

schreiben auch Wengrow und Graeber und betonen:

„In Mohenjo-Daro war der Mittelpunkt des bürgerlichen Lebens offenbar kein Palast oder Kenotaph [monumentales Grabmal, MK], sondern eine öffentliche Einrichtung zur Reinigung des Körpers. (…) [Es gibt] keine Belege für Priesterkönige, Kriegeradel oder etwas Ähnliches, das man als Merkmal für einen ‚Staat' bezeichnen könnte."

„Können wir hier also von ‚egalitären Städten' sprechen, und wenn ja, in welchem Sinn?", fragen die beiden Autoren und nutzen diese Frage für eine zweifellos berechtigte Kritik an den einseitigen Prämissen und Denkvorgaben der traditionellen Frühgeschichtsforschung:

„Wissenschaftler neigen dazu, klare und unwiderlegbare Beweise dafür zu fordern, dass in der fernen Vergangenheit demokratische Institutionen jeglicher Art existiert hätten. Auffällig ist indes, dass dies für Autoritätsstrukturen von oben nach unten nicht gilt. Letztere betrachtet man offenbar als den historischen Standardmodus – als die Art gesellschaftlicher Gefüge, die man schlicht erwartet, wenn es keine Anhaltspunkte für irgendetwas anderes gibt." ((177))

Hauptweg und Nebenwege

Die Beispiele Catalhöyüks und der Induskultur sollen hier als *möglicherweise* von der allgemeinen kulturhistorischen Entwicklung ein Stück weit abweichende Sonderfälle und mögliche ‚Ausnahmen von der Regel' einfach einmal so stehenbleiben. Es gibt noch einige weitere solcher ungeklärter und nachdenkenswerter archäologischer und frühgeschichtlicher Befunde wie etwa die bereits erwähnte 11 000 Jahre alte megalithische Kultanlage von *Göbelki Tepe* in Kurdistan (vgl. S.111), und die Archäologie kann jederzeit Weitere zutage fördern.

Man sollte daher mit Behauptungen über einen weltweit gänzlich einheitlich verlaufenen und gewissermaßen ‚standardisierten' historischen Entwicklungsverlauf ohne jegliche Ausnahmen und Varianten etwas vorsichtig sein, und dennoch handelte es sich bei solchen durchaus denkbaren Sonderfällen letztlich um singuläre oder zumindest seltene ‚Ausnahmen von der (historischen) Regel'. Wir wollen uns daher im folgenden wieder dem ‚üblichen', das heißt für die allermeisten Völker und Kulturen charakteristischen und in diesem Sinn auch ‚regelhaften' Geschichtsverlauf zuwenden, bei dem die sozialökonomische und kulturelle Weiterentwicklung eng mit der Herausbildung neuartiger hierarchischer und letztlich herrschaftlicher Gesellschaftsstrukturen verbunden war. Und am Anfang standen dabei die bereits erwähnten *Häuptlingstümer* der höher entwickelten Stammesgesellschaften, die sich historisch oftmals zu den Theokratien und absoluten Monarchien des Altertums und des Mittelalters fortentwickelten.

10 Häuptlingstümer

Wie wir bereits gesehen haben (vgl. S.40 ff.), koordinierten und leiteten Häuptlinge in den höher entwickelten Stammesgesellschaften die meisten der tribalen und gesellschaftlichen Gemeinschaftsaufgaben, die über den Lebensbereich und Handlungshorizont einzelner Verbandschaftsverbände und Siedlungen hinausgingen wie etwa die Durchführung stammesweiter Festlichkeiten und überregionaler Zeremonien oder die Vorbereitung und Leitung tribaler Kriegszüge gegen fremde Stämme oder Invasoren (vgl. Kapitel 6).

„Eine zentralisierte Herrschaft kann wirksamer Krieg führen, wirksamer den Frieden schützen und innere Probleme der Regierung in einer Weise lösen, wie sie in der egalitären Gesellschaft nicht möglich ist. Am sichtbarsten haben viele dieser Hierarchien die öffentliche Arbeit beim Bau massiver Monumente geleitet" [vgl. S.95 ff.],

schreibt der Anthropologe Elman Service dazu. ((178))

Häuptlinge als Kriegs- und Friedenskraft

Häuptlinge fungierten also, wie in den vorangegangenen Kapiteln gezeigt, gleichermaßen als Kriegs- wie auch als Friedenskraft, wobei diese beiden Aufgabenbereiche sowohl in einer Hand vereint als auch strikt voneinander getrennt sein konnten wie bei den Irokesen (vgl. S.40/41). ((179)) In dieser Hinsicht herrschte unter den verschiedenen Stammesgesellschaften auf der Welt eine bunte Vielfalt, doch überall galt der Grundsatz, dass die Funktion des Häuptlings für die Gemeinschaft in irgendeiner Weise von Nutzen sein mußte, um auf Dauer anerkannt und akzeptiert zu werden. ((180))
    Eine solche stammesübergreifende Führung und Koordination war in der Regel erst erforderlich, wenn die zu bewältigenden gesellschaftlichen Aufgaben ein gewisses Maß erreichten und die sozialen Strukturen dementspechend komplexer wurden, weshalb Häuptlingstümer weltweit gesehen

vor allem für bereits höher entwickelte Stammeskulturen der
‚Mittel- und Oberstufe der Barbarei‘ nach Morgan und Engels
charakteristisch waren.

Autorität und gesellschaftliche Kontrolle von Häuptlingen

Obwohl ein Stammeshäuptling bereits über wesentlich mehr an
Autorität und Befugnissen verfügte als ein Clanoberhaupt oder
Sippenältester und die einzelnen Stammessegmente in bestimmten Fällen einen Teil ihrer Entscheidungskompetenz an
ihn abgaben, war er dennoch kein unumschränkter Herrscher,
wie schon Morgan und Engels zutreffend hervorhoben (vgl.
S.40/41). ((181)) Häuptlinge konnten zwar in dringlichen Angelegenheiten Anweisungen erteilen und verfügten auch sonst
in manchen Dingen über eine ihnen von der Gemeinschaft zumeist auf Zeit erteilte Befehlsgewalt, doch sie ‚herrschten‘
nicht wie Könige über weitgehend rechtlose ‚Untertanen‘, sondern bekleideten nach wie vor ein ihnen von der Gesellschaft
durch Wahl oder feste Vererbungsregeln (vgl. S.139 und 171)
übertragenes Amt. „Häuptlingstümer sind im Kern immer noch
vom Sippensystem geprägte Gesellschaften“, so der Anthropologe Eli Sagan, in denen

„die Abstammungs-, Clan- und Dorfoberhäupter als Vertreter des
Sippensystems auch weiterhin die gleiche (relativ machtlose) Führungsrolle ausübten wie in der akephalen Gesellschaften.“ ((182))

Daher waren die Häuptlinge nach wie vor auf die Unterstützung ihrer Stammesgenossen und vor allem auf einen beständigen Austausch und Konsens mit den auch weiterhin in ihren
Lokal- und Verwandtschaftsverbänden einflußreichen Dorf-
und Clanoberhäuptern angewiesen und konnten bei nicht zu-
friedenstellender Erfüllung ihrer Aufgaben oder schwerwiegenden Verfehlungen von der Gemeinschaft bzw. ihren Vertre-
tungsorganen jederzeit wieder abgesetzt werden, was in der
Praxis indes nur selten geschah.

„Die ganze Autorität des Häuptlings liegt in seiner Zungenspitze; denn er ist mächtig nur insoweit, als er beredt ist, und findet Gehorsam nur dann, wenn er den Wilden genehm war",

stellte der französische Missionar Pater Le Jeune bereits 1634 im Hinblick auf die kanadischen Cree-Indianer fest, ((183)) und der Ethnologe Josef Franz Thiel schrieb 1983:

„In Häuptlingstümern gibt es zahlreiche Kontrollmöglichkeiten des Häuptlings, so dass seine Macht nicht in Absolutismus ausarten kann. Daher sind Häuptlinge von der *Institution* her niemals absolut; es gibt aber immer *Individuen*, die ihre Macht überziehen und deren Besitz zum Selbstzweck machen."

Thiel zitierte in diesem Zusammenhang ein Sprichwort der afrikanischen *Bayansi* in der heutigen Demokratischen Republik Kongo:

„Der *muil* [= Häuptling] lebt mit seinen *bansaan* [= nicht herrschenden Clans; MK] wie die Zunge mit den Zähnen; wagt sie sich zu weit vor, beißen die Zähne zu!'" ((184))

Dieses ‚Zubeißen' konnte in manchen Stämmen und Ethnien durchaus drastische Formen annehmen. So versuchten nach den Worten des Soziologen Christian Sigrist (vgl. S.79) bei zahlreichen indigenen Völkern

„Stammesprominente immer wieder, die anderen Stammesangehörigen in Abhängigkeit von sich zu bringen und sich gewissermaßen als *Dorfkönige* zu etablieren. Gegen sie mobilisierte sich aber von einem bestimmten Punkt an der antiherrschaftliche Widerstand, der bis zur Tötung der Prominenten gehen konnte. Diese Herrschaft abbauenden Prozesse nahmen häufig die Form von *Hexenjagden* an." ((185))

Status statt Reichtum

Auch in materieller Hinsicht waren den Privilegien von Häuptlingen in den meisten Stammesgesellschaften (ähnlich wie bei den *Big Men* akephaler Kulturen, vgl. S.84) enge Grenzen gesetzt und ihre Verwandlung in eine ökonomische Ausbeuter-schicht dadurch erschwert. „Selten hat eine politische Gliede-rung im naturvolklichen Bereich die Unterteilung in arm und reich zur Folge" - so nochmals der vorwiegend in Afrika tätige Ethnologe Thiel zu dieser Frage,

„das heißt, der Besitz politischer Macht kann nur selten in materiellen Wohlstand umgesetzt werden. Politische Führer begnügen sich zumindest in kleineren Verbänden mit der Hervorhebung ihres Sozialprestiges (größerer Harem, rote Kleider, Kette von Leoparden-zähnen, keine Handarbeit etc.) und kostenloser Arbeitsleistung sei-tens der Untertanen. Rang und Status sind für sie wichtiger als Wohlstand." ((186))

Ob diese in Thiels afrikanischem Arbeitsgebiet gemachten Beobachtungen sich weltweit verallgemeinern lassen, mag dahingestellt bleiben, doch war der Zusammenhang zwischen politischer Machtausübung und privatem Reichtum - wie auch viele andere Ethnologen hervorheben (vgl. S.84/85 mit Anm.112) - in den meisten indigenen Kulturen aufgrund der fortdauernden gesellschaftlichen Kontrolle und Abhängigkeit der Amtsträger bei weitem noch nicht so selbstverständlich und allgegenwärtig wie in entwickelten Königtümern oder den Staaten der modernen Welt.

Machtsymbolik

Trotz dieser fortdauernden gesellschaftlichen Verankerung und Kontrolle war das Häuptlingsamt in vielen Stammeskulturen bereits mit einer ausgeprägten Machtikonographie verbunden und umfaßte „viele symbolische Formen und Rituale, selbst in den einfachsten Häuptlingstümern", so Eli Sagan. Im afrikani-schen Häuptlingstum von *Busambira* in Busugo, das im Jahr 1948 gerade einmal 3900 Einwohner zählte, gab es nach seinen Angaben beispielsweise „weder Gouverneure noch ihnen un-terstellte [Provinzen]", sondern „einfach nur den Häuptling und zwölf ihm unterstehende Dörfer." „Doch wie einfach die politi-sche Struktur auch sein mochte", so Sagan,

134

„die symbolische Dimension der Macht des Häuptlings reichte dennoch recht tief. So wurde *kisambira*, wie man den Häuptling nannte, (…) als eigentlicher Eigentümer allen Landes im Häuptlingstum angesehen, und seine Stellung war zum Teil geheiligt. Er besaß Stühle, Speere, Trommeln und andere symbolische Ausstattungsgegenstände seiner Autorität, die er von seinen Vorfahren geerbt hatte, und man betrachtete ihn als das Hauptbindeglied zwischen dem Volk, den Vorfahren und den übernatürlichen Kräften. Er war in weit höherem Maße eine individuale Autorität, als es je ein Clan- oder Dorfoberhaupt gewesen war." ((187))

Bei den von Morgan und Engels beschriebenen Irokesen war diese Machtsymbolik zwar noch nicht vergleichbar markant ausgebildet wie in diesem (wohl schon am Übergang zum Königtum zu verortenden) afrikanischen Beispiel, doch gab es auch bei ihnen kostbare Häuptlingsinsignien wie einen von *sachem* zu *sachem* (vgl. S.40) weitergegebenen Amtsgürtel *(= wampum)*, und die Trauerfeier für einen verstorbenen Häuptling und die Amtseinsetzung seines Nachfolgers wurden mit beträchtlichem zeremoniellem Aufwand begangen, wie Morgan dies ausführlich beschrieb (vgl. S.137/38).

‚Häuptlingsdynastien'

Vor allem aber wies das Häuptlingstum in vielen Stammeskulturen bereits eine starke *Erbfolge-* und Verstetigungstendenz auf und bildete damit eine wichtige Vorstufe bei der Herausbildung dynastischer Herrschaftsformen. Selbst in vielen Wahlhäuptlingstümern wie etwa bei den nordamerikanischen Indianerstämmen (vgl. S.40) lag das bevorzugte Zugriffsrecht auf dieses Amt nämlich jeweils bei einem bestimmten, aus mythischen oder anderen Gründen als besonders ‚edel' und führungstauglich geltenden ‚Häuptlingsclan', der in der europäischen Frühgeschichte als *stirps regia* (=‚Königslinie') bezeichnet wurde.

Weiter auf S. 35

Lewis Morgan über die Stammesverfassung und das Häuptlingsamt bei den Irokesen

Alle Zitate stammen aus: Lewis H. Morgan, Die Urgesellschaft (Stuttgart 1891).

*„Fast alle amerikanischen Indianerstämme hatten zwei Grade von Vorstehern, die unterschieden werden können als **Sachems (Friedensvorsteher)** und gemeinsame **Häuptlinge (Kriegsanführer)**. (…) Sie wurden in jeder Gens aus der Zahl ihrer Mitglieder gewählt. (…) Die Pflichten des Sachem beschränkten sich lediglich auf Friedensangelegenheiten. Er konnte nicht als Sachem in den Krieg ziehen. Andererseits waren gewöhnlich die Häuptlinge (…) die an Fähigkeiten höhere Klasse, obwohl sie über die Gens keine größere Autorität hatten. Die Beziehungen des Sachem erstreckten sich vornehmlich auf die Gens, deren offizielles Oberhaupt er war, die des Häuptlings vornehmlich auf den Stamm"* (S.60).

„Das Amt eines Sachems und Häuptlings war bei den Stämmen nördlich von Mexiko überall ein Wahlamt. (…) Bei den Delawaren hatte jede Gens einen Sachem (Sä-ke'-mä), dessen Amt in der Gens erblich war, daneben zwei gewöhnliche und zwei Kriegshäuptlinge – zusammen fünfzehn in drei Gentes, welche den Stammesrat bildeten. (…) In Bezug auf die Anzahl der Häuptlinge gab es keine vorgeschriebene Grenze. (…) Das Recht, diese Sachems und Häuptlinge abzusetzen, gebührte ursprünglich der Gens, welcher der Sachem und Häuptling angehörte. Aber der Stammesrat besaß dieselbe Machtbefugnis und konnte unabhängig von der Gens und selbst entgegen ihren Wünschen vorgehen. In der Periode der Wildheit und auf der Unter- und ebenso der Mittelstufe der Barbarei wurde das Amt auf Lebenszeit oder für die Dauer guten Verhaltens verliehen. (…) Das Recht der Absetzung (…) war eine immerwährende Behauptung der Souveränität der Gens und auch des Stammes" (S.97/98).

*„Wie die Gens durch ihre Häuptlinge repräsentiert war, so war der Stamm repräsentiert durch einen aus Häuptlingen der Gentes zusammengesetzten **Rat**. Er (….) besaß die höchste Autorität über den Stamm. (….) Abgehalten inmitten des Volkes und den Rednern desselben offenstehend, war es gewiß, daß seine Tätigkeit dem Einfluß des Volkes unterlag. (…) Aufgabe des Rats war es, die gemeinsamen Interessen des Stammes zu wahren und zu schützen"* (S.99).

„Ein mächtiges volkstümliches Element durchdrang den ganzen Organismus und beeinflußte seine Aktion. Dies ersieht man aus dem Recht der Gentes,

136

ihre Sachems und Häuptlinge zu erwählen und abzusetzen, aus dem Recht des Volkes, im Rat durch Redner seiner eigenen Wahl gehört zu werden und aus dem Freiwilligensystem des Militärdienstes. In dieser und in der nächstfolgenden Kulturperiode waren demokratische Prinzipien das Lebenselement der Gentilgesellschaft" (S.122).

„Das demokratische Prinzip, das aus den Gentes herausgeboren war, offenbarte sich darin, daß die Gentilgenossen an dem Recht der Wahl ihrer Sachems und Häuptlinge festhielten, in den Schutzvorrichtungen, die um dieses Amt herum aufgeworfen waren, um Usurpation [= illegitime Machtübernahme] zu verhüten, und in dem Einspruchsrecht gegen die Wahl, welches den übrigen Gentes zustand. (...) Obwohl dem Namen nach das Amt der Sachems und Häuptlinge lebenslänglich war, hing sein Besitz in der Praxis doch von gutem Verhalten ab, infolge der Absetzbarkeit" (S.62).

„Bei den Irokesen konnte die [zum Sachem, MK] gewählte Person ihr Häuptlingsamt nicht antreten, bevor sie nicht von einem Rat der Häuptlinge feierlich eingesetzt war. Da die Häuptlinge der Gentes den Stammesrat bildeten, der die gemeinsamen Interessen zu wahren hatte, so erforderte es offenbar die Schicklichkeit, dem Stammesrat das Recht zu wahren, die Gewählten in ihr Amt einzusetzen. Aber wo eine Konföderation von Stämmen gegründet worden (war), wurde die Befugnis, Sachems und Häuptlinge zu ‚erheben‘, vom Stammesrat auf den Bundesrat übertragen" (S.97).

„Beim **Tod eines Sachem** (wurde sein) das Amt bezeichnender Wampumgürtel [mit komplexen eingewebten Symbolen, MK] (...) bis zur Installation seines Nachfolgers zurückbehalten, worauf er diesem als Insignie seines Amtes feierlich überreicht wurde. Beim Leichenbegängnis des Schönen See (Gä-ne-o-di‘-yo), eines der acht Seneka-Sachems, (...) zählte die Trauerversammlung 27 Sachems und Häuptlinge, dazu eine große Anzahl von Mitgliedern beider Phratrien" (S.81).

„Die Amtseinführung neuer Sachems war ein Ereignis von großer Bedeutung. (...) Beim Tode eines Sachems hatte der Stamm, in welchem der Verlust eingetreten war, die Befugnis, einen Generalrat [aller Stämme, MK] einzuberufen. (...) Ein Herold wurde mit dem amtlichen Wampumgürtel, welcher dem verstorbenen Sachem bei seiner Installation verliehen worden war, ausgesandt, um die lakonische Botschaft zu überbringen. (...)
    Eine Versammlung des Trauerrats nebst den Festlichkeiten, welche der **Investitur von Sachems** folgten, besaß für die Irokesen bemerkenswerte Anziehungskraft. Mit Eifer und Enthusiasmus strömten sie von den entferntesten Örtlichkeiten herbei, um daran teilzunehmen. Unter Beachtung mannigfacher Formen und Zeremonien wurde der Rat eröffnet und während seiner gewöhnlich **fünftägigen Dauer** geleitet. Der erste Tag war der vorge-

schriebenen Zeremonie des Wehklagens um den verstorbenen Sachem gewidmet, dieselbe fing als eine religiöse Handlung mit Sonnenaufgang an. (...) Nach dem Austausch von Begrüßungen wurde eine Prozession gebildet und von den vereinigten Stämmen die Wehklage in Versen mit Responsorien [= Wechselgebeten] gesungen, während sie vom Empfangsplatz nach dem Platz der Ratsversammlung marschierten. Die Wehklage mit den im Chor gesungenen Responsorien war ein dem Andenken des verstorbenen Sachem geweihter Achtungstribut, in welchen nicht nur seine Gens, sondern auch sein Stamm, ja die gesamte Konförderation einstimmte. (...)

Am zweiten Tag begann die **Installationszeremonie** und dauerte gewöhnlich bis zum vierten Tage. Die Sachems der einzelnen Stämme setzten sich in zwei Abteilungen nieder, wie beim Zivilrat. (...) Dieses Formenwesen und die Redefiguren waren für die Irokesen sehr bedeutungsvoll. Unter anderem wurden auch die alten Wampumgürtel, in welche die Verfassung des Bundes [durch eingewebte Symbole, MK] ,hineingeredet' worden war, um den Sprachgebrauch der [schriftlosen] Irokesen anzuwenden, hervorgeholt und zur Instruktion des neu eingeführten Sachem verlesen oder erklärt. Ein weiser Mann (...) las aus ihnen die Tatsachen ab, welche sie urkundlich zu besagen hatten" (S.119-121).

„Bei der Amtseinsetzung ihres Sachems durch einen Generalrat hatten die Veranstalter der Konföderation ein dreifaches Ziel im Auge, nämlich eine immerwährende Sukzession in der Gens, das Vorrecht einer freien Wahl aus der Zahl ihrer Mitglieder und eine schließliche Oberaufsicht über die getroffene Wahl durch die Zeremonie der Investitur. Um diese letztere wirksam zu machen, mußte sie (auch) die Befugnis der Ablehnung des Erwählten in sich begreifen. Doch (...) ist kein Fall einer Nichtbestätigung zu verzeichnen" (S.122).

„In der Zeit, wo der Irokesenbund gegründet wurde, war To-do-dä'-ho der hervorragendste und einflußreichste unter den Onondagahäuptlingen. (...) [Seine] Sachemschaft wird seitdem von den Irokesen als die erhabenste der achtundvierzig angesehen, infolge der von dem ersten To-do-dä'-ho geleisteten Dienste. Dieser Umstand wurde von den wißbegierigen [europäischen] Kolonisten sehr bald dahin gedeutet, die Person, welche dieses Amt bekleidete, zur Würde eines **Königs** der Irokesen zu erheben, aber diese irrige Auffassung wurde widerlegt und die Verfassung der Irokesen von der Last einer mit ihr unverträglichen Einrichtung befreit. Im Generalrat saß er unter Seinesgleichen. Die Konföderation hatte keine oberste Exekutivbehörde" (S.123).

Fortsetzung von S.135:

138

Als Nachfolger eines abgetretenen oder verstorbenen Häuptlings kam deshalb unter patrilinearen Verhältnissen zunächst dessen ältester Sohn oder bei Matrilinearität (wie im Fall der Irokesen) sein Bruder oder ein Sohn der Schwester in Betracht (MEW 21, S.86; vgl. S.41), ((188)) sofern nicht schwerwiegende Gründe wie etwa körperliche oder geistige Gebrechen dagegensprachen. Weibliche Stammeshäuptlinge gab es weltweit nur selten, aber häufig agierten Frauen als einflußreiche ‚Häuptlingsmacherinnen' im Hintergrund.

Einer aktuellen Statistik zufolge soll bei mehr als der Hälfte von 700 in dieser Hinsicht untersuchten indigenen Kulturen das Amt des örtlichen Führers oder Häuptlings durch Vererbung weitergegeben worden sein (11 Prozent matri- und 43 Prozent patrilinear), während 22 Prozent der Oberhäupter durch Wahl oder Akklamation und 24 Prozent auf andere Weise in ihre Ämter gelangten. ((189)) Aus dem „persönlichen Charisma" des Dorfvorstehers oder *‚Big Man'* in den akephalen Kulturen (vgl. S.83/84) wurde auf diese Weise zumindest im Ansatz bereits ein „Amts- und Erbcharisma" (vgl. S.175), so der Soziologe Stefan Breuer. ((190)) Auch wenn dies natürlich noch keine strikte Erbfolge wie in den vollentwickelten Monarchien war, führte diese weitverbreitete Tendenz zur Erblichkeit des Amtes dennoch bereits häufig zur Herausbildung einer Art von ‚Häuptlingsdynastien' und brachte die Gefahr einer allmählichen gesellschaftlichen Loslösung und Verselbständigung des Häuptlingstums mit sich, da die Stammesoberhäupter natürlich oftmals nach einer institutionellen Absicherung und Verstetigung ihrer Führungsposition strebten (vgl. S.87).

Das Gefolgschaftswesen

Dieser in vielen Stammesgesellschaften bereits vorhandene latente Ansatz zur Herrschaftsbildung wurde noch durch eine zweite dort häufige gesellschaftliche Erscheinung gefördert und verstärkt, nämlich durch das bereits von Engels hervorgehobene *Gefolgschaftswesen*.

„Eine Einrichtung begünstigte das Aufkommen des Königtums: die Gefolgschaften", schrieb Engels im *‚Ursprung'* dazu:

„Schon bei den amerikanischen Rothäuten sahen wir, wie sich neben der Gentilverfassung **Privatgesellschaften zur Kriegsführung auf eigne Faust** *bilden. Diese Privatgesellschaften waren bei den Deutschen [gemeint sind die frühgeschichtlichen Germanen, MK] bereits ständige Vereine geworden. Der Kriegsführer, der sich einen Ruf erworben, versammelte eine Schar beutelustiger junger Leute um sich, ihm zu persönlicher Treue, wie er ihnen, verpflichtet. Der Führer verpflegte und beschenkte sie, ordnete sie hierarchisch. (...)*
Schwach, wie diese Gefolgschaften gewesen sein müssen (...), bildeten sie doch schon den Keim des Verfalls der alten Volksfreiheit und bewährten sich als solche in und nach der Völkerwanderung. Denn erstens **begünstigten sie das Aufkommen der königlichen Gewalt.** *Zweitens aber konnten sie, wie schon Tacitus bemerkt, zusammengehalten werden nur durch fortwährende Kriege und Raubzüge. Der Raub wurde Zweck. (...) Das Landsknechtswesen, die Schmach und der Fluch der Deutschen, war hier schon in der ersten Anlage vorhanden"* (MEW 21, S.139).

Der römische Historiker Tacitus, auf den sich Engels hier bezog, hatte im 1. Jahrhundert n. Chr. eine ausführliche Beschreibung der Germanen aus römischer Sicht – die sog. *‚Germania'* – verfaßt. Nach seinen Worten ließ sich

„eine große Gefolgschaft nur durch Gewalttaten und Krieg unterhalten, (denn) die Gefolgsleute fordern von der Freigebigkeit ihres Gefolgsherrn hier das ihnen zustehende Streitroß, dort eine siegbringende und blutige Frame [= germanischer Kampfspeer, MK]. Einfache, aber doch reichliche Zuwendungen und festliche Gelage ersetzen bei ihnen nämlich den Sold. Die Mittel für diese Freigebigkeit aber werden durch Kriege und Raubzüge erworben."

„Den Gefolgsherrn (...) zu verteidigen und zu beschützen, (...) ist die wesentlichste Verpflichtung (...) der Gefolgsleute",

so Tacitus weiter:

„Die Gefolgsleute kämpfen für ihren Herrn, die Gefolgsherren ihrerseits wetteifern, wer die meisten und tatkräftigsten Gefolgsleute hat. Das ist ihre Würde, ihre Kraft: Immer von einer großen Schar auser-

*lesener junger Männer umgeben zu sein. Im Frieden ist die Gefolg-
schaft das Ehrengeleit, im Krieg dient sie als Leibwache"* (Tacitus,
Germania 13 und 14). ((191))

Außergentile Strukturen

Wie bereits aus diesen Zitaten hervorgeht, handelte es sich bei
den Gefolgschaften also um außerhalb der verwandtschaftlichen Abstammungsgruppen stehende und ihre Strukturen
durchkreuzende *Sonderverbände*, die die ursprüngliche gentile
Loyalität und Solidarität dem eigenen Clan gegenüber (vgl.
S.38) durch die persönliche Bindung an einen oftmals clan-
oder sogar stammesfremden einflußreichen Führer und die
Loyalität ihm gegenüber ersetzten.

*„Die dem Kriegerbund Zugehörigen leben getrennt von Frau und
Hausgemeinschaft in kommunistischem Verband von der Kriegsbeu-
te und den Kontributionen, welche sie den Außenstehenden (...)
auferlegen. Für sie selbst geziemt sich als Arbeit neben der Kriegsführung nur die Instandhaltung und Herstellung der Kriegsgerät-
schaften, die sehr oft ihnen allein vorbehalten ist",*

schrieb der einflußreiche Soziologe Max Weber 1920 dazu.
((192)) Diese der Gentilgesellschaft im Grunde wesensfremde
Sonderstellung wurde auch in der sowjetischen und DDR-
Forschung besonders betont. „In diesem Stadium der historischen Entwicklung spielten sogenannte *Gefolgschaften* eine
große Rolle", hieß es beispielsweise in einem offiziellen DDR-
Hochschullehrbuch aus dem Jahr 1982 im Hinblick auf die
mitteleuropäischen Kelten der Eisenzeit:

"Die Angehörigen solcher Gefolgschaften standen außerhalb der
gentilen blutsverwandtschaftlichen Bindungen (…) und [waren] der
unmittelbaren Produktion und dem eigenen Sippen-, ja mitunter auch
Stammesverband entfremdet." ((193))

Die Gefolgschaften „nahmen als Institutionen neben der Sippe
eine immer selbständigere Stellung ein" und „waren für die
weitere politische Stärkung Einzelner als Machtinstrument

von entscheidender Bedeutung", betonten auch andere DDR-Autoren mit Blick auf die Germanen der Frühgeschichte. ((194)) In der weiteren historischen Entwicklung gingen aus solchen Gefolgschaften oftmals die Leib- oder Palastgarden und die engsten Vertrauten des Herrschers in den späteren Königtümern hervor (vgl. S.150). ((195))

Vom Häuptlings- zum Königtum

Wie wir gesehen haben, verbanden also sowohl die Tendenz zur Erblichkeit wie auch das Gefolgschaftswesen das Häuptlingstum strukturell und perspektivisch bereits mit dem typologisch jüngeren und höher entwickelten Königtum, dessen Herausbildung die indigenen Stammesgesellschaften durch die oben skizzierten Kontroll- und Abwahlmöglichkeiten (vgl. S.42 und 133) eigentlich zu verhindern suchten. Die Monarchie hatte ihre herrschaftsgeschichtlichen Wurzeln also zweifellos im Häuptlingstum, auch wenn Morgan (und in etwas abgeschwächter Form auch Engels) diese Entwicklungskontinuität nicht sahen, sondern vielmehr ausdrücklich abstritten (z. B. MEW 21, S.93; vgl. Kapitel 13).

Wo aber lagen und liegen nun eigentlich genau die Unterschiede zwischen dem eben beschriebenen Häuptlingstum und der aus ihm hervorgegangenen historisch jüngeren und zum Staat überleitenden Monarchie, und wie und wo genau läßt sich die Trennlinie zwischen beiden ziehen? Die Abgrenzung ist im Einzelfall nicht immer einfach und oftmals nur vage möglich, wie wir im folgenden Kapitel sehen werden.

11 Monarchien

Das wohl naheliegendste Kriterium für diese Grenzziehung
wäre ein Größenvergleich zwischen historischen Königtümern
und ihrem Herrschaftsradius und aus der Ethnologie bekannten
Häuptlingstümern. Der Unterschied erscheint dabei sehr markant und eindeutig, wenn man mächtige historische Monarchien wie etwa das altägyptischen Pharaonenreich mit seinen
geschätzten 3 Millionen Einwohnern (um 1250 v. Chr.) oder
das *Heilige Römische Reich* im Europa des Mittelalters mit
vermuteten 9 Millionen Bewohnern (um 1500 n. Chr.) den in
fünf Einzelstämme untergliederten ca. 25 000 Irokesen gegen-
überstellt, die zu Morgans und Engels' Zeit noch lebten (vgl.
MEW 21, S.91), oder den insgesamt 3 bis 5 Millionen Angehörigen aller indianischen ,*500 nations*' zusammengenommen,
die sich nach Schätzungen bei der Ankunft der Europäer um
1500 über das gesamte riesige Territorium des nordamerikanischen Kontinents verteilten. ((196))
	Der quantitative Unterschied ist indes keineswegs mehr
so eindeutig und aussagekräftig, wie es diese plakativen Zahlen
erscheinen lassen, wenn man auch andere Regionen der vormodernen und indigenen Welt in die Betrachtung mit einbe-
zieht.

Häuptling oder König?

So herrschten beispielsweise viele der historisch überlieferten
Sakralkönige im Irland des 5. bis 12. Jahrhunderts n. Chr. (vgl.
Teilband 2 dieser Studie, S.24 ff.) nur über jeweils ungefähr
3000 Menschen und ließen sich daher unter rein quantitativen
Gesichtspunkten eher noch als Häuptlinge bezeichnen - sie
trugen jedoch bereits den Herrschertitel *ri túaithe* mit dem
Namenbestandteil *rix* (= lat. *rex*) in ihrer Amtsbezeichnung und
waren damit zumindest von der Titulatur und vom Anspruch
her echte Könige.

Ähnlich umfaßten auch viele der neuzeitlichen Königtümer im Afrika des 19. Jahrhunderts dem amerikanischen Anthropologen Eli Sagan zufolge nur wenige tausend Menschen und waren dennoch bereits Monarchien mit voll entwickelter Machtsymbolik und Herrschergewalt. So mußte nach Sagans Worten beispielsweise in den Königtümern *Ukimbus* im heutigen Tansania

„von jedem bei der Jagd erlegten Tier der Monarch einen Teil erhalten, und es war keinem Jäger erlaubt, einen Elefanten zu töten, weil Elfenbein königliches Monopol war. (…) Der König verfügte zudem über besondere Arbeitskräfte, deren einzige Aufgabe es war, nach Eisenerz zu suchen, und über ein Monopol im Tuchhandel. (…) Nur der Monarch allein besaß bestimmte königliche Insignien, (…) und wenn er starb, wurde er so begraben, als sei er noch am Leben. Er saß auf einem Stuhl, hielt einen Stab [als Szepter, MK] in der Hand, und (…) bei den Beerdigungsriten mußten mindestens ein Junge und ein Mädchen getötet werden - manchmal auch mehrere von jedem Geschlecht."

Derartige rituelle Menschenopfer wären selbst für die mächtigsten Oberhäuptlinge noch intakter Stammesgesellschaften undenkbar gewesen, und deshalb urteilt Sagan völlig zurecht:

„Diese afrikanischen Königreiche trennten zwar Welten von den großartigen zentralisierten Monarchien [anderer Weltregionen, MK], aber der Monarch war doch schon ein ‚göttlicher' Herrscher." ((197))

Die Größenordnungen historischer und neuzeitlicher Monarchien differierten regional und historisch also ganz erheblich, und man darf sich unter *Königtümern* keineswegs ausschließlich glanzvolle und mächtige Monarchien wie die Großreiche der Antike oder des europäischen Mittelalters vorstellen. Vor allem in der Frühzeit handelte es sich vielmehr oft noch um eher kleine und räumlich begrenzte Regionalherrschaften, an deren Spitze aber bereits ein gesellschaftlich und politisch umfassend legitimierter Monarch stand wie heute etwa noch im Königreich Monaco oder im Fürstentum Liechtenstein mit ihren jeweils rund 40 000 Einwohnern.

‚Verwirrspiel' um Häuptlinge und Könige

Rein quantitative Kriterien allein führen also nicht wirklich weiter, denn die diesbezüglichen Grenzen zwischen Häuptlings- und Königtum waren weltweit gesehen durchaus fließend. Und da auch die in den einzelnen Landessprachen verwendeten regionalen Herrscher- und Amtstitel wie etwa *Sultan oder Kalif, Emir* oder *Khan* für Außenstehende oft wenig aussagekräftig sind, herrschte und herrscht in der einschlägigen Literatur ein beträchtliches Durcheinander im Hinblick auf ihre jeweilige soziologische Einordnung und ein nur schwer durchschaubares „Verwirrspiel mit Häuptlingen und Königen" – so Sagan. ((198)) Selbst manche nordamerikanischen Indianerhäuptlinge wurden von den ersten europäischen Siedlern und Reisenden im 17. Jahrhundert zunächst als ‚Monarchen' und ‚Könige' bezeichnet, was nicht zuletzt Lewis Morgan zurecht entschieden zurückwies. ((199))

Noch schwieriger ist eine Einordnung und Bewertung naturgemäß bei ausschließlich archäologisch überlieferten Kulturen der Vor- und Frühgeschichte wie beispielsweise derjenigen der frühen Kelten im Mitteleuropa des 6. und beginnenden 5. Jahrhunderts v. Chr. Charakteristisch für ihre noch schriftlose Gesellschaft waren außergewöhnlich prunkvoll und reich ausgestattete Gräber in großen Grabhügeln, die von den Archäologen abwechselnd Stammeshäuptlingen oder Kleinkönigen, Erbaristokraten oder *‚Big Men'* zugeschrieben werden, ohne dass in der Forschung angesichts des Fehlens schriftlicher Quellen ein Konsens über diese Frage in Sicht wäre. In der Fachliteratur wird deshalb der Einfachheit halber oft der ebenso unverfängliche wie auch etwas vage Begriff *‚Fürstengräber'* verwendet, der die genaue Klassifizierung bewußt offenläßt. ((200))

Zentralherrscher statt Segmentoberhaupt

Aussagekräftiger und verläßlicher als solche rein subjektiven Urteile und quantitativen Kriterien sind daher *qualitative,* strukturelle Merkmale zur Beurteilung des Charakters und zur

Abschätzung der Machtfülle früher politischer Führungsämter. Und dabei sticht besonders die Tatsache hervor, dass sich der Autoritäts- und Einflußbereich von Häuptlingen in der Regel nur jeweils über *Teile* eines größeren Stammes- und Siedlungsgebietes erstreckt, während ein König gewöhnlich über ein (oft sogar mehrere unterschiedliche Stämme umfassendes) *Volk* oder - im Falle des Reichskönigtums - sogar über *mehrere* Völker herrscht.

„Häuptlingstümer bleiben immer noch Stammesgesellschaften und ermangeln als solche einer die Gesamtgesellschaft umfassenden *Zentralgewalt*",

schreibt der amerikanische Kulturanthropologe Frank Robert Vivelo dazu:

„Der Stamm oder die Stammesgesellschaft besteht aus mehreren Häuptlingstümern, die politisch unabhängig voneinander sind. Eine Mehrzahl solcher Häuptlingstümer bilden (…) den Gesamtstamm bzw. die Stammesgesellschaft. (…) Das besondere Charakteristikum staatlicher Gesellschaften [ist dagegen] das Vorhandensein einer einzigen Zentralgewalt." ((201))

Im obersten Stammesrat des Irokesenbundes (vgl. S.46-48) saßen beispielsweise nicht weniger als fünfzig lokale Einzelhäuptlinge bzw. *sachems* der fünf irokesischen Teilstämme, von denen jeder mehrere hundert Stammesangehörige vertrat. Diese Häuptlinge repräsentierten demnach nur jeweils einen *Teil* ihres Stammes und seiner Mitglieder und mußten sich ihre Autorität mit anderen, gleichrangigen Häuptlingen der Nachbarsegmente teilen, während Könige von Amts wegen *Monarchen* (von griech. *monos* = ‚einzig' und *archein* = ‚herrschen') und damit per Definition *Alleinherrscher* über ein größeres oder kleineres Territorium und die dort lebende Bevölkerung sind.

„Ein Häuptling [ist] jemand, der über Menschen herrscht, mit denen er nicht verwandt ist und/oder (…) denen er nicht täglich begegnet. *Ein König ist jemand, (…) der über Häuptlinge herrscht*",

faßt Eli Sagan den Unterschied knapp und prägnant zusammen.
Ein Monarch mußte daher, um in diese singuläre Machtposition zu gelangen, die zuvor mit ihm konkurrierenden anderen
Segmentoberhäupter und Häuptlinge vollständig entmachten
oder aber als ihm untergebene, weisungsgebundene Amtsträger
in sein neues, monarchisch strukturiertes Herrschaftssystem
einbinden, so dass sie nun beispielsweise als seine Statthalter
oder Gouverneure fungierten.

„Eine solche Zentralisierung auf Kosten des Sippensystems treibt
einen Häuptling in Richtung Monarchie, in der die der politischen
Zentralmacht unterstellten Würdenträger nicht mehr die nach dem
Sippensystem ausgewählten Oberhäupter sind [vgl. S.132], sondern
die Stellvertreter des Königs",

so nochmals Sagan. ((202))

Vom Stammeshäuptling zum Statthalter

Solche dem Monarchen unterstellte Amtsträger waren in größeren Königreichen unbedingt erforderlich, weil Könige ihre
im Vergleich zu Häuptlingen meist weit umfangreicheren Aufgaben nicht mehr allein zu erfüllen vermochten, sondern dazu
einen mehr oder weniger großen Herrschafts- und Verwal-
tungsapparat aus Statthaltern und Gouverneuren, Verwaltungs-
beamten und Bürokraten benötigten, die die Macht in ihrem
Namen ausübten. Nach Sagan war dies eines der wesentlich-
sten Unterscheidungsmerkmale zwischen den beiden unterschiedlichen gesellschaftlichen Führungspositionen:

„Wo es die Zahl der Untertanen und die Bevölkerungsdichte dem
Oberhaupt erlauben, *direkt* zu herrschen, bezeichnen wir die politische Einheit als *Häuptlingstum.* Sie ist ein *Königreich,* wenn der
Souverän seine Macht an *Beamte* delegieren muß, die sie in seinem
Namen ausüben. (…) In einer zentralisierten Monarchie gibt es nur
einen König; aber es kann daneben noch Hunderte von Gouverneuren
und Sub-Gouverneuren sowie Tausende von kleinen Beamten geben,
die mit der Macht verbunden sind." ((203))

„Ist eine Form persönlicher Macht erst einmal etabliert und institutionalisiert", betont auch der amerikanische Anthropologe Elman R. Service,

„dann entstehen zu gegebener Zeit diverse nachgeordnete Ämter, so daß sich eine *Hierarchie* bildet. Diese Ämterhierarchie unterlag (…) der Erbfolge, und so schälten sich dauerhafte soziale Schichten heraus." ((204))

Während der Herrschaft des altägyptischen Pharaos *Cheops* (um 2600 v. Chr.) wurden die höchstrangigen Mitglieder dieses Herrschaftsapparates in Dutzenden Grabstätten neben seiner Pyramide bestattet, während sie in der frühsumerischen Stadt Ur (um 2500 v. Chr.) dem verstorbenen Herrscher ins Grab folgen mußten.

Herrschaftlicher Machtapparat

Eine solche sehr viel umfangreichere und hierarchischere Struktur und Organisation war in Monarchien indes nicht nur wegen der in der Regel großen Ausdehnung des Herrschaftsgebiets und der damit einhergehenden Vervielfachung der Aufgaben erforderlich (vgl. S.91/92 und MEW 21, S.146), sondern auch, weil historische Könige in der Regel als *absolute* Herrscher regierten und die Gesetzgebung, Rechtsprechung, Regierungsgewalt und oftmals auch noch die religiöse Macht in ihrer Hand vereinten, ohne dabei wie Häuptlinge einer gesellschaftlichen Kontrolle zu unterliegen (vgl. S.133). Anders als Stammesoberhäupter koordinierten und *leiteten* sie nicht nur, sondern besaßen uneingeschränkte Befehlsgewalt über ihre Untertanen bis hin zum Tod und erzwangen die Durchsetzung ihres Willens und ihrer Anweisungen nötigenfalls auch mit Gewalt (vgl.S.155/156). Monarchen *führten* und repräsentierten mit anderen Worten nicht mehr nur wie Stammeshäuptlinge, sondern sie *herrschten* mit uneingeschränkter Machtvollkommenheit (lateinisch *plenitudo potestatis*) und konnten sich daher auch nicht mehr auf die Unterstützung des Volkes und auf das Konsensprinzip (vgl. S.132) als wichtigste Autoritätsbasis stützen, sondern regierten statt dessen auf der Grundlage ihrer absoluten und ‚souveränen' Macht als per Amt und Geburt legitimierte Autokraten.

Aus diesem Grund benötigten sie ihren *eigenen,* von der Gesellschaft unabhängigen und über ihr stehenden, ja im Bedarfsfall sogar gegen das Volk selbst einsetzbaren Macht- und Gewaltapparat zur Erzwingung des Gehorsams ihrer Untertanen und zur notfalls auch gewaltsamen Brechung jeglichen Widerstandes gegen ihre Politik – der von Engels 1850 in einer eigenen historischen Schrift behandelte Bauernkrieg im Jahr 1525 (MEW 7, S.327-413; vgl. Teilband 2 dieser Studie, S. 13-16) war ein besonders blutiges, aber keineswegs das einzige Beispiel dafür.

Für Marxisten nichts Neues

Der skizzierte Sachverhalt ist natürlich jedem Marxisten von Haus aus geläufig, denn er wurde bekanntlich von Marx und Engels sowie später vor allem von Lenin immer wieder mit Nachdruck als ein charakteristisches – wenn nicht sogar das kennzeichnendste – Merkmal des Staates hervorgehoben.

„Der Staat setzt eine von der Gesamtheit der jedesmal Beteiligten getrennte, **besondre öffentliche Gewalt** *voraus",*

schrieb Engels diesbezüglich im ‚*Ursprung*' (MEW 21, S.95), und an anderer Stelle seiner Schrift betonte er:

„Wir sahn, daß ein wesentliches Kennzeichen des Staats in einer **von der Masse des Volks unterschiednen öffentlichen Gewalt** *besteht"* – namentlich einer *„Polizei, die so alt ist wie der Staat, weshalb die naiven Franzosen des 18. Jahrhunderts auch nicht von zivilisierten Völkern sprachen, sondern von* **polizierten** *(nations policées)"* (MEW 21, S.115; vgl. S.151 des vorliegenden Bandes).

In der Tat bleibt diese Feststellung bis heute uneingeschränkt gültig und wurde auch in der bürgerlichen Soziologie und Anthropologie von Max Weber bis Elman Service immer wieder als ein zentrales Kennzeichen staatlicher Macht und Herrschaft hervorgehoben (vgl. S.155/156). ((205)) Als einziger Zusatz ließe sich aus heutiger Sicht vielleicht ergänzen, dass ein solcher besonderer Repressions- und *,Erzwingungsapparat'* - wie er in der modernen Soziologie oft auch genannt wird – nicht erst in bereits vollentwickelten Staaten plötzlich und gewissermaßen ,aus dem Nichts heraus' entstand, sondern sich schritt- und ansatzweise bereits in vielen höher entwickelten Häuptlingstümern herausbildete, nur dass er dort noch nicht die Form einer öffentlich unterhaltenen Polizei und Armee annahm, sondern beispielsweise in Gestalt einer herrschaftlichen Schutz- oder Leibgarde auftrat, die oft aus der persönlichen Gefolgschaft des Häuptlings heraus entstand (vgl. S.140-142).

In noch vollständig intakten akephalen Kulturen wäre ein solcher von der Gemeinschaft der Stammesmitglieder abgehobener und potentiell sogar gegen sie selbst gerichteter Macht- und Herrschaftsapparat völlig undenkbar gewesen, und selbst in entwickelten Häuptlingstümern bildete er sich nur schrittweise und allmählich heraus. Seine Entstehung und institutionelle Konsolidierung stellte daher wie im *,Ursprung'* beschrieben fraglos ein wichtiges - wenn nicht sogar das entscheidende – Unterscheidungskriterium zwischen herrschaftlich und/oder staatlich organisierten Gesellschaften und nichtherrschaftlichen, akephalen Stammeskulturen dar. ((206))

Friedrich Engels über den Staatsapparat

„Der Staat setzt eine von der Gesamtheit der jedesmal Beteiligten getrennte, besondre öffentliche Gewalt voraus" (‚Ursprung', MEW 21, S.95).

„Es gab eben zu dieser Zeit, wo jedes erwachsene männliche Stammesmitglied Krieger war, noch keine vom Volk getrennte öffentliche Gewalt, die ihm hätte entgegengesetzt werden können. Die naturwüchsige Demokratie stand noch in voller Blüte ..." (‚Ursprung' , MEW 21, S.103)

„Gegenüber der alten Gentilorganisation kennzeichnet sich der Staat (...) [durch] die Einrichtung einer öffentlichen Gewalt, welche nicht mehr unmittelbar zusammenfällt mit der sich selbst als bewaffnete Macht organisierenden Bevölkerung. Diese besondre, öffentliche Gewalt ist nötig, weil eine selbsttätige bewaffnete Organisation der Bevölkerung unmöglich geworden [ist] seit der Spaltung in Klassen." (‚Ursprung', MEW 21, S.165)

„Der Staat (hat) sich entwickelt, indem die Organe der Gentilverfassung teils umgestaltet, teils durch Einschiebung neuer Organe verdrängt und endlich vollständig durch wirkliche Staatsbehörden ersetzt wurden, während an die Stelle des in seinen Gentes, Phratrien und Stämmen sich selbst schützenden wirklichen ‚Volks in Waffen' eine diesen Staatsbehörden dienstbare, also auch gegen das Volk verwendbare, bewaffnete ‚öffentliche Gewalt' trat." (‚Ursprung', MEW 21, S.107)

„Diese öffentliche Gewalt existiert in jedem Staat. Sie besteht nicht bloß aus bewaffneten Menschen, sondern auch aus sachlichen Anhängseln, Gefängnissen und Zwangsanstalten aller Art, von denen die Gentilgesellschaft nichts wußte. Sie kann sehr unbedeutend, fast verschwindend sein in Gesellschaften mit noch unentwickelten Klassengegensätzen und auf abgelegnen Gebieten, wie zeit- und ortsweise in den Vereinigten Staaten Amerikas. Sie verstärkt sich aber in dem Maß, wie die Klassengegensätze innerhalb des Staats sich verschärfen und wie die einander begrenzenden Staaten größer und volkreicher werden – man sehe sich nur unser heutiges Europa an, wo Klassenkampf und Eroberungskonkurrenz die öffentliche Macht auf eine Höhe emporgeschraubt haben, auf der sie die ganze Gesellschaft und selbst den Staat zu verschlingen droht." (‚Ursprung', MEW 21, S.166)

„Wir sahn, daß ein wesentliches Kennzeichen des Staats in einer von der Masse des Volks unterschiednen öffentlichen Gewalt besteht. (...) [Im antiken Athen, MK] *bestand die öffentliche Gewalt gegenüber den Bürgern zunächst nur als die Polizei, die so alt ist wie der Staat, weshalb die naiven Franzosen des 18. Jahrhunderts auch nicht von zivilisierten Völkern sprachen, sondern von polizierten (nations policées)."* (‚Ursprung', MEW 21, S.115)

12 Der moderne Staat

Wir haben in den beiden letzten Kapiteln versucht, eine strukturelle Typologie der frühen Herrschaftsformen und ihrer Träger von der Stammesgesellschaft bis an die Schwelle des modernen Staates zu skizzieren. „Während wir vom Oberhaupt
über den Häuptling zum König kommen", faßt Eli Sagan den
dabei vollzogenen Entwicklungsverlauf zusammen,

„herrscht die Person an der Spitze des politischen Systems über immer mehr Menschen und geht immer mehr dazu über, Befehle zu
erteilen, statt um Rat oder Konsens zu bitten. Es gelingt dem Führer
immer besser, seine Befehle gegen den Widerstand anderer durchzusetzen. Individuen mit großer politischer Macht [und letztlich der
Staat, MK] sind das Endergebnis dieser Reise." ((207))

Während die ersten Häuptlinge der indigenen Stammeskulturen
noch mit einem Bein in der akephalen Gesellschaft standen,
befanden sich die höher entwickelten Häuptlingstümer oder
chiefdoms bereits an der Schwelle zum frühen Staat, die mit
den ältesten Theokratien der Menschheitsgeschichte in
Altägypten, Mesopotamien, China und Altamerika dann endgültig überschritten wurde. Nochmals ausdrücklich hervorgehoben
sei, dass es sich dabei um eine *typologische,* das heißt nach
soziologischen Kategorien und Kriterien gebildete Typenreihe
und Entwicklungsabfolge handelt und nicht um einen historisch ‚verbindlichen‘ und auf der ganzen Welt zwingend vorgezeichneten Entwicklungsweg, der

„*allen Völkern schicksalsmäßig vorgeschrieben [wäre], was immer
die geschichtlichen Umstände sein mögen, in denen sie sich befinden*",

den schon Karl Marx 1877 ins Reich der historischen Kon-
strukte und Legenden verwies (MEW 19, S.111; vgl. S.124 und
Teilband 4 dieser Studie, S.38).

Was unterscheidet nun aber die verschiedenen frühen Herrschaftsformen, die wir auf den vorangegangenen Seiten kennengelernt haben, vom modernen Staat heutiger Prägung? Um diese Frage befriedigend zu beantworten, müssen wir uns ein Stückweit in den Bereich der modernen bürgerlichen Soziologie begeben.

Institutionelle und personale Herrschaft

Alle frühen gesellschaftlichen Führungsämter und Herrschaftsformen, die wir bisher in diesem Band kennengelernt haben, zeichneten sich durch ihre ausgeprägte *Personalität* und darüber hinaus häufig durch eine starke Tendenz zur *Sakralisierung der Macht* (vgl. Kapitel 8) aus, an deren Stelle im Verlauf der Entwicklung hin zum modernen Staat eine zunehmende Institutionalisierung und ‚Versachlichung‘ der Machtausübung trat. „Der vornationale Staat definiert seine Bevölkerung in erster Linie über die Loyalität zum Herrscher und seiner Dynastie“, heißt es dazu in einem aktuellen ethnologischen Übersichtswerk; „moderne Staaten“ zeichneten sich im Gegensatz dazu durch eine

„Entsakralisierung, Entpersonalisierung und eine Zunahme der Bürokratisierung von Herrschaft und Macht“ im Rahmen „kodifizierter Gesetze“ aus. ((208))

Eine Konzeption Max Webers

Dieses moderne Staatsverständnis geht maßgeblich auf Max Webers einflußreiches und bis heute in den Sozialwissenschaften fortwirkendes Werk *‚Wirtschaft und Gesellschaft - Grundriss der verstehenden Soziologie‘* aus dem Jahr 1920 zurück, in dem der Mitbegründer der klassisch-bürgerlichen Soziologie den *„modernen okzidentalen Staat“* als eine *‚entpersonalisierte‘* und *‚rationale‘* Form der Herrschaft definierte und typologisch den älteren Formen der *‚traditionalen‘* und *‚charismatischen‘* Herrschaft (vgl. S.174) gegenüberstellte. ((209)) Die moderne Form der Staatsverwaltung und Regierung sei

„zweckrational orientiert", so Weber, und beruhe auf festen, nach fachlicher Qualifikation geordneten *„Zuständigkeiten"* und *„Kompetenzen"* sowie auf einem *„Kosmos abstrakter, absichtsvoll gesetzter Regeln"*, die verbindlich festgelegt und für alle Staatsbürger gleichermaßen gültig seien, was Rechtssicherheit gewährleiste. Es handle sich insgesamt um eine

*„**Herrschaft der formalistischen Unpersönlichkeit** (...) ‚ohne Ansehen der Person'"* und *„ formal gleich für jedermann"*,

wie Weber stark idealisierend und unter völliger Ausblendung des Klassencharakters von Staaten resümmierte.

In markantem Gegensatz dazu beschrieb der Soziologe die ‚*traditionale*' Herrschaft früherer Gesellschaften als explizit *personal* und vollständig auf das individuelle Wollen und Wirken des Herrschers – ob Häuptling, Fürst oder Monarch – zugeschnitten,

*„der seine Gewalt - soweit sie nicht durch Tradition oder durch konkurrierende Gewalten begrenzt ist - **schrankenlos** und nach freiem Belieben, vor allem: **regelfrei** ausübt."*

„Der Herrschende ist [dort] nicht ‚Vorgesetzter'", so Weber,

*„sondern persönlicher **Herr**, sein Verwaltungsstab besteht nicht primär aus ‚Beamten', sondern aus persönlichen ‚**Dienern**', die Beherrschten sind nicht ‚Mitglieder' des Verbandes, sondern (...) ‚**Untertanen**'. Nicht sachliche Amtspflicht, sondern persönliche **Dienertreue** bestimmen die Beziehungen des Verwaltungsstabes zum Herrn. Gehorcht wird nicht Satzungen, sondern der durch Tradition oder durch den traditional bestimmten Herrscher dafür berufenen Person, deren Befehle legitim sind"* (vgl. S.155-157). ((210))

Folgt man dieser auch in der modernen Anthropologie weithin akzeptierten und angewandten Definition Webers, so ließe sich zugespitzt sagen, dass in vormodernen Gesellschaften der Herrscher die Machtbefugnis und das gesamte Staatswesen buchstäblich in seiner individuellen Person (*in personam*) verkörperte, während in modernen Staaten oder jedenfalls Republiken die Staatsführer und Beamten eher austauschbare *Reprä-*

Max Weber 1920 über personale und institutionalisierte Herrschaft

Alle Zitate nach: Max Weber, Wirtschaft und Gesellschaft – Grundriss der verstehenden Soziologie. Tübingen 1921. Hier zit. n. der Neuausgabe in einem Band Frankfurt/Main 2010)

„Die Entwicklung ‚moderner' Verbandsformen auf allen Gebieten (Staat, Kirche, Heer, Partei, Wirtschaftsbetrieb) (…) ist (…) die Keimzelle des modernen okzidentalen Staats. (…) [Sie ist die] an Präzision, Stetigkeit, Disziplin, Straffheit und (…) Berechenbarkeit für den Herrn wie für die Interessenten (…) formal rationalste Form der Herrschaftsausübung" (S.164).

„Die bürokratisch Herrschaft (…) [ist] die Herrschaft der formalistischen Unpersönlichkeit: sine ira et studio, ohne Haß und Leidenschaft, (…) unter dem Druck schlichter Pflichtbegriffe, ‚ohne Ansehen der Person', formal gleich für jedermann" (S.166).

„[Die ‚Normen'] sind bei der [modern-]bürokratischen Herrschaft rational geschaffen, appellieren an den Sinn für abstrakte Legalität, ruhen auf technischer Einschulung. Bei der patriarchalen dagegen ruhen sie auf der ‚Tradition', dem Glauben an die Unverbrüchlichkeit des immer so Gewesenen als solchen (…) [und auf der] persönlichen Unterwerfung unter den Herrn. (…) Soweit seine Gewalt nicht durch die Tradition oder durch konkurrierende Gewalten begrenzt ist, übt er sie schrankenlos und nach freiem Belieben, vor allem: regelfrei" (S.739/40).

„Von den vorbürokratischen Strukturprinzipien ist nun das weitaus wichtigste die patriarchale Struktur der Herrschaft. Ihrem Wesen nach ruht sie nicht auf der Dienstpflicht für einen sachlichen, unpersönlichen ‚Zweck' und der Obödienz [= Gehorsamspflicht, MK] gegenüber abstrakten Normen, sondern gerade umgekehrt auf streng persönlichen Pietätsbeziehungen. Ihr Keim liegt in der Autorität eines Hausherrn innerhalb einer häuslichen Gemeinschaft, seiner persönlichen autoritären Stellung" (S.739).

„Das fürstliche Heer [hat] ‚patrimonialen' Charakter, das heißt: [ist] rein persönliches Heer des Fürsten und [steht] ihm also auch gegen die eigenen politisch beherrschten Stammesgenossen zur Verfügung. (…) [Grund dafür] ist vor allem ein rein ökonomischer Sachverhalt: die Equirierung und Verpflegung des Heeres aus Vorräten und Einkünften des Fürsten. Je vollständiger dieser Tatbestand vorliegt, desto unbedingter befindet sich das in diesem Fall ohne den Fürsten zu jeder Aktion unfähige, in seiner ganzen militärischen Existenz auf ihn und seinen nicht militärischen Beamtenapparat angewiesene Heer in seiner Hand [= Patrimonialheer]" (S.751).

„Auch die politische Verwaltung wird als eine rein persönliche Angelegenheit des Herrn, der Besitz und die Ausübung seiner politischen Macht als ein (...) Bestandteil seines persönlichen Vermögens behandelt. Wie er die Macht ausübt, ist daher durchaus Gegenstand seiner freien Willkür, soweit nicht die überall eingreifende Heiligkeit der Tradition ihr mehr oder minder feste oder elastische Schranken zieht" (S.759).

„Die gesamte Stellung des patrimonialen Beamten ist also, im Gegensatz zur Bürokratie, Ausfluß seines rein persönlichen Unterwerfungsverhältnisses unter den Herrn, und seine Stellung zu den Untertanen nur dessen nach außen gewendete Seite. Auch wo der politische Beamte persönlich kein Hofhöriger ist, beansprucht der Herr schrankenlosen Amtsgehorsam. Denn die Amtstreue des patrimonialen Beamten ist nicht sachliche Diensttreue gegenüber sachlichen Aufgaben, welche deren Ausmaß und Inhalt durch Regeln begrenzen, sondern sie ist Dienertreue, streng persönlich auf den Herrn bezogen und Bestandteil seiner prinzipiell universellen Pietäts- und Treuepflicht. In den Germanenreichen bedroht der König auch freie Beamte im Fall des Ungehorsams mit Ungnade, Blendung, Tod. Weil und insofern der Beamte persönlich der Herrengewalt unterworfen, nimmt er anderen gegen-über Teil an dessen Würde" (S.761).

„Ganz allgemein fehlt dem auf persönlichen Unterordnungsbeziehungen beruhenden Amt der Gedanke der sachlichen Amtspflicht. (...) Die Ausübung der Gewalt ist in erster Linie persönliches Herrenrecht des Beamten: außer-halb der festen Schranken heiliger Traditionen entscheidet auch er, wie der Herr, von Fall zu Fall, d. h. nach persönlicher Willkür und Gnade. Infolge-dessen [beruht] der Patrimonialstaat auf dem (...) Ersatz der Herrschaft rationaler Regeln durch ‚Kabinettsjustiz' des Herrn und seiner Beamten. Statt der bürokratischen ‚Sachlichkeit' und des auf der abstrakten Geltung glei-chen objektiven Rechtes beruhenden Ideals der Verwaltung ‚ohne Ansehen der Person' (...) ruht alles ganz ausgesprochenermaßen auf ‚Ansehen der Person' (...) und auf rein persönlichen Beziehungen, Gnadenerweisungen, Versprechungen, Privilegien" (S.770).

„Alle, nach unseren Begriffen ein ‚Reglement' darstellenden Dienstordnun-gen bilden also, wie alle öffentliche Ordnung eines patrimonial regierten Staates überhaupt, letztlich ein System rein subjektiver, auf die Verleihung und Gnade des Herrn zurückgehender Rechte und Prvilegien von Personen. Es fehlt die objektive Ordnung und die auf unpersönliche Zwecke ausgerich-tete Sachlichkeit des bürokratischen Staatslebens. Das Amt und die Aus-übung der öffentlichen Gewalt geschieht für die Person des Herrn einerseits und des mit dem Amt begnadeten Beamten andererseits, nicht im Dienste ‚sachlicher' Aufgaben" (S.761/62).

sentanten und ausführende *Organe* des im Prinzip von ihrer Person unabhängigen und auch ohne sie weiterexistierenden Staatsapparates sind. Dieser Kontrast kommt prägnant in den bekannten und vielzitierten Äußerungen *„L'état, c'est moi"* (= „Der Staat bin ich") des absolutistischen französischen ‚Sonnenkönigs' Ludwig XIV. (1638 bis 1715) und *„Der Herrscher ist erster Diener des Staates"* des vom intellektuellen Klima der Aufklärung (vgl. S.14/15) beeinflußten Preußenkönigs Friedrich II. (1712 bis 1786) zum Ausdruck.

Das Häuptlingstum als Übergangsstufe

Mit einiger Sicherheit ging die vorstaatliche Stammesgesellschaft jedoch, wie wir in den vorangegangenen Kapiteln gesehen haben, zumeist nicht auf direktem Weg und unmittelbar in den vollentwickelten Staat über, sondern über eine Reihe von Zwischenstufen und Übergangsformen, unter denen das entwickelte Häuptlingstum im Sinne der *chiefdoms* (vgl. S.73) offenkundig eine der wichtigsten war.

„Der Prozeß verläuft (…) vom Oberhaupt zum Häuptlingstum und vom einfachen Königtum zum komplexen Königtum",

beschreibt Eli Sagan die herrschaftstypologische Entwicklung:

„Nach jedem größeren Schritt gibt es ein Übergangsstadium. So kann man beispielsweise viele Gesellschaften nicht exakt als Häuptlingstümer oder einfache Königreiche bezeichnen, sondern als eine Art Übergangszustand zwischen den beiden." ((211))

In ähnlicher Weise leitete auch Elman Service das Königtum vom Ursprung her explizit aus dem Häuptlingstum ab, das sich als historische Übergangsform „zwischen die egalitäre Gesellschaft und den Staat geschoben" und eine wichtige „Stufe in der Evolution des Staates" gebildet habe. ((212))

„Mit dem *Häuptlingstum*, so scheint es", schreibt auch der auf dieses Thema spezialisierte deutsche Soziologe Stefan Breuer,

„hat der Neoevolutionismus [vgl. S.120] eine Kategorie entdeckt, die tatsächlich die ‚große Schwelle' in der Geschichte der Menschheit markiert – die Schwelle, die die *politischen* von den nichtpolitischen Verbänden trennt. (…) Der Staat knüpft [dabei] an die schon in Häuptlingstümern existierenden Assymmetrien und Statusdifferenzen an, welche lediglich ausgebaut und verschärft werden." ((213))

‚Militärische Demokratie' = Häuptlingstum?

Auch Morgan, Marx und Engels scheinen die historische Existenz und typologische Notwendigkeit einer solchen Übergangsstufe zwischen ihrer weitgehend herrschaftslosen *‚Urgesellschaft'* und der komplett staatlich verfaßten *‚Zivilisation'* bereits vor 140 Jahren gespürt und wahrgenommen zu haben. Jedenfalls hoben sie die ‚Oberstufe der Barbarei', *„in der alle Völker ihre Heroenzeit durchmachen"* (MEW 21, S.158), in markanter Weise als eine ganz besondere Entwicklungsstufe gegenüber den vorausgegangenen Kulturepochen hervor und erörterten ausführlich ihre vermutete politische Verfassung, die sie *‚Militärische Demokratie'* nannten.

„Nicht umsonst starren die dräuenden Mauern um die neuen befestigten Städte: In ihren Gräben gähnt das Grab der Gentilverfassung, und ihre Türme ragen bereits hinein in die Zivilisation",

schrieb Engels im *‚Ursprung'* über diese letzte, abschließende Periode der Gentilgesellschaft (MEW 21, S.160).

Damit stellt sich fast von selbst die Frage, ob diese *‚Oberstufe der Barbarei'* bzw. *‚Militärische Demokratie'* nach Morgan und Marx/Engels nicht im Grunde bereits das Gleiche oder mindestens etwas Ähnliches gemeint haben könnte wie die herrschaftsgeschichtliche Entwicklungsstufe des ‚Häuptlingstums' (*chiefdom*) in der modernen Anthropologie. Einer Antwort auf diese Frage wollen wir im folgenden Kapitel näherzukommen versuchen.

13 Die *‚Militärische Demokratie'*

Der Begriff *‚Militärische Demokratie'* gilt in der Regel als eine Wortschöpfung und als Schlüsselbegriff des Marxismus, weil er vor allem durch Engels' Verwendung im *‚Ursprung'* (MEW 21, S.104, 124, 159 u. a.) einem breiteren Leserkreis bekannt wurde. Tatsächlich war er aber eine Konzeption und Erfindung von Lewis Morgan, die Engels wie so viele andere Gedanken und Bezeichnungen des amerikanischen Anthropologen unverändert in seine Schrift übernahm, wie auch Marx dies schon in seinen Morgan-Exzerpten getan hatte.

Was bedeutet dieser eigenwillige Begriff nun aber eigentlich genau, der auf den ersten Blick ein wenig paradox erscheint, weil das ‚Militärische' mit seinem uneingeschränkten Prinzip von Befehl und Gehorsam ja als das genaue Gegenteil von Demokratie und demokratischer Entscheidungsfindung gilt?

Urgeschichtliche Gewaltenteilung

Morgan selbst verstand unter ‚Militärischer Demokratie' (*military democracy*) die

„Verwaltung eines Volkes oder einer Nation durch einen Häuptling, eine Versammlung des Volkes und einen obersten Heerführer. Diese Form trat hervor bei den auf der **Oberstufe der Barbarei** *angelangten Stämmen, z. B. bei den homerischen Griechen und den italischen Stämmen im Zeitalter des Romulus. (...) [Sie] läßt sich benennen als eine* **Regierung dreier Mächte,** *nämlich des vorbereitenden Rats [der Häuptlinge], der Volksversammlung und des Heerführers.“* ((214))

Über die Entstehung dieser Verfassungsform bei den Irokesen, bei denen er erstmals auf sie gestoßen war, schrieb der Anthropologe in seiner *‚Ancient Society'*:

„Als der Irokesenbund gegründet wurde oder bald nachher wurden zwei ständige **Kriegs-Häuptlingsschaften** *geschaffen und benannt;*

beide wurden dem Seneka-Stamm zugewiesen. (...) Diese Kriegs-
häuptlinge wurden in derselben Weise erwählt wie die Sachems
[= Ziviloberhäupter, vgl. S.40/41, MK], *wurden erhoben durch einen*
Generalrat und waren einander gleich im Rang und an Macht. (...)
Als oberste Befehlshaber hatten sie die Leitung der militärischen
Angelegenheiten des [Irokesen]Bundes und das Kommando über
seine vereinigten Streitkräfte, wenn diese gemeinsam ins Feld rück-
ten. (...) Bei den Irokesen wurde dieses Amt niemals einflußreich, (...)
[denn] „der Gentilismus verhinderte eine Usurpation. "

Unter „*Gentilismus* " verstand Morgan zum einen die Wahl und
Kontrolle dieser Militärführer durch die Volksversammlung
und den Häuptlingsrat (vgl. S.43/44), zum anderen die bewußte
Doppelbesetzung des wichtigen Amtes zwecks gegenseitiger
Kontrolle seiner Inhaber. „*Die Schaffung zweier oberster*
Kriegshäuptlinge statt [nur] eines " sollte, wie er schrieb,

„das dominierende Übergewicht eines einzelnen Mannes verhindern.
[Die Irokesen] taten damit (...) genau dasselbe, was die Römer taten,
indem sie zwei Konsuln statt eines einzigen schufen, nachdem sie das
Amt des Rex [= altrömischen Königs, MK] *abgeschafft hatten. Zwei*
Konsuln mußten die militärische Macht unter sich im Gleichgewicht
erhalten und verhindern, daß einer von ihnen übermächtig wurde"
(vgl. MEW 21, S.125). ((215))

Es war nach Morgan ein perfekt durchkonzipiertes und austa-
riertes System der Machtaufteilung und gegenseitigen Kontrolle der Funktionsträger mit dem Ziel, ihre Machtfülle und mögliche Herrschaftsambitionen auch in Kriegszeiten unter gesellschaftlicher Kontrolle und im Zaum zu halten. Und dies war
dem Anthropologen zufolge auch nötig, denn

„der Heerführer hatte das höchste, das einflußreichste und das wich-
tigste dem damaligen System bekannte Amt inne " und wurde „*durch*
die Zeitumstände weit hervorragender und weit mächtiger, als bis
dahin ein einzelner gewesen war "

- so Morgan mit Bezug auf das frühgeschichtliche Griechenland (vgl. S.161). ((216))

Lewis Morgan über die ‚Militärische Demokratie'

„Die Konföderation [= der Irokesenbund, vgl. S.46-48] *hatte keine oberste Exekutivbehörde. Unter einem Bunde von Stämmen tauchte das Amt eines Oberfeldherrn (Hos-gä-ä-geh'-da-go-wä, ‚Großer Krieger') zuerst auf. Jetzt kamen Fälle vor, wo mehrere Stämme in ihrer Eigenschaft als Verbündete in den Kampf zogen, und die Notwendigkeit eines obersten Befehlshabers, um die Bewegungen der vereinigten Trupps zu leiten, machte sich fühlbar. Die Erhebung dieses Amtes zu einer dauernden Einrichtung war ein großes Ereignis in der Geschichte des menschlichen Fortschritts. Es war dies der Beginn einer Loslösung der militärischen von der bürgerlichen Gewalt. (...)*

Durch das Aufkommen des Amtes eines Feldherrn wurde die Verwaltung des Gemeinwesens allmählich aus einer Verwaltung durch eine Gewalt in eine durch zwei Gewalten umgewandelt. Dies neue Amt war der Keim des Amtes einer obersten Exekutivbehörde, denn **aus dem Heerführer wurde (...) der König, der Kaiser, der Präsident.** *Das Amt entsprang den militärischen Erfordernissen der Gesellschaft und hatte eine logische Entwicklung (...) vom ‚Großen Krieger' der Irokesen durch den Teuctli der Azteken bis zum Basileus der Griechen und dem Rex der römischen Stämme; bei allen diesen Volksstämmen war während drei aufeinander folgenden Kulturperioden das Amt das gleiche, nämlich das eines Heerführers in einer militärischen Demokratie.*

Bei den Irokesen, den Azteken und den Römern war dies ein Wahlamt oder unterlag der Bestätigung durch einen Wählerkreis. Mutmaßlich war dies bei den Griechen der Sagenzeit ebenso der Fall. Es wird behauptet, daß das Amt eines Basileus bei den griechischen Stämmen des homerischen Zeitalters vom Vater auf den Sohn erblich gewesen sei. Dies ist zum mindesten zweifelhaft. Es wäre dies eine so weitgehende und völlige Abweichung von dem ursprünglichen Carakter dieses Amtes, daß positive Beweise beigebracht werden müßten, um diese Behauptung zu bewahrheiten. Eine Wahl oder eine Bestätigung durch die Wählerschaft war unter Gentilinstitutionen unbedingt notwendig. Es ist weit mehr wahrscheinlich, daß die erbliche Nachfolge da, wo sie zuerst eintrat, durch Gewalt eingeführt wurde, statt durch freie Zustimmung des Volkes, und daß sie bei den griechischen Stämmen im homerischen Zeitalter nicht existierte." ((S.124))

Aus: Lewis H. Morgan, Die Urgesellschaft. Stuttgart 1891, S.123/24.

Ein provisorisches Führungsamt

Die ‚*Militärische Demokratie*‘ wäre nach dieser Definition also eine im Grundsatz noch gentile Gemeinschaft oder Gesellschaft gewesen, die sich während eines Feldzuges oder in allgemein kriegerischen Zeiten zum Zweck erfolgreicher Kriegsführung bewußt einem (oder zwei) aus ihren Reihen gewählten Militärführern oder Feldherrn unterstellte (= ‚militärisches‘ Element), ohne dass dieses kriegerische Führungsamt indes auf Dauer eingerichtet oder gar vererbbar gewesen wäre, und ohne dass seine Träger sich ihrer gesellschaftlichen Kontrolle hätten entziehen und zu autokratischen Herrschern aufschwingen können (= ‚demokratisches‘ Element). Auch irgendwelche über die militärische Leitungsfunktion hinausgehenden Herrschaftsbefugnisse umfaßte es Morgan zufolge nicht.

„*Der wahre Tatbestand, wie er einem Amerikaner erscheint*“, so brachte Morgan seine Konzeption der ‚*Militärischen Demokratie*‘ in der Antike wie bei den neuzeitlichen Irokesen auf einen Nenner, bestehe darin, dass diese Verfassungsordnung

„*ihrem Wesen nach* **demokratisch** *war, indem sie auf den Gentes, Phratrien und Stämmen (...) [als] sich selbst verwaltenden Körperschaften und auf den Prinzipien der Freiheit, Gleichheit und Brüderlichkeit beruhte*“, und dass „*das Volk* **ein freies Volk** *und der Geist der Verfassung - worauf es hauptsächlich ankommt - demokratisch (war).*“ ((217))

Übernahme durch Marx und Engels

Marx und Engels waren von dieser gleichermaßen antiherrschaftlich-demokratischen wie mit der Realgeschichte verknüpfbaren Konzeption offenkundig auf Anhieb fasziniert und übernahmen sie nahezu uneingeschränkt und kritiklos.

„*Basileia, angewandt von den griechischen Schriftstellern für das homerische Königtum (weil Heerführerschaft sein wichtigstes Merkmal), mit [Rat] und agora ist – eine Sorte militärischer Demokratie*“,

notierte Marx in seinen Morgan-Exzerpten und vermerkte
weiter:

*„Richterliche und priesterliche Funktionen waren dem Amt beigelegt
oder mit demselben verbunden; (...) scheint aber nicht, daß er bürgerliche Funktionen besaß. Auf der Seite des **basileus** [= frühgriechischen Kriegsführers, MK] entwickelte sich notwendig eine Tendenz,
weitere **Macht zu usurpieren**, in beständigem Kampf mit dem Rat der
Häuptlinge, den Repräsentanten der Gentes. (Daher wurde endlich
das Amt von den Athenern abgeschafft.)"* ((218))

Engels schrieb im ‚*Ursprung*' zum Thema:

*„[Die] Verfassung, wie sie sich bei den Griechen der Heroenzeit und
den Römern der sogenannten Königszeit entwickelt hatte: Volksversammlung, Rat der Gentilvorsteher, **Heerführer**, der schon einer
wirklichen **königlichen Gewalt zustrebt** (...) war die ausgebildeste
Verfassung, die die Gentilordnung überhaupt entwickeln konnte; sie
war die **Musterverfassung der Oberstufe der Barbarei.** Schritt die
Gesellschaft hinaus über die Grenzen, innerhalb deren diese Verfassung genügte, so war es aus mit der Gentilordnung; sie **wurde gesprengt, der Staat trat an ihre Stelle**"* (MEW 21, S.140).

Mit dem letzten Satz ging Engels einen Schritt über Morgan
hinaus und wies auf die bereits über die Gentilgesellschaft hin-
ausweisenden Züge und Elemente der Spätphase der ‚Urgesellschaft' hin, die sie letztlich sprengen und zu ihrer Zerstörung
führen sollten. Noch konkreter benannte er diese zerstöreri-
schen Elemente im Abschlußkapitel ‚*Barbarei und Zivilisation*'
des ‚*Ursprung*', wo er schrieb:

*„Der Heerführer des Volks – rex, basileus, thiudans – wird [in der
‚Oberstufe der Barbarei', MK] unentbehrlicher, ständiger Beamter.
Die Volksversammlung kommt auf, wo sie nicht schon bestand. **Heerführer, Rat, Volksversammlung** bilden die Organe der zu einer **militärischen Demokratie** fortentwickelten Gentilgesellschaft. Militärisch
– denn der Krieg und die Organisation zum Krieg sind jetzt regelmäßige Funktionen des Volkslebens geworden. Die Reichtümer der
Nachbarn reizen die Habgier von Völkern, bei denen der Reich-
tumserwerb schon als einer der ersten Lebenszwecke gilt. Sie sind
Barbaren: Rauben gilt ihnen für leichter und selbst für ehrenvoller*

*als Erarbeiten. Der **Krieg**, früher nur geführt zur Rache für Übergriffe oder zur Ausdehnung des unzureichend gewordnen Gebiets* [vgl. S.38 und 91, MK], *wird jetzt des bloßen Raubs wegen geführt, wird **stehender Erwerbszweig**. Nicht umsonst starren die dräuenden Mauern um die neuen befestigten Städte: In ihren Gräben gähnt das Grab der Gentilverfassung, und ihre Türme ragen bereits hinein in die Zivilisation"* (MEW 21, S.158-160).

In diesen Formulierungen deutete Engels bereits sehr klar den Übergangscharakter und die historische ‚Brückenfunktion' dieser Spätphase der Urgesellschaft zum herrschaftlich organisierten Staat und zur *Zivilisation* an, die im antiken Griechenland und Rom unmittelbar aus ihr hervorgehen sollten (‚*Ursprung*' Kapitel 4-6; MEW 21, S.98-126).

Morgan selbst lehnte einen solchen Übergangscharakter hingegen strikt ab und wandte sich insbesondere gegen den Gedanken, dass aus dem gentilen Häuptlingstum das spätere Königtum hervorgegangen sein könne. Gentilgesellschaft und monarchische Alleinherrschaft seien von ihrem ganzen Wesen her absolut unvereinbar miteinander, erklärte er in seiner *‚Ancient Society'* kategorisch, und könnten daher auch genetisch und historisch nicht miteinander verbunden gewesen sein. *„Unter Gentilinstitutionen"*, so schrieb der Anthropologe wörtlich,

*„mit einem Volk zusammengesetzt aus Gentes, Phratrien und Stämmen - jede dieser Gruppen organisiert als unabhängige, sich selbst verwaltende Körperschaft - mußte das Volk **notwendig frei** sein. Die Herrschaft eines Königs nach erblichem Recht und ohne direkte Verantwortlichkeit war in einer derartigen Gesellschaft einfach unmöglich."*

Deshalb sei es auch

*„ganz unmöglich, daß in irgendeinem Teil der Erde unter Gentilinstitutionen eine Monarchie durch natürliche Entwicklung emporkommen konnte. (...) **Die Monarchie ist unverträglich mit dem Gentilismus**. Sie gehört einer späteren Periode der Zivilisation an."* ((219))

Homer und der frühgriechische *Basileus*

Besonders eingehend erörterte Morgan diese Frage am Beispiel des vorklassischen Griechenland im frühen 1.Jahrtausend v. Chr., das er kulturell mit den am höchsten entwickelten neuzeitlichen Indianerstämmen in Nordamerika auf eine Stufe stellte (vgl. Kapitel 3). *„In einigen Fällen tauchten"* zwar, wie er einräumte,

*„**Despotien** unter den griechischen Stämmen auf der Oberstufe der Barbarei auf, aber sie waren auf **Usurpation** begründet, wurden vom Volk als **illegitim** betrachtet und waren tatsächlich für die Vorstellungen einer Gentilgesellschaft etwas durchaus fremdartiges. Die griechische **Tyrannis** war eine auf Usurpation begründete Despotie und bildete den Keim, aus welchem später die **Monarchie** entstand, während die sogenannten Königreiche des heroischen Zeitalters* [in Griechenland, MK] *nichts anderes als **militärische Demokratien** waren."* ((220))

In einem gewissen Widerspruch zu dieser Auffassung stand allerdings das in der altgriechischen Literatur immer wieder erwähnte Amt des *Basileus*, eines *„hervorstechenden Charakters in der griechischen Gesellschaft des heroischen Zeitalters und (...) der mythischen Periode"*, wie Morgan selbst schrieb, dessen gesellschaftliche Stellung von den Historikern des 19. Jahrhunderts *„fast ohne Ausnahme mit König übersetzt und ohne jede Einschränkung mit Königtum"* gleichgesetzt wurde. ((221)) Als ein wichtiges Argument dafür diente den betreffenden Forschern eine Passage in Homers Epos ,*Ilias*' (II, 203-206), in der der im 8. Jahrhundert v. Chr. lebende und wirkende frühgriechische Sänger und Dichter die Belagerung der kleinasiatischen Stadt Troja in der heutigen Nordwesttürkei durch ein griechisches Bundesheer aus 29 unterschiedlichen Truppenkontingenten schilderte, die allerdings ungefähr 400 Jahre vor seiner eigenen Zeit - nämlich um 1200 v. Chr. – stattgefunden hatte. Zur Disziplinierung der heterogen zusammengesetzten hellenischen Streitmacht unter dem Oberbefehl des mykenischen Fürsten Agamemnon ließ Homer seinen Hel-

den Odysseus in diesem ältesten bekannten Epos des Abend-
landes ausrufen:

„Nicht wir alle sind Könige [basileia] hier, wir Achaier! [=Griechen]
*Niemals frommt Vielherrschaft im Volk, nur einer sei der Herrscher,
einer Basileus allein, dem der Sohn des verborgenen Kronos*
        [griechischer Zeitgott, MK]
Zepter gab und Gesetze, daß ihm die Obergewalt sei. " ((222))

„Die Richtigkeit dieser Übersetzung" und vor allem die
Gleichsetzung von Homers Wort *Basileus* mit ‚König' sei indes *„sehr anfechtbar",* schrieb Morgan im Widerspruch zu
damals führenden Historikern wie George Grote und William
Ewart Gladstone (der zugleich mehrmals britischer Premier-
minister war). Denn es bestehe

*„gar keine Ähnlichkeit zwischen der Basileia der alten Athener und
dem modernen Königtum, (...) [in dem] ein König - umgeben von
einer privilegierten (...) Klasse - durch Edikte und Dekrete nach
seinem eigenen Willen und Gutdünken herrscht und ein erbliches
Herrscherrecht beansprucht. (...) Die konstitutionelle Monarchie ist
ein Produkt der modernen Entwicklung und ganz wesentlich verschieden von der Basilea der Griechen. **Die Basilea war weder eine
absolute, noch eine konstitutionelle Monarchie. "***

Die *„sogenannten Königreiche des heroischen Zeitalters"*
seien vielmehr *„nichts anderes als militärische Demokratien"*
gewesen. Und, so der Anthropologe an anderer Stelle:

„Die Verfassungsform, in der der Rat und die Agora [= Volksversammlung, MK] *neben dem Basileus bestehen blieben, wird genau
und zutreffend als eine **militärische Demokratie** bezeichnet werden
können, während die Anwendung des Ausdrucks Königtum in dem mit
diesem Wort verbundenen Sinne ein Irrtum ist. (...) **Das Volk war ein
freies Volk und der Geist der Verfassung**, worauf es hauptsächlich
ankommt, **demokratisch**. "* ((223))

Marx, Gladstone und die „*Fürstenbedienten*"

Marx zitierte diese Passagen ausführlich in seinen Morgan-Exzerpten und stimmte Morgan vollständig in seiner Interpretation und Kritik an der „*royalistischen*" – so Marx - Interpretation der bürgerlichen Althistoriker zu. „*Die europäischen Gelehrten, meist geborene Fürstenbediente*", so notierte er in seinen Exzerpten,

> „*machen aus dem Basileus einen Monarchen im modernen Sinn. Dagegen Morgan, Yankee, Republikaner; er sagt sehr ironisch, aber wahr, vom öligen Gladstone: ‚Mr. Gladstone präsentiert seinen Lesern (in: ‚Juventus Mundi') die griechischen Häuptlinge des heroischen Zeitalters als Könige und Fürsten, mit der Zugabe, daß sie auch Gentlemen waren'. Selbst er muß aber zugeben: (...) Im Ganzen scheint die Sitte oder das Gesetz der* **Primogenitur** [= Erstgeborenen-Erbfolge, MK] *hinreichend, aber nicht allzu scharf bestimmt vorzuliegen.*"* ((224))

Engels gab diese Anmerkung Marx' im ‚*Ursprung*' wörtlich wieder und fügte noch hinzu:

> „*Es wird wohl dem Herrn Gladstone selbst scheinen, daß eine so verklausulierte Erstgeburtsfolge - hinreichend, wenn auch nicht allzu scharf - geradesoviel wert ist wie gar keine* (MEW 21, S.103).

Marx und Engels machten also - ebenso wie Morgan - die Frage der *Erblichkeit* des frühgriechischen Führungsamtes zu einem ausschlaggebenden Kriterium für seine Beurteilung, und Marx notierte in seinen Exzerpten explizit als Frage:

> „*Ging das Amt des Basileus durch Erbrecht vom Vater auf den Sohn über?*"*,

Er bezeichnete dies unter Hinweis auf Morgan und die nordamerikanischen Indianer als unwahrscheinlich und mutmaßte:

> „*Für die Griechen ist, entsprechend ihren gentilen Institutionen, entweder* **freie Wahl** [des Basileus, MK] *oder Bestätigung des Amtes*

durch das Volk, durch seine anerkannten Organisationen, wie bei römischem Rex, anzunehmen [vgl. MEW 21, S.104].*" ((225))*

Dieses Kriterium der Erblichkeit ist indes, wie wir bereits sahen (vgl. S.135 und 139), nur von beschränkter Aussagekraft, da es historisch und völkerkundlich sowohl viele Häuptlingstümer mit faktischer Vererbung des Häuptlingsamtes wie auch nicht wenige Monarchien mit Herrscherwahl gab. ((226))

Die Griechen vor Troja

„In der ‚Ilias‘ erscheint der Männerbeherrscher Agamemnon nicht als oberster König der Griechen", zitierte Engels im *‚Ursprung'* weiter aus den Abschriften seines verstorbenen Freundes zum trojanischen Krieg,

„sondern als oberster Befehlshaber eines Bundesheers vor einer belagerten Stadt. Und auf diese seine Eigenschaft weist Odysseus hin, als Zwist unter den Griechen ausgebrochen war, in der berühmten Stelle: Nicht gut ist die Vielkommandiererei, einer sei Befehlshaber usw. (wobei noch der beliebte Vers mit dem Zepter späterer Zusatz)." (MEW 21, S.104). ((227))

„Odysseus hält hier keine Vorlesung über eine Regierungsform", gab Engels wörtlich Marx' Kommentar zu diesem Passus wieder,

„sondern verlangt Gehorsam gegenüber dem obersten Feldherrn im Kriege. Für die Griechen, die vor Troja nur als Heer erscheinen, geht es in der Agora [= altgriechische Volksversammlung, MK] *demokratisch genug zu. Achilles, wenn er von Geschenken, d. h. Verteilung der Beute spricht, macht stets zum Verteiler weder den Agamemnon noch einen anderen Basileus, sondern ‚die Söhne der Achaier'* [= Griechen, MK], *d. h. das Volk. (...) Kurz, das Wort* **basileia***, das die griechischen Schriftsteller für das sogenannte homerische Königtum anwenden (weil die Heerführerschaft ihr Hauptkennzeichen), mit Rat und Volksversammlung daneben, bedeutet nur –* **militärische Demokratie***. (Marx)"* (MEW 21, S.104). ((228))

Bis heute umstritten

Über die zitierte ‚*Ilias*‘-Stelle und die genaue gesellschaftliche Position des frühgriechischen *Basileus* diskutiert die Fachwelt bis heute, weil es in Griechenland zur Zeit der Niederschrift der ‚*Ilias*‘ im 8. Jahrhundert v. Chr. wohl tatsächlich keine wirklichen Könige, sondern vielmehr eine Vielzahl miteinander konkurrierender Regionalfürsten und ‚Warlords‘ gab, die sich heftig gegenseitig bekriegten. Homers‘ Epos spielt freilich im 400 Jahre früheren 12. Jahrhundert v. Chr. und damit in der Epoche des archäologisch und historisch bestens bekannten *mykenischen* Königtums, über das im späten 19. Jahrhundert aber noch kaum etwas bekannt war. ((229)) In der um 800 v. Chr. in der frühen Eisenzeit niedergeschriebenen, aber um 1200 v. Chr. in der ausgehenden Bronzezeit spielenden ‚*Ilias*‘ vermischten sich als zwei ganz unterschiedliche Epochen der griechischen Frühgeschichte mit ihren verschiedenartigen kulturellen Merkmalen und Traditionen, und das macht eine zuverlässige historische Interpretation und ‚Entschlüsselung‘ von Homers Epos bis heute schwierig.

Schwindende Gleichheit

Obwohl Marx und Engels bei der Beurteilung der gesellschaftlichen Stellung des *Basileus* Morgan also uneingeschränkt folgten, nahmen sie bei der Gesamtbewertung der ‚*Militärischen Demokratie*‘ als möglicher Übergangsstufe zur Klassengesellschaft und zum Staat wie schon erwähnt aber eine differenziertere und offenere Haltung ein als der amerikanische Anthropologe. So sah Engels im ‚*Ursprung*‘ während dieser Periode

*„bei den Irokesen und Griechen die erste Anlage zu **besondern Adelsfamilien** innerhalb der Gentes, und bei den Griechen noch dazu die erste Anlage einer künftigen **erblichen Führerschaft oder Monarchie**“* (MEW 21, S.104),

die indes noch nicht voll ausgeprägt gewesen seien. Und er charakterisierte die Phase der ‚*Militärischen Demokratie*' im frühen Griechenland zusammenfassend wie folgt:

„*Wir sehn also in der griechischen Verfassung der Heldenzeit die alte Gentilorganisation noch in lebendiger Kraft, aber auch schon den Anfang ihrer Untergrabung: Vaterrecht mit Vererbung des Vermögens an die Kinder, womit die* **Reichtumsanhäufung** *in der Familie begünstigt und die Familie eine Macht wurde gegenüber der Gens; Rückwirkung der Reichtumsverschiedenheit auf die Verfassung vermittelst Bildung der ersten* **Ansätze zu einem erblichen Adel und Königtum**" (MEW 21, S.105).

Engels weiter im Hinblick auf das frühe Athen:

„*Sie* [die Bevölkerungseinteilung des legendären Stadtgründers Theseus, MK] *zeigt, daß die gewohnheitsmäßige* **Besetzung der Gentilämter aus gewissen Familien** *sich bereits zu einem wenig bestrittenen Anrecht dieser Familien auf die Ämter ausgebildet hatte, daß diese Familien - ohnehin mächtig durch Reichtum - anfingen, außerhalb ihrer Gentes sich zu einer eignen* **bevorrechteten Klasse** *zusammenzutun, und daß der eben erst* **aufkeimende Staat** *diese Anmaßung heiligte*" (MEW 21, S.108).

Insgesamt also eine deutlich kritischere Bewertung der damaligen Verfassungsordnung als bei Morgan, der jegliche kausale Verknüpfung von Gentilgesellschaft und späterer Klassenherrschaft sowie insbesondere Monarchie grundsätzlich ablehnte (vgl. S.164/165).

Kritischer Marx

Auch Marx beschäftigte sich in den ethnologisch-anthropologischen Studien während seiner letzten Lebensjahre (1880 bis 1883 - vgl. Teilband 4, Kapitel 4) immer wieder mit der wachsenden Macht und der im Laufe der Zeit immer üblicher werdenden Vererbung der Führungsämter in diversen vorstaatlichen Kulturen, und hinterfragte dabei auch kritisch Morgans Credo von der beständigen Überwachung und lückenlosen

gesellschaftlichen Kontrolle der Stammesoberhäupter. ((230))
So vermerkte er etwa im Hinblick auf die *„Macht der irischen Häuptlinge"* im frühen Mittelalter,

„der chief - sei es der gens, sei es des tribe [= Stammes, MK] *- [sei] theoretisch gewählt, praktisch [aber] in der Familie vererbbar"* gewesen – *„meist ältester Sohn, relativ selten Onkel",* wobei das Amt *„immer theoretisch elective* [= ein Wahlamt, MK] *bleibt."*

„Primogenitur [= Erstgeburtsfolge, MK] *war unbekannt den Griechen und Römern und Semiten (Juden u. a. auch)",* so Marx andernorts in seinen Exzerpten,

„aber wir finden als familiäre Tatsache, daß des letzten Königs ältester Sohn ihm folgt; die griechischen Philosophen spekulieren auch, daß in älteren Zuständen der Gesellschaft kleinere Gruppen, Familien und Dörfer regiert wurden von ältestem Sohn nach ältestem Sohn."

Die Verfassung des Theseus im frühen Athen (vgl. MEW 21, S.108) scheine überdies, wie Marx anmerkte,

*„**trotz Morgan** darauf hinzuweisen, daß die chiefs der gentes etc. durch Reichtum etc. bereits in **Interessenkonflikt** mit der Masse der gentes geraten, was unvermeidlich bei Privateigentum in Häusern, lands, Herden, verbunden mit monogamischer Familie."* - *„Die **Eigentumsdifferenz** in selber gens hatte Einheit ihrer Interessen in **Antagonismus** ihrer members* [= Mitglieder] *verwandelt; außerdem war neben Land und Vieh **Geldkapital** entscheidend wichtig geworden, mit Entwicklung der **Sklaverei"*** (vgl. MEW 21, S.169/70).

Und im Hinblick auf die germanischen Stämme des *Tacitus* kurz nach der Zeitwende (vgl. S.140 ff.) sprach Marx wörtlich von einem

*„**Übergangsstadien zwischen einem gentilen und einem politischen System.** Die Einteilung des Volkes [indes] beruht noch auf der Blutsverwandtschaft."* ((231))

„*Princeps*" Privateigentum

Man könnte aus diesen Anmerkungen und Kommentaren von Marx, die Engels im ‚*Ursprung*' zum Teil aufgriff und detaillierter ausführte (MEW 21, S.158 ff.), den Eindruck gewinnen, der Begründer des Marxismus habe die moderne anthropologische Konzeption des Häuptlingstums *(chiefdom)* als einer Art Vorstufe der Monarchie und Übergangsstadium zwischen akephaler und staatlich organisierter Gesellschaft (vgl. S.73 und 157) vor über 140 Jahren selbst schon ein Stück weit vorweggenommen, wie dies unter anderem der Herausgeber seiner ethnologischen Exzerpte - Lawrence Krader - annahm. ((232))

   Freilich muß man dabei berücksichtigen, dass Marx entsprechend seiner Grundüberzeugung von der Abhängigkeit des politischen *Überbaus* jeder Gesellschaft von ihrer ökonomischen *Basis* (vgl. S.117 und Teilband 1 dieser Studie, S.54 bis 58) auch bei der Beurteilung der Gentilgesellschaft den Gesichtspunkt des „*Sondereigentums*" (MEW 21, S.156) und der *materiellen* Privilegien der Stammesoberhäupter als den ausschlaggebenden Faktor für die Konsolidierung und Erweiterung ihrer Machtposition ansah und in den Mittelpunkt seiner Überlegungen stellte.

   Nach seiner Überzeugung entstanden demzufolge auch die Anfänge von Macht und Herrschaft in den frühen Kulturen vor allem durch den sich herausbildenden *Privatbesitz* und Reichtum der Stammesoberhäupter und ihrer Familien beispielsweise an Land oder Vieh (vgl. MEW 21, S.156). Die Möglichkeit, dass sich die gesellschaftlichen Sonderfunktionen und „*Beamtungen*" allein schon durch die mit ihnen verbundene und ihnen innewohnende Autorität und „*Machtvollkommenheit*" (so Engels' im ‚*Anti-Dühring*', MEW 20, S.167) aus sich selbst heraus zur Herrschaft und schließlich Staatlichkeit fortentwickelt haben könnten, erschien Marx vor dem Hintergrund dieser sozialökonomischen Prämisse offenbar schlicht undenkbar. Vielmehr kritisierte und verspottete er den englischen Rechtshistoriker und Anthropologen Henry Sumner Maine in seinen Exzerpten aus dessen ‚*Lectures on the Early History of Institutions*' (1875) fast schon mitleidig dafür, dass er die Abhängigkeit des politischen Überbaus von der ökonomischen Basis nicht begriffen, sondern vielmehr auf den Kopf gestellt habe. *„Der unglückliche Maine"*, so kommentierte Marx in seinen Abschriften,

*„hat keine Ahnung davon, daß da, wo **Staaten** existieren (nach den primitiven Gemeinschaften etc.), i. e. eine organisierte Gesellschaft, der Staat keineswegs der Princeps* [= Beherrscher, MK] *ist; er scheint nur so. (...) Klasseninteressen etc. (...) in letzter Instanz haben alle **ökonomische Bedingungen** zur Basis. Auf diesen als Basen baut sich der Staat auf und setzt sie voraus. (... [Maines] Grundfehler ist, daß die political superiority* [= Überordnung, MK] - *was immer auch ihre besondere Form und die Zusammensetzung ihrer Einzelelemente sei - als etwas über der Gesellschaft Stehendes, auf sich selbst Beruhendes angesehen wird."* ((233))

Engels' Positionswechsel

Auch Engels ließ die 1878 im *‚Anti-Dühring'* noch nachdrücklich von ihm vertretene Auffassung, die beamteten *„ursprünglichen Diener der Gesellschaft"* hätten sich kraft eigener *„Machtvollkommenheit"* allmählich in deren *„Herrn"* verwandelt (MEW 20, S.166; vgl. Teilband 4 dieser Studie, S.62/63), sechs Jahre später im *‚Ursprung'* weitgehend unter den Tisch fallen. ((234)) In seinem dortigen Abschlußkapitel über *„Barbarei und Zivilisation"*, aber auch in den historischen Einzelkapiteln über das antike Griechenland und Rom erklärte er die Herausbildung der Klassengesellschaft und des Staates vielmehr allein noch aus der Entwicklung des Privateigentums und dem politischen Bedürfnis der durch individuelle Warenproduktion, Handel und Sklaverei entstandenen *„neuen Reichtumsaristokratie"* (MEW 21, S.158 und 162) nach einer *„Maschine zur Niederhaltung der unterdrückten, ausgebeuteten Klasse"* (MEW 21, S.170/71; vgl. S.148-151). Ausschließlich aus diesem durch die Privatökonomie und Profitwirtschaft neu entstandenen Herrschaftsbedürfnis sei das politische Repressionsinstrument des Staates hervorgegangen, ja geradezu in einem gezielten Willensakt geschaffen oder *„erfunden"* worden, wie Engels im *‚Ursprung'* wörtlich schrieb (MEW 21, S.106).

Damit aber schloß er ebenso wie Marx faktisch alle Formen einer genuin *personalen* politischen Herrschaft, die nach einem Terminus Max Webers auch als ‚*charismatisch*‘ bezeichnet wird (vgl. Zitate unten und rechts), von vorn herein und gewissermaßen per Definition aus dem Spektrum der möglichen Herrschaftsquellen und Ursprünge des Staates aus.

Gerade solche Formen individueller, ‚*charismatischer*‘ Führerschaft und schließlich Herrschaft spielten aber, wie die jüngere ethnologische Forschung gezeigt hat, eine ganz wesentliche Rolle bei der Verwandlung archaischer Stammeskulturen mit ihrem oft nur rudimentären Privateigentum (vgl. S.37 und 134) in hierarchische und schließlich herrschaftlich oder frühstaatlich strukturierte Gesellschaften, und es wäre gewiß ein Fehler, diese gesicherten und vielfach bestätigten Erkenntnisse der modernen Anthropologie in einer marxistisch inspirierten Geschichtstheorie mit Aktualitätsanspruch nicht zur Kenntnis zu nehmen. ((235))

Max Weber über ‚*Charismatische Herrschaft*‘

Alle Zitate aus: Max Weber, Wirtschaft und Gesellschaft – Grundriss der verstehenden Soziologie (Tübingen 1921). Hier zit. n. der Neuausgabe in einem Band, Frankfurt/Main 2010, S.179-187.

Nach Max Weber basiert die von ihm als ‚*charismatisch*‘ bezeichnete Herrschaft auf „*einer als magisch bedingt geltenden Qualität einer Persönlichkeit, um derentwillen sie als mit übernatürlichen oder übermenschlichen, (…) nicht jedem andern zugänglichen Kräften oder Eigenschaften begabt (…) und deshalb als ‚Führer‘ gewertet wird* [vgl. S.103-105]. *(…) Bleibt die Bewährung dauernd aus, zeigt sich der charismatisch Begnadete von seinem Gott oder seiner magischen oder Heldenkraft verlassen, bleibt ihm der Erfolg dauernd versagt,* **bringt seine Führung kein Wohlergehen für die Beherrschten**, *so hat seine charismatische Autorität die Chance, zu schwinden.*" (Weber S.179; vgl. vorliegender Band S.115)

„Der **Verwaltungsstab** des charismatischen Herrn ist kein ‚Beamtentum‘, (...) sondern er ist seinerseits nach charismatischen Quellen ausgelesen: dem ‚Propheten‘ entsprechen die ‚Jünger‘, dem ‚Kriegsfürsten‘ die ‚Gefolgschaft‘ [vgl. S.139 ff., MK], dem ‚Führer‘ überhaupt: ‚Vertrauensmänner‘." (Weber S.180)

„Charisma ist typische **Anfangs**erscheinung religiöser (prophetischer) oder politischer (Eroberungs-) Herrschaften, weicht aber den Gewalten des Alltags, sobald die Herrschaft gesichert ist und, vor allem, sobald sie **Massen**charakter angenommen hat." (Weber S.187)

„In ihrer **genuinen** Form ist die charismatische Herrschaft (...) streng persönlich, an die Charisma-Geltung persönlicher Qualitäten und deren Bewährung geknüpft. (...) Nimmt sie den Charakter einer **Dauer**beziehung – ‚Gemeinde‘ von Glaubensgenossen oder Kriegern oder Jüngern - (...) an, so muß [sie] ihren Charakter wesentlich ändern: Sie wird traditionalisiert oder rationalisiert (legalisiert)", „etwa durch die Vorstellung, daß das Charisma eine (...) seitens eines Trägers [durch persönliche Designation und Inthronisation eines Nachfolger oder durch Abstammung] auf andere übertragbare oder erzeugbare (...) Qualität sei: Versachlichung des Charisma insbesondere [Erb-, MK oder] Amtscharisma. (...) Wichtigstes Beispiel: Das priesterliche Charisma, durch Salbung, Weihe oder Händeauflegen, [und] das königliche, durch Salbung und Krönung übertragen oder bestätigt [vgl. S.114, MK] (...) Der Legitimitätsglaube gilt dann nicht mehr den charismatischen Qualitäten der **Person**, sondern den erworbenen Qualitäten und der Wirksamkeit der hierurgischen [= Verehrungs]Akte." (Weber S.182 und 184)

„Reines Charisma ist spezifisch **wirtschaftsfremd**. (...) Es verschäht und verwirft, im reinen Typus, die ökonomische Verwertung der Gnadengaben als Einkommensquelle - was freilich oft mehr Anforderung als Tatsache bleibt. (...) Der Kriegsheld und seine Gefolgschaft suchen Beute [vgl. S.140, MK], der plebiszitäre Herrscher oder charismatische Parteiführer materielle Mittel ihrer Macht, der erstere außerdem: materiellen Glanz seiner Herrschaft zur Festigung seines Herrenprestiges. Was sie alle verschmähen (...) ist: die traditionale oder rationale **Alltagswirtschaft**, die Erzielung von regulären ‚Einnahmen‘ durch eine darauf gerichtete kontinuierliche wirtschaftlicheTätigkeit. Großmäzenatische Schenkung, Stiftung, Bestechung (...) sind die typischen Formen der charismatischen Bedarfsdeckung." (Weber S.181)

Der „*Heerführer*" als Macht- und Herrschaftsquelle

Eine einzige markante Ausnahme von ihrer ansonsten fast aus-schließlich ‚ökonomischen' Herleitung und Erklärung der Herrschaftsverhältnisse und der Staatsentstehung aus dem Privateigentum machten Marx und Engels indes, und diese betraf das Amt des *Kriegsführers* als potentielles Machtzentrum und Quelle der Herrschaftsbildung (vgl. Kapitel 6). Wir haben bereits zu Beginn dieses Kapitels die offenkundig zustimmende Anmerkung von Marx in seinen Morgan-Exzerpten zitiert:

*„Basileia, angewandt von den griechischen Schriftstellern für das homerische Königtum (weil **Heerführerschaft sein wichtigstes Merkmal**), mit [Rat] und agora ist – eine Sorte militärischer Demo-kratie. "*

Wenige Seiten später notierte Marx, der altgriechische Philo-soph Aristoteles habe dem Basileus *„keine bürgerlichen Funk-tionen "* zugeschrieben, und exzerpierte weiter aus Morgan:

„Ein wählbarer Archon [= altgriechischer Exekkutivbeamter, MK] *folgte bei den **Athenern** dem Basileus; dieser selbst war auf der Oberstufe der Barbarei, was in deren Mittelstufe der Teucli (Großer Krieger, verbunden mit den Funktionen eines Priesters) im **Azteken-bund** gewesen war; dieser hinwiederum ist auf der Unterstufe der Barbarei der Große Krieger, wie z. B. im **Irokesenbund,** und dieser selbst entsprang aus dem gewöhnlichen Kriegshäuptling des Stam-mes. "* ((236))

Mit der Gleichsetzung bzw. Parallelisierung dieser verschiede-nen Kriegsämter bei den antiken Griechen, den Azteken und den neuzeitlichen Irokesen universalisierte Marx Morgan fol-gend die vermutete Entwicklungslinie von militärischen Füh-rungs- zu politischen Herrschaftsämtern und erklärte sie indi-rekt für generell gültig. Und das Gleiche tat auch Engels, wenn er im *‚Ursprung'* schrieb:

„Der [Irokesen]*Bund hatte (...) zwei oberste Kriegsführer, mit glei-chen Befugnissen und gleicher Gewalt (die beiden ‚Könige' der Spar-taner, die beiden Konsuln in Rom)"*, und: *„**Der Heerführer des Volks – rex, basileus, thiudans – wird unentbehrlicher, ständiger Beamter"*** (MEW 21, S.94 und S.159).

Zwar gebe es in vielen nordamerikanischen Indianerstämmen auch noch einen zivilen *„Oberhäuptling"*, so zitierte er Morgan,

*„dessen Befugnisse indessen sehr gering sind. Es ist einer der **Sachems** [vgl. S.39/40, MK], der in Fällen, die rasches Handeln erfordern, provisorische Maßnahmen zu treffen hat bis zu der Zeit, wo der Rat sich versammeln und endgültig beschließen kann. Es ist ein schwacher, aber in der weitren Entwicklung meist **unfruchtbar gebliebner Ansatz** zu einem Beamten mit vollstreckender Gewalt; dieser hat sich vielmehr, wie sich zeigen wird, in den meisten Fällen, wo nicht überall, aus dem **obersten Heerführer** entwickelt"* (MEW 21, S.93). ((237))

Diese Auffassung äußerte Engels im ‚Ursprung' noch mehr-fach und im Hinblick auf ganz unterschiedliche Völker und Kulturen - so schrieb er etwa im Bezug auf die antiken Germa-nen:

„Bünde von Stämmen hatten sich seit Cäsars Zeit [um 50 v. Chr., MK] *ausgebildet; bei einigen von ihnen gab es schon Könige; **der oberste Heerführer,** wie bei Griechen und Römern, **strebte bereits der Tyrannis zu** und erlangte sie zuweilen. Solche glücklichen Usur-patoren waren nun keineswegs unbeschränkte Herrscher; aber sie fingen doch schon an, die Fesseln der Gentilverfassung zu brechen, (und) (...) gleiches geschah nach der Eroberung des Römerreichs von den nun **zu Königen großer Länder gewordnen** [germanischen, MK] **Heerführern"*** (MEW 21, S.139; vgl. S.92).

In seinem zusammenfassenden, nicht mehr einer einzelnen Kultur und Gesellschaft gewidmeten, sondern die vermutete allgemeine Entwicklung nachzeichnenden Schlußkapitel ‚Bar-barei und Zivilisation' beschrieb Engels den Mechanismus der Macht- und Herrschaftsbildung aus dem Amt des Kriegsführers schließlich wie folgt:

„Die Raubkriege erhöhen die **Macht des obersten Heerführers** *wie die der Unterführer; die gewohnheitsmäßige Wahl der Nachfolger in denselben Familien geht allmählich über in (...) Erblichkeit; die* **Grundlage des Erbkönigtums** *und des Erbadels ist gelegt. So reißen sich die Organe der Gentilverfassung allmählich los von ihrer Wurzel im Volk, in Gens, Phratrie, Stamm, und die ganze Gesellschaft verkehrt sich in ihr Gegenteil: Aus einer Organisation von Stämmen zur freien Ordnung ihrer eignen Angelegenheiten wird sie eine Organisation zur Plünderung und Bedrückung der Nachbarn, (...) der Herrschaft und Bedrückung gegenüber dem eignen Volk"* (MEW 21, S.160).

In ganz ähnlichen Formulierungen beschreiben auch heutige Anthropologen die Entstehung hierarchisierter Häuptlingstümer *(chiefdoms)* aus egalitären Stammeskulturen als Vorläufer und Übergangsstadium zu späteren Königtümern und primitiven Staaten (vgl. Kapitel 10). Nur beschränken sie dabei den Mechanismus der Herrschaftsbildung nicht allein auf militärische Faktoren und Funktionen, sondern beziehen in gleichem Maß auch ,zivile' Ämter und Aufgabenbereiche innerhalb sich entwickelnder Stammesgesellschaften in den Macht- und Herrschaftsbildungsprozeß mit ein (vgl. Kapitel 7 und 8).

Militärische versus ,zivile' Herrschaft

Marx und Engels waren mit ihrer skizzierten ,Heerführertheorie' also durchaus auf einer richtigen und zukunftsweisenden Spur, doch sie erklärten die von ihnen bereits zutreffend erkannte Tendenz zur Machtkonzentration in den entwickelten Gentilgesellschaften zu einseitig und monokausal allein aus militärischen Faktoren. Diese irrige Grundprämisse, dass politische und religiöse oder andere ,zivile' Funktionen kaum eine Rolle bei der Staats- und Herrschaftsbildung in frühen Gesellschaften gespielt hätten, zieht sich wie ein roter Faden durch den gesamten *,Ursprung'* und steht in auffälligem Kontrast zu Engels' sechs Jahre zuvor verfaßtem *,Anti-Dühring'*, in dem er noch vorwiegend ,zivile' Aufgaben und Funktionen für den Machtzuwachs und die *„Verselbständigung"* der gesellschaftlichen „*Beamtungen*" verantwortlich gemacht hatte (MEW 20, S.166/167; siehe vorliegenden Band S.86/87).

Engels hatte seine neue ‚Heerführertheorie' wie so viele andere Gedanken und Hypothesen im ‚*Ursprung*' erklärtermaßen nicht selbst entwickelt, sondern nahezu unverändert und in zum Teil fast identischer Formulierung von Morgan übernommen, der in sein ‚*Urgesellschaft*' schrieb:

> „*Unter einem Bund von Stämmen tauchte* [bei den Irokesen, MK] *das Amt eines* **Oberfeldherrn** *(‚Großer Krieger'), zuerst auf. (...) Die Erhebung dieses Amtes zu einer dauernden Einrichtung war ein großes Ereignis in der Geschichte des menschlichen Fortschritts. (...) Dies neue Amt war der* **Keim des Amtes einer obersten Exekutivbehörde**, *denn* **aus dem Heerführer wurde (...) der König, der Kaiser, der Präsident.** *Das Amt entsprang den militärischen Erfordernissen der Gesellschaft und hatte eine logische Entwicklung (...) vom ‚Großen Krieger' der Irokesen durch den Teuctli der Azteken bis zum Basileus der Griechen und dem Rex der römischen Stämme; bei allen diesen Volksstämmen war während drei aufeinander folgender Kulturperioden das Amt das gleiche, nämlich das eines* **Heerführers in einer militärischen Demokratie.**" ((238))

Engels' Übernahme dieser einseitigen Fixierung Morgans auf militärische Führungsämter als Keim und Hauptansatzpunkt der Staats- und Herrschaftsbildung hatte vermutlich politische Hintergründe (vgl. S.208/209), aber sie fiel ihm sicher nicht zuletzt auch umso leichter, da er vor dem Hintergrund seiner persönlichen Erfahrungen als berittener Adjutant in einem Aufständischenkorps während der 1848er Revolution ohnehin ein lebenslanges Interesse an militärischen Fragen und Themen hegte, das ihm im Bekanntenkreis den Spitznamen ‚*General*' (zumeist englisch ausgesprochen: „*dscheneräl*") einbrachte (vgl. Teilband 2 dieser Studie, S.13).

Für die weitere Entwicklung der marxistischen Geschichts- und Staatstheorie sollte sich diese einseitige Betonung kriegerischer Faktoren bei der Staats- und Herrschaftsbildung indes als eine schwere und folgenreiche Hypothek erweisen, denn gerade in den ältesten Klassengesellschaften und Staaten der Menschheitsgeschicht erwuchsen, wie wir in Kapitel 7 und 8 sahen, die politische und ökonomische sowie letztlich die staatliche Macht in gleichem Maß auch aus ‚zivilen‘ und religiösen wie aus militärischen Führungsämtern und -aufgaben. Beispiele für vorwiegend kriegerisch begründete Herrschaftsbildungen wie die asiatischen Nomadenreiche oder den Staat der *Zulu* im 19. Jahrhundert (vgl. S.92/93) gab es in der Menschheitsgeschichte zwar selbstverständlich auch zuhauf, doch dominierten sie keineswegs so ausschließlich wie von Morgan, Marx und Engels angenommen, und wurden nach der Etablierung der herrschaftlichen Macht häufig auch rasch religiös überformt und überprägt wie beispielweise in Ägypten und Mesopotamien.

Ein problematischer Begriff

Aus diesem Grund paßt auch der Begriff der ‚*Militärischen Demokratie*‘ als Bezeichnung für die letzte und höchste Entwicklungsstufe der ‚Gentilgesellschaft‘ zwar durchaus für die durchmilitarisierten und von beständigen Kriegen, bewaffneten Raubzügen und Adelskämpfen um die Herrschaft geprägten Gesellschaften des homerischen Griechenlands (vgl. S.169) oder frühen Roms, wo

„der Krieg und die Organisation zum Krieg (...) regelmäßige Funktionen des Volkslebens“ und *„Raubkriege stehender Erwerbszweig“*

waren, wie Engels im ‚*Ursprung*‘ (MEW 21, S.159/60) richtig schrieb. Er ist sicherlich auch passend für die von Engels gleichfalls beschriebenen germanischen Völker und Stämme, die in der Völkerwanderungszeit (4. bis 6. Jahrhundert n. Chr.) halb Europa eroberten und in ihrer Frühzeit in voller Bewaffnung in der Volksversammlung erschienen, um dort ihre Zustimmung zu Redebeiträgen durch lautes Aneinanderschlagen ihrer Speere kundzutun, denn *„die ehrenvollste Art der Zustimmung ist der mit den Waffen bekundete Beifall“*, wie der römische Historiker Tacitus um 100 n. Chr. schrieb. ((239))
    Von ‚*Militärischer Demokratie*‘ läßt sich kurz gesagt am ehesten im Bezug auf die frühgeschichtlichen Völker und Kulturen Europas in den Jahrhunderten vor und nach der Zeitwende sprechen, deren Übergang zur Staatlichkeit und Zivilisa-

tion Engels anhand der Beispiele des antiken Griechenland und Rom sowie der *„Deutschen"* (= Germanen) ja auch in den Mittelpunkt der historischen Kapitel des ‚*Ursprung*' stellte. Der Begriff paßt dagegen nicht für die oft deutlich anders strukturierten Kulturen in weiten Teilen des globalen Südens und Ostens, die er in seiner Schrift nahezu vollständig ausblendete – wohl, weil zur damaligen Zeit nur wenig über ihre Frühgeschichte bekannt war (vgl. Teilband 4 dieser Studie über den Orient).

Von ‚*Militärischer Demokratie*' läßt sich beispielsweise kaum im Hinblick auf die mehr als zwei Jahrtausende älteren Stadtstaaten der Sumerer im Mesopotamien des frühen 3. Jahrtausends v. Chr. (vgl. S.100) oder die Tempelstädte der Maya im alten Mesoamerika sprechen, die sehr viel stärker durch theokratische Gottkönigtümer und bürokratische Zentralverwaltungswirtschaften als durch militärische Führer und Gefolgschaften geprägt waren (vgl. S.103/104). In ihnen spielte die organisierte Kriegsführung als chronische Dauererscheinung und regelmäßige Bereicherungsquelle (MEW 21, S.159f.) nur eine sehr viel geringere Rolle als in den von Engels beschriebenen frühgeschichtlichen Gesellschaften Europas ((240)) - ja, der bereits wiederholt zitierte amerikanische Anthropologe Elman Service sprach im Hinblick auf die frühen Kulturen Vorderasiens und Altamerikas sogar von frühstaatlichen Gesellschaften, die „sehr stabil und wahrscheinlich sogar befriedet sein konnten", und von einer „relativ friedlichen, theokratischen Herrschaftsweise des Häuptlingstums." ((241))

Möglicherweise verallgemeinerte der Forscher hier sein vorwiegend am Beispiel außereuropäischer Kulturen entwickeltes *chiefdom*-Modell (vgl. S.73 und Kapitel 10) in ähnlicher Weise zu stark wie Morgan und Engels ihr anhand der Irokesen und der frühgeschichtlichen Kulturen Europas entworfenes Konzept des Kriegsführertums und der ‚*Militärischen Demokratie*'. Und doch treffen Services' Feststellungen und Hypothesen mit einiger Sicherheit auf weite Teile der außereuropäischen Welt und vor allem auf die Kulturen des Alten Orients, Altamerikas und auch vieler afrikanischer und pazifischer Königtümer und Proto-Staaten zu, wie man auch in der jüngeren sowjetischen und DDR-Forschung zum Teil erkannte.

Diskussionen in der sowjetischen und DDR-Forschung

So hieß es etwa in einem 1982 unter der Leitung des Archäologen Heinz Grünert entstandenen offiziellen DDR-Hochschullehrbuch, in der marxistischen Forschung sei die Frage

„umstritten, ob die Gesellschaftsverhältnisse der sich auflösenden Urgesellschaft in Amerika als militärische Demokratie charakterisiert werden können. Wegen der **Machtstellung der Priester**, welche die politische und religiöse Macht ausübten, wurde auch die Bezeichnung **‚theokratische Demokratie‘** in Erwägung gezogen."

Und im Hinblick auf den Begriff der *‚Militärischen Demokratie‘* im allgemeinen schrieben die DDR-Forscher, er sei

„bisher nicht in dem Maße untersucht und verallgemeinert worden, daß er als eine Kategorie der marxistisch-leninistischen Geschichtswissenschaft gelten könnte. Offenbar hat besonders die **Vielgestaltigkeit der Auflösung gentilgesellschaftlicher Verhältnisse** bei den einzelnen Stämmen und Völkern einer umfassenden vergleichenden Betrachtung und deshalb auch einer generellen Anwendung dieses Begriffs entgegengestanden - umso mehr, als der **Anteil des kriegerischen Faktors** dabei quellenbedingt **nicht immer eindeutig** herausgearbeitet werden konnte."

Die Autoren des DDR-Lehrbuchs weiter:

„Unter den marxistischen Gesellschaftswissenschaftlern, die insgesamt keine einheitliche Position zur Konzeption der militärischen Demokratie besitzen und sie teilweise ablehnen, waren bisher mehr Archäologen und Historiker (…) geneigt, die Auflösungsperiode der Urgesellschaft als militärische Demokratie zu bezeichnen, als Ethnographen, die bei der Einschätzung sich auflösender tribaler Verhältnisse (…) vielfach den Begriff ganz vermeiden. Entsprechend uneinheitlich ist die Heranziehung dieser Bezeichnung als Kriterium in der Periodisierung der Urgesellschaft." ((242))

Bereits zwölf Jahre zuvor (1970) hatte der in Halle tätige Altorientalist Burchard Brentjes auf einem DDR-Wissenschaftskongreß von einer

„**Vielzahl konkreter Staatsbildungen** und dementsprechend differenzierter Ausgangsstrukturen der alten Klassengesellschaft" und von „**hunderten Übergangsformen** [bei der] Entstehung der Klassengesellschaft und des Staates in Asien und Afrika" gesprochen, „zwischen denen zum Teil größere Unterschiede bestehen als zwischen den drei von Engels genannten Hauptformen - der attischen, der römischen und der germanischen." ((243))

Unterschiedliche Auffassungen

Sehr deutlich zeigten sich die differierenden Positionen in dieser Frage bei einem großen DDR-Wissenschaftskongreß zum 100. Jahrestag der Veröffentlichung des ‚*Ursprung*' im November 1984 in Dresden. Während die einflußreiche Ost-Berliner Ethnologin Irmgard Sellnow dort allen Theorien von einem „Stamm- oder ‚Häuptlingsstaat'" eine deutliche Absage erteilte und sich ausdrücklich auch dagegen aussprach, eine „gesellschaftliche Übergangsperiode" wie die ‚*Militärische Demokratie*' „zu einer Ordnung eigener Art zu erheben", tat ihr nicht minder prominenter Prähistoriker-Kollege Friedrich Schlette aus Halle bereits im darauffolgende Vortrag genau dies, indem er die ‚*Militärische Demokratie*' „nicht allein als eine Überbauerscheinung, sondern als eine sozial-ökonomische Erscheinung mit einem entsprechenden Überbau" bezeichnete und damit als eigene Entwicklungsstufe. ((244))
        Auch das bereits zitierte DDR-Hochschullehrbuch aus dem Jahr 1982 bewertete

„die unter dem Terminus Militärische Demokratie erfaßten gesellschaftlichen Prozesse [als] durchaus geeignet, die späte Periode der Urgesellschaft umfassend zu charakterisieren. In ihr vollzogen sich nicht nur schlechthin Verfall und Auflösung der Gentilordnung, sondern wurden die Grundlagen für den gesellschaftlichen Fortschritt, für den Übergang zu Klassengesellschaft und Staat gelegt. Damit erweist sich diese Periode als eine stark **formative Entwicklungsstufe**." ((245))

Im Gegensatz dazu hieß es in dem 1960 erstmals erschienenen und 1981 neu aufgelegten Band 1 des offiziellen ‚*Lehrbuchs der Deutschen Geschichte'* der Akademie der Wissenschaften der DDR:

„Die militärische Demokratie war **keine Übergangsperiode** zwischen der Urgesellschaft und der Klassengesellschaft. Sie (…) war eine Erscheinung des politischen und rechtlichen Überbaus, die der Zersetzung der alten Produktionsverhältnisse in der Verfallszeit der Urgesellschaft entsprach." ((246))

Eine russische Stimme

Den Vogel schoß bei der Dresdener Tagung 1984 aber der Moskauer Forscher Abram I. Persic ab, der die *‚Militärische Demokratie'* entgegen letzterer Auffassung und ähnlich wie Schlette und Grünert gleichfalls als

„die **Epoche des Übergangs** von der klassenlosen Gesellschaft zur Klassengesellschaft, das heißt von der Gentilgesellschaft zum Staat"

bezeichnete. Darüber hinaus stellte er aber wie schon Brentjes 1970 (vgl. S.183) ihre „historische Universalität" in Frage und konstatierte, dass den jüngeren weltweiten Studien zufolge

„der Grad der militärischen Aktivität in den verschiedenen synstadialen Gesellschaften der Epoche des Zerfalls der Urgemeinschaft (…) sehr unterschiedlich war. In vielen dieser Gesellschaften konnten sich **von der militärischen Stammesorganisation abweichende Formen einer vorpolitischen Organisation** herausbilden. So [verblieb] beispielsweise in Polynesien (…) auf der Mehrzahl der Inseln die Macht anscheinend in den Händen des alten stammesgentilen Adels und nahm sakralen Charakter an. Im Subsaharagebiet Afrikas ist ebenfalls nicht das Vorherrschen von militärischen Führungen festzustellen, (…) sondern von **sakralen Führungen.**"

Ebenso müsse auch das von Morgan entwickelte und von Marx und Engels in den Grundzügen übernommene politische Verfassungsmodell der *Militärischen Demokratie* „in Form einer Triade aus dem Rat der Führer, oberstem Heerführer und Volksversammlung" als „verbindlicher Standard der Organisation der Macht in dieser Zeit" auf den Prüfstand gestellt werden. Tatsächlich, so Persic,

„war der Heerführer [nur] in einzelnen Fällen, wie z. B. bei den alten Griechen, den alten Römern, den Germanen und den *Zulu* [vgl. S.92, MK] (…) der alleinige Führer. In anderen Fällen, wie z. B. bei den Tonganern, teilte er seine Macht mit der des zivilen Herrschers."

Dabei sei in beiden Fällen das ‚demokratische' Element innerhalb der *Militärischen Demokratie* bereits weitgehend ausgehebelt und faktisch kaum mehr existent gewesen, wie dies ja auch schon Marx und Engels (im Gegensatz zu Morgan) ein Stückweit erkannten und formulierten (vgl. S.169-171).

„Starres Schema"

„Das von Morgan entworfene **starre Schema** der Evolution der Macht in der zerfallenden Urgesellschaft (…) hat sich [deshalb] durchaus nicht bestätigt",

urteilte der sowjetische Forscher vor dem vermutlich verblüfften Auditorium des offiziellen DDR-Jubiläumskongresses, sondern die jüngeren Erkenntnisse hätten

„gezeigt, daß die Realität **komplizierter und variantenreicher** war, als es das anhand des im 19. Jahrhundert verfügbaren Materials entworfene starre Schema der Militärischen Demokratie erscheinen ließ."

„Aufgrund der bisher erzielten historisch-ethnographischen Ergebnisse" könne man

„annehmen, daß die **militärische Stammesorganisation** - wenngleich sie einen der besonders universalen Mechanismen bei der Herausbildung von Klassen und des Staates darstellt - nicht der einzige, invariante Weg war, der dazu führte. Es ist möglich, daß sie auch **keine universale weltgeschichtliche Epoche** war. (…) [Vielmehr] konnten **auch andere Wege oder Varianten** der Klassenpolitogenese [= Klassenbildung, MK] überwiegen, bei denen beispielsweise der alte Gentiladel in den Vordergrund rückt."

„Ich meine", so Persics Fazit,

„daß die Kanonisierung dieses [Morganschen] Schemas für die Weiterentwicklung der Marxschen Konzeption von der Herausbildung der Klassen und des Staates hinderlich wäre und nur den Gegner der Marxschen Konzeption dienen würde." ((247))

Im Grunde genommen lassen sich diese damaligen Ausführungen des sowjetischen Forschers als ein bemerkenswertes Plädoyer für eine weiter gefaßte und offenere Konzeption der Zwischenstufe zwischen akephaler ‚Ur‘- oder Stammesgesellschaft und vollständig entwickeltem Staat auffassen, wie sie von Anthropologen in Ost und West schon seit längerem als analytisch notwendig erachtet wurde (vgl. S.157/58). Die genauen Abgrenzungen und möglichen Erscheinungsformen einer solchen ‚protostaatlichen‘ Übergangs- und Zwischenstufe bleiben dabei bis heute im einzelnen schwer zu bestimmen und lassen sich möglicherweise auch gar nicht wirklich weltweit und universell verbindlich festlegen. Feststehen dürfte aber trotz aller Unsicherheiten, dass die kulturgeschichtliche Entwicklungsepoche der ‚Zivilisation‘ und die von Anbeginn mit ihr verbundenen sozialökonomischen und politischen Strukturen der Klassengesellschaft und des Staates in den allermeisten Fällen keineswegs abrupt und gewissermaßen ‚aus dem Nichts‘ heraus entstanden, sondern das Ergebnis eines längeren und komplexen Entwicklungsprozesses mit unterschiedlichen Zwischenstufen und evolutionären Übergangsformen waren, von denen eine (je nach Lesart) um ‚zivile‘ und religiöse Funktionen erweiterte ‚Militärische Demokratie‘ oder aber das gleichermaßen in zivilen wie militärischen, profanen wie sakralen Erscheinungsformen auftretende ‚Häuptlingstum‘ (chiefdom) die wichtigsten gewesen sein dürften.

Unsere zu Beginn dieses Kapitels gestellte Frage, ob Morgans und Marx‘/Engels‘ Konzeption der ‚Militärischen Demokratie‘ vor 140 Jahren möglicherweise bereits auf etwas Ähnliches abzielte wie die Kategorie des ‚Häuptlingstums‘ in der modernen Anthropologie, läßt sich damit wohl im wesentlichen mit ‚ja‘ beantworten.

14 Abschließende Überlegungen

Lewis Morgans ‚*Ancient Society*‘ war vor fast 150 Jahren (1877) einer der Ausgangspunkte und ein wichtiger Markstein der modernen Anthropologie, und Engels‘ darauf aufbauender ‚*Ursprung*‘ legte vor 140 Jahren (1884) den Grundstein für eine marxistische Ur- und Frühgeschichtsforschung. Hatten bis weit ins 19.Jahrhundert hinein noch überwiegend deskriptive und oft genug rein anekdotische Beschreibungen fremder Völker und Kulturen im Mittelpunkt von exotischen Reiseberichten und auch noch der ersten Versuche einer ernsthaften völkerkundlichen Forschung gestanden (vgl. S.118), so strebte Morgan als einer der ersten Forscher nach einer *systematischen* und analytisch-vergleichenden Ethnologie, und ermöglichte Marx und Engels damit einen gänzlich neuen Zugang zur Betrachtung und Erschließung der menschlichen Frühgeschichte.

Hatte Marx noch 1858 in seinen ‚*Grundrissen*‘ „*bloße Jäger- und Fischervölker*“ als „*außer dem Punkt*“ bezeichnet, „*wo die wirkliche Entwicklung beginnt*“ (MEW 42, S.40/41), ((248)) so war Engels‘ ‚*Ursprung*‘ der erste - und allerdings für lange Zeit auch einzige - Versuch, auf der Basis von Morgans ‚*Ancient Society*‘ (und Marx‘ Exzerpten daraus) eine umfassende sozialistische Konzeption der

„*Entwicklung der Menschheit durch Wildheit und Barbarei zu den Anfängen der Zivilisation*“ (MEW 21, S.35)

zu entwerfen. Möglicherweise hatte Marx mit den in seinen letzten Lebensjahren (1879 bis 1883) neu aufgenommenen ethnologisch-anthropologischen Studien selbst etwas Ähnliches beabsichtigt (vgl. Teilband 4 dieser Studie, Kapitel 4), doch sein früher Tod mit nur 63 Jahren im März 1883 beendete seine diesbezüglichen Arbeiten abrupt und tragisch, so dass Engels‘ ‚*Ursprung*‘ zugleich zu einem „*Vermächtnis*“ für den verstorbenen Freund und seine möglichen Pläne in dieser Richtung wurde (MEW 21, S.27; vgl. Teilband 1 dieser Studie, Kap. 2).

Von der Verwandtschafts- zur Sozialanthropologie

Morgans Hauptinteresse galt ursprünglich den Verwandtschaftsverhältnissen der von ihm vorwiegend erforschten Irokesen (vgl. Teilband 1 dieser Studie, Kapitel 3 und 5), und er wurde mit seinen diesbezüglichen Studien und Analysen zum bis heute weltweit anerkannten Mitbegründer der Verwandtschaftsethnologie. Seine Beobachtungen und Hypothesen führten ihn indes rasch über dieses spezielle Themengebiet hinaus zu weit allgemeineren und umfassenderen soziologischen Fragestellungen und Untersuchungen im Hinblick auf die Gesellschaftsstruktur der nordamerikanischen Indianer.

Nach einer Reihe monographischer Publikationen speziell über die Irokesen (vgl. Teilband 1 dieser Studie, S.38-40) unternahm er in seiner 1877 als ambitioniertes Alterswerk veröffentlichten *Ancient Society'* den Versuch, ausgehend von den amerikanischen Indigenen und übergreifend auf die Frühgeschichte Europas (soweit man sie damals bereits kannte) *universelle* Muster der weltweiten kulturellen und sozialen Menschheitsentwicklung aufzuspüren und war überzeugt, sie in der mutterrechtlich organisierten *Gens* als vermuteter sozialer Ursprungsform aller Gesellschaften auf der Welt gefunden zu haben.

Marx und Engels, die auf sein Buch zunächst eher zufällig stießen (vgl. Teilbände 1 und 4 dieser Studie, Kapitel 1 und 4), waren von Morgans Theorien und Forschungsansätzen auf Anhieb begeistert und sahen sie als fundamental und wegweisend für eine zukünftige materialistische Urgeschichtsforschung an. Engels bezeichnete Morgans Werk mehrfach als

„ein entscheidendes Buch, so entscheidend wie Darwin für die Biologie", und als *„eins der wenigen epochemachenden Werke unsrer Zeit"* (MEW 21, S.28 und MEW 36, S.109/110),

denn der Forscher habe darin

„der Vorgeschichte eine bisher fehlende tatsächliche Grundlage"
gegeben (MEW 36, S.142) und die *„vorgeschichtliche Grundlage*

188

*unsrer geschriebnen Geschichte in den Hauptzügen entdeckt und
wiederhergestellt"* (MEW 21, S.28).

*„Es ist das große Verdienst Morgans, (...) in den Geschlechtsverbän-
den der nordamerikanischen Indianer den Schlüssel gefunden zu
haben, der uns die wichtigsten, bisher unlösbaren Rätsel der ältesten
griechischen, römischen und deutschen Geschichte erschließt",*

schrieb er im Vorwort zur ersten Auflage des *‚Ursprung'*
(MEW 21, S.28), und ließ seinen Parteiredakteur Karl Kautsky
bereits im April 1884 wissen:

„Mit der Gens ist der casus [= Fall] *in seiner Hauptsache erledigt
und die Urgeschichte aufgeklärt"* (MEW 36, S.142).

*„Die mutterrechtliche Gens ist der Angelpunkt geworden, um den
sich diese ganze Wissenschaft* [die Urgeschichtsforschung, MK]
dreht",

konstatierte Engels auch im Vorwort zur 4. Auflage des
‚Ursprung' von 1891:

*„Seit ihrer Entdeckung weiß man, in welcher Richtung und wonach
man zu forschen und wie man das Erforschte zu gruppieren hat. (...)
Daß hiermit eine neue Epoche der Behandlung der Urgeschichte
beginnt, ist vor allen Augen klar"* (MEW 21, S.481).

Grundlegende Einsichten

Manches stellt sich heute, wie wir in diesem Band gesehen
haben, im Detail anders dar als zu Morgans und Engels' Zeit
vor 140 Jahren, und doch bleiben ihre Analysen und Modelle
bis heute grundlegend und wegweisend. Denn was Morgan
entdeckte und Engels im *‚Ursprung'* übernahm und vertiefte,
war die bis heute für die anthropologische Forschung elementare Erkenntnis über die *segmentäre* Struktur archaischer und
vorstaatlicher Gesellschaften, das heißt ihren Aufbau aus zahlreichen gleichartigen und primär verwandtschaftlich fundierten
sozialen Basiselementen wie der Lineage, der *Gens* oder dem
Clan (vgl. Kapitel 4), die sich im Verlauf der Kultur- und

Menschheitsgeschichte zu immer umfangreicheren und komplexeren politisch-gesellschaftlichen Strukturen wie dem Stamm, der Nation und schließlich dem Staat zusammenfügten - oder auch nicht (vgl. S.87/88). Diese Erkenntnis wurde zu einem der Grundpfeiler der Ethnologie und Anthropologie und wird bis heute in völkerkundlichen Feldforschungen, auf ethnologischen Tagungen und in sozialwissenschaftlichen Fachpublikationen in immer neuen Details erörtert, diskutiert und spezifiziert. Dabei bleiben Morgans und Engels' Darstellungen und Analysen namentlich über die Stammesorganisation der nordamerikanischen Indianer (vgl. Kapitel 2), aber auch über die griechische und römische Frühgeschichte bis heute fruchtbar und lehrreich, auch wenn sie mittlerweile naturgemäß in vielen Punkten der Modifikation und Ergänzung bedürfen.

Die Bedeutung verwandtschaftlicher Strukturen

Darüber hinaus vermittelten Morgans Forschungen Marx und Engels aber auch noch eine andere Grunderkenntnis: Die Einsicht nämlich, dass verwandtschaftliche Strukturen und Bindungen, je weiter man in der Kulturgeschichte zurückging, eine umso größere Bedeutung gegenüber anderen Faktoren der menschlichen Sozialordnung hatten, und dass sie in der Frühgeschichte der Menschheit offenkundig sogar die beherrschende und weite Teile des Gesellschaftsgefüges prägende Rolle spielten. Je mehr sich die menschliche Gesellschaft hingegen in ökonomischer und sozialer Hinsicht fortentwickelte und je vielschichtiger und komplexer sie im Verlauf dieses Entwicklungsprozesses wurde, desto stärker überlagerten andere Faktoren wie die Besitzverhältnisse und die ökonomischen Strukturen sowie die fortschreitende Arbeitsteilung und soziale Hierarchisierung diese „*naturwüchsigen*" verwandtschaftlichen Bindungen und verdrängten sie in ihrer Bedeutung als zentrales Agens des gesellschaftlichen Gefüges.

Dies scheint für Marx und Engels eine durchaus neue Erkenntnis gewesen zu sein, die nicht zuletzt in Engels' gleichrangiger Gewichtung der „*biologischen*" und der „*ökonomi-*

schen Reproduktion" des Menschen im Vorwort des ,*Ursprung*' ihren Ausdruck fand. Er schrieb dort:

*„Nach der materialistischen Auffassung ist das in letzter Instanz bestimmende Moment in der Geschichte: die **Produktion und Reproduktion des unmittelbaren Lebens.** Diese ist aber selbst wieder **doppelter Art:** Einerseits die **Erzeugung von Lebensmitteln,** von Gegenständen der Nahrung, Kleidung, Wohnung und den dazu erforderlichen Werkzeugen; andrerseits die **Erzeugung von Menschen selbst,** die Fortpflanzung der Gattung. Die gesellschaftlichen Einrichtungen, unter denen die Menschen einer bestimmten Geschichtsepoche und eines bestimmten Landes leben, werden bedingt durch beide Arten der Produktion: durch die Entwicklungsstufe einerseits der Arbeit, andrerseits der Familie. Je weniger die Arbeit noch entwickelt ist, je beschränkter die Menge ihrer Erzeugnisse, also auch der Reichtum der Gesellschaft, desto überwiegender erscheint die Gesellschaftsordnung beherrscht durch Geschlechtsbande"* (MEW 21, S.27/28).

Diese Erkenntnis hatte sich bei Engels offenbar schrittweise entwickelt und schon vor seiner Lektüre von Morgans Werk in Ansätzen angedeutet. So zeigte er sich schon Ende 1882 in einem Brief an Marx so beeindruckt von einer in einem anderen Buch beschriebenen ethnographischen „*Parallele zwischen Tacitus' Germanen und amerikanischen Rothäuten*", dass er angesichts dessen schon damals das Primat der Produktionsweise für solche frühen Kulturzustände vorsichtig in Frage stellte. „*Die Ähnlichkeit ist in der Tat um so überraschender*", schrieb Engels im Dezember 1882 an Marx,

„als die Produktionsweise so grundverschieden – hier [bei den Indianer, MK] *Jäger und Fischer ohne Viehzucht und Ackerbau, dort* [bei den frühen Germanen, MK] *Wanderviehzucht übergehend in Ackerbau. Es beweist eben, wie **auf dieser Stufe die Art der Produktion weniger entscheidend ist als der Grad der Auflösung der alten Blutsbande** und der alten gegenseitigen Gemeinschaft der Geschlechter (sexus) im Stamm. Sonst könnten die Thlinkeets* [= Tlingit] *im ehemaligen russischen Amerika* [= Südostalaska, MK] *nicht das reine Gegenbild der Germanen sein – wohl noch mehr als Deine Irokesen"* (MEW 35, S.125).

Die ‚Urgesellschaft' tickte anders

Damit zog Engels eine klare Trennlinie zwischen der ‚Urgesellschaft' und den nachfolgenden Klassengesellschaften, die seiner Auffassung nach grundlegend anders strukturiert waren und daher auch gänzlich uterschiedlichen Gesetzmäßigkeiten folgten. Mit der Entwicklung von

„Privateigentum und Austausch, Unterschieden des Reichtums, Verwertbarkeit fremder Arbeitskraft und damit (der) Grundlage von Klassengegensätzen (...) [wurde] eine vollständige Umwälzung herbei[ge]führt",

führte Engels diesen Unterschied im Vorwort des *‚Ursprung'* genauer aus, und wurde

*„**die alte, auf Geschlechtsverbänden beruhende Gesellschaft** (...) gesprengt im Zusammenstoß der neu entwickelten gesellschaftlichen Klassen; an ihre Stelle tritt eine **neue Gesellschaft**, zusammengefaßt im Staat, dessen Untereinheiten nicht mehr Geschlechtsverbände, sondern Ortsverbände sind, in der die Familienordnung ganz von der **Eigentumsordnung** beherrscht wird und (...) in [der] sich nun jene **Klassengegensätze und Kämpfe** frei entfalten, aus denen der Inhalt aller bisherigen geschriebnen Geschichte besteht"* (MEW 21, S.28).

Erst in dieser Epoche der *„geschriebnen Geschichte",* des Privateigentums und des Staates entwickelten sich mit anderen Worten jene Gesetzmäßigkeiten, die er und Marx 1848 im *‚Kommunistischen Manifest'* in klassischen Worten beschrieben (vgl. S.123) und die Marx später in seinen ökonomischen Werken detailliert analysierte, während in der Epoche der ‚Urgesellschaft' noch gänzlich andere gesellschaftliche Faktoren vorgeherrscht und die Sozialordnung bestimmt hatten. Die Trennungslinie zwischen diesen beiden grundlegend unterschiedlichen Entwicklungsformationen der Menschheitsgeschichte fiel nach seiner und Marx' Überzeugung aber eindeutig und punktgenau mit der Herausbildung des individuellen Privateigentums und der durch dieses entstandenen *„neuen*

Reichtumsaristokratie" (MEW 21, S.162) zusammen, die nach ihrer Auffassung weltweit kennzeichnend für die gesamte Kulturepoche der Zivilisation waren - Marx sprach in seinen Sassulitsch-Briefentwürfen aus dem Jahr 1881 wörtlich von der

„sekundären Formation (...) der auf Privateigentum begründeten Gesellschaft" (MEW 19, S.404; vgl. Teilband 4 dieser Studie, Kapitel 11). ((249))

Diese Unterscheidung mögen auch jene Leser des vorliegenden Bandes berücksichtigen, die möglicherweise irritiert oder vielleicht sogar verärgert darüber sind, dass in ihm trotz seines marxistischen Ansatzes kaum oder zumindest nur wenig von diesem Privateigentum und dem zweiten Hauptelement der marxistischen Geschichtsauffassung – dem Klassenkampf – die Rede ist. Der Grund dafür liegt eben in der schlichten und von Marx und Engels selbst hervorgehobenen Tatsache, dass ein entwickeltes Privateigentum namentlich am damals zentralen Produktionsmittel Grund und Boden sowie an anderen Naturressourcen in den meisten der frühen Gesellschaften, um die es in dieser Studie geht, eben noch nicht existierte oder zumindest keine entscheidende Rolle spielte, ((250)) und dass ausgesprochene Klassenkämpfe – auch wenn es sie möglicherweise bereits gab - weder im frühgeschichtlichen noch im ethnologischen Quellenmaterial eindeutig nachweisbar sind. Dies soll im folgenden genauer erläutert werden.

Basis und Überbau

Gegen die auch in den vorliegenden Band maßgeblich eingeflossene ‚strukturalistische' Anthropologie von Autoren wie Elman Service und Eli Sagan (vgl. Kapitel 5 und 10) wurde von Seiten orthodoxer Marxisten wiederholt der Vorwurf erhoben, sie würde die Herausbildung archaischer Herrschaftsformen und des Staates auf irreführende Weise von der eigentlich maßgeblichen sozialökonomischen Entwicklung abkoppeln und dadurch den gesellschaftlichen *Überbau* über die eigentlich entscheidende ökonomische *Basis* stellen.

So schrieb beispielsweise die einflußreiche Ostberliner Ethnologin Irmgard Sellnow 1976, „bürgerliche Theorien über Staat
und Staatsentstehung" bezeichneten

„das Privateigentum als irrelevant für die Gestaltung der gesellschaftlichen und politischen Verhältnisse und leiten stattdessen die Konflikte direkt aus den Herrschaftsverhältnissen ab",

und der Soziologe Jürgen Brüggemann kritisierte 1984 auf
einem DDR-Kongreß an solchen Theorien eine

„**Reduktion auf das Politische** unter völliger Ausklammerung
sozialökonomischer Entwicklungsprozesse", die zu einer „idealistischen Umkehr der realen Beziehung zwischen Gesellschaft und
Staat" führe. ((251))

Diese Kritik, wie sie ähnlich schon Marx 1881 (und damals
zurecht) gegen bürgerliche Gelehrte erhob (vgl. S.173), ist im
Fall der heutigen strukturalistisch-funktionalistischen Anthropologen (vgl. S.120/121) indes nur eingeschränkt zutreffend
und berechtigt. Denn man könnte sie ebenso auch gegen Morgans und Engels' erwähnte Hervorhebung des Kriegs- bzw.
Heerführers als zentrale historische Macht- und Herrschafts-
quelle (vgl. S.176-178) erheben, da ein solcher Kriegsherr in
der Regel ja gleichfalls nicht in der Produktions-, sondern in
der Raub- und Eroberungssphäre tätig war und insofern zumindest auf den ersten Blick ebenfalls dem politischen ‚Überbau'
und nicht der sozialökonomischen ‚Basis' der Gesellschaft
anzugehören scheint.
    Dennoch wäre eine solche Sichtweise offenkundig
falsch, denn wie Engels vor allem im Schlußkapitel des ‚Ursprung' (MEW 21, S.159/60) zeigte, spielten die Kriegsführung, der Güter- und Viehraub und die daraus resultierende
Besitzanhäufung durchaus auch eine *ökonomisch* wesentliche
Rolle in der Endphase der Urgesellschaft, so dass auch der
scheinbar rein militärisch agierende und von der wirtschaftlichen Sphäre der Gesellschaft weit abgehoben erscheinende
Kriegs- und Heerführer in Wahrheit eine handfeste sozialökonomische Stellung und Funktion besaß.

Eine ähnlich bedeutsame, aber ebenfalls nicht auf den ersten Blick erkennbare sozialökonomische Rolle spielte auch der im Fokus der modernen Sozialanthropologie stehende Stammeshäuptling oder frühe Herrscher aufgrund seiner umfangreichen redistributiven Aufgaben (vgl. S.101/102). Seine vielfach anzutreffende Funktion als Abschöpfer und *Redistributor* (= ‚Rückverteiler‘) des gesellschaftlichen Mehrprodukts (oder zumindest eines beträchtlichen Teils davon) begründete neben seiner oft auch religiösen Funktion und Stellung (vgl. Kapitel 8) maßgeblich seine Machtposition in Friedenzeiten und verwandelte seine Herrschaft aus einer scheinbar bloßen Erscheinung des gesellschaftlichen Überbaus in einen elementaren Bestandteil der sozialökonomischen *Basis* vieler Stammesgesellschaften und frühen Staaten. Ja, da das Privateigentum und die individuelle Warenproduktion in den meisten dieser Gesellschaften noch eher schwach entwickelt war (vgl. S.37), fungierten die dort herrschenden und zugleich als ökonomische Umverteiler wirkenden Häuptlinge oder Könige zugleich auch als die zentrale und mit Abstand wichtigste *ökonomische* Schaltstelle und als Dreh- und Angelpunkt einer zumeist noch auf dem münzgeldlosem Austausch von Naturalgütern basierenden Zentralverwaltungswirtschaft (vgl. Teilband 4 dieser Studie über den Orient). Es gibt ausführliche und zumindest zum Teil auch marxistisch inspirierte Studien über diese Aufgaben und Funktionen des frühen Herrscher- und Königstums etwa aus der Feder des Soziologen Karl Polanyi, ((252)) und auch Marx selbst beschäftigte sich ja 1857/58 in seinen ‚*Grundrissen*‘ eingehend mit diesem Themenbereich (vgl. Teilband 4 dieser Studie, Kapitel 2). Marx anerkannte und betonte im übrigen auch selbst bereits die (damals noch nicht so genannte) redistributive Schlüsselfunktion des frühen Königtums, wenn er in Band 1 des ‚*Kapital*‘ über die „*Riesenwerke der alten Asiaten, Ägypter, Etrusker usw.*“ schrieb, es sei

„*die Konzentration der Revenuen* [= Einkünfte], *wovon die Arbeiter leben, in einer Hand oder wenigen Händen*“ sowie „*die ausschließliche Verfügung des Monarchen und der Priesterschaft über jenen Überschuß*“, die „*solche Unternehmungen möglich machten*“ (MEW 23, S.353; vgl. S.100 des vorliegenden Bandes).

Frühe Kulturen und Klassenkampf

Der Vorwurf, die funktionalistische Anthropologie sei schon von ihrem Grundansatz her idealistisch ‚abgehoben' und verkenne die Priorität der wirtschaftlichen Basis vor dem politischen Überbau, trifft also bei genauerer Betrachtung nicht oder zumindest nicht in dieser Allgemeinheit und Schärfe zu. Berechtigter ist demgegenüber schon die Kritik, die meisten bürgerlichen Anthropologen *harmonisierten* die historische Entwicklung zu stark und negierten den Klassenkampf als einen wichtigen gesellschaftlichen Entwicklungsfaktor und als zentrale historische Triebkraft. ((253))

In der Tat machte beispielsweise Elman Service keinen Hehl daraus, dass er die kulturgeschichtliche Rolle und Gesamtbilanz des Häuptlingstums deutlich stärker positiv als negativ bewertete (vgl. S.181), und wie andere funktionalistische Anthropologen neigte auch er mitunter dazu, aus der Analyse und *Erklärung* bestimmter gesellschaftlicher Institutionen und Gebräuche ihre *Verharmlosung* und Rechtfertigung zu machen (vgl. S.121). ((254)) Dies ist in der Tat bei allzu überschwenglichen Würdigungen und Lobpreisungen der historischen Bilanz und Rolle beispielsweise des Häuptlingstums kritisch anzumerken und in Frage zu stellen.

Andererseits sind aus der Frühgeschichte und der neuzeitlichen Ethnographie tatsächlich nur wenige Fälle größerer Volksaufstände oder Klassenkämpfe wirklich belegt - vor dem berühmten Spartacusaufstand im antiken Rom 73 bis 71 v. Chr. ist meines Wissens das einzige wirklich gut dokumentierte und deshalb auch oft zitierte Beispiel der Streik der altägyptischen Grabarbeiter und Handwerker im berühmten ‚Tal der Könige' und ihrer Wohnsiedlung *Deir el Medineh* wegen ausbleibender Nahrungslieferungen im Jahr 1159 v. Chr. (vgl. S.197-200).

Weiter auf S.201

Der Streik der altägyptischen Arbeiter im ‚Tal der Könige' - die erste überlieferte Arbeitsniederlegung der Weltgeschichte

Der Streik der altägyptischen Arbeiter und Handwerker von *Deir el-Medineh* ist die älteste und für lange Zeit auch die einzige urkundlich überlieferte Arbeitsniederlegung der Weltgeschichte. Er ereignete sich im Jahr 1159 v. Chr. unter Pharao *Ramses III.* und dauerte mit Unterbrechungen mehrere Monate lang an.

Die Handwerker von *Deir el-Medineh* waren eigentlich ausgesprochen privilegierte Arbeitskräfte, die als spezialisierte Steinmetze und Gipser, Maler und Zeichner die berühmten Pharaonengräber im ‚Tal der Könige' in dem Felsmassiv westlich der Stadt Theben anlegten und mit aufwendigen Grabmalereien und Reliefs ausstatteten. Angesichts des ausgeprägten Jenseitsglaubens der alten Ägypter handelte es sich dabei um eine ausgesprochen verantwortungsvolle und wichtige Tätigkeit – vergleichbar etwa einer heutigen Beschäftigung in der Bundesdruckerei oder in der Zentralbank. Die Nekropolenarbeiter waren sich dieser herausragenden und unverzichtbaren Position sicher bewußt und nutzten sie bei ihrer Streikaktion gezielt aus.

Die Handwerkersiedlung von Deir el-Medineh

Die Arbeiter lebten mit ihren Familien etwa 1 km von ihren Arbeitsplätzen entfernt auf dem Felsmassiv oberhalb der Königsgräber in einer symmetrisch angelegten und ummauerten Dorfsiedlung, die in der Antike den Namen *Set Maat* (= ‚Stätte der Weltordnung' - vgl. S.112) trug. Die zumeist mehrköpfigen Familien wohnten dort auf durchschnittlich 75 qm in einheitlich erbauten kleinen Lehmziegelhäuschen mit jeweils drei Räumen, die nicht eben luxuriös, aber für damalige Arbeitskräfte doch eher gehoben ausgestattet waren. Auch der Arbeitslohn dieser Spezialisten war für altägyptische Verhältnisse durchaus auskömmlich. Als unentbehrliche und ‚systemrelevante' Staatsbedienstete wurden sie direkt aus den Magazinen des Pharao (bzw. dessen regionalem Statthalter) mit monatlichen Naturallieferungen von Nahrungsmitteln und Gebrauchsgütern versorgt, denn eine entwickelte Münzgeldwirtschaft existierte zu dieser Zeit in Ägypten noch nicht (vgl. S.196 und Teilband 4 dieser Studie, S.108 ff.)). Die Nekropolenarbeiter erhielten im Durchschnitt etwa 5 kg Weizen und 2 kg Gerste pro Tag zur Brot- und Bierherstellung - das war geschätzt etwa die dreifache Tagesration eines altägyptischen Bauern. Hinzu kamen noch regelmäßige Lieferungen von Fisch, Fleisch, Obst und Gemüse sowie von Tonwaren, Kleidung und anderen Gebrauchsgütern - alles in allem eine für damalige Verhältnisse durchaus ansehnliche Bezahlung.

Nahrungsengpässe

Unter der Herrschaft *Ramses III.* blieben diese Nahrungsmittellieferungen aber offenkundig über Monate oder sogar Jahre hinweg immer wieder aus, wobei die Gründe dafür aus den Quellen nicht ganz klar werden. Der Pharao war für seine ambitionierten und kostspieligen Bauprojekte (vgl. S.97/98) bekannt, doch Ägypten hatte zu dieser Zeit auch immer wieder Auseinandersetzungen mit äußeren Eindringlingen, die die kolonialen ‚Kornkammern' des Pharaonenreiches in Syrien und Palästina zeitweilig besetzten (vgl. Teilband 2 dieser Studie, Kapitel 9), so dass es zu Engpässen bei der Nahrungsversorgung kam. Auch Unterschlagungen und Güterraub innerhalb der staatlichen und priesterlichen Bürokratie könnten als zusätzliche Krisenfaktoren eine Rolle gespielt haben. Jedenfalls blieben spätestens seit dem Sommer 1159 v. Chr. die Nahrungsrationen für die Arbeiter von *Deir el-Medineh* und ihre Familien immer wieder aus, was zu den damals einzigartigen Streikaktionen führte, die auf einem vor Ort verfaßten ‚Streikpapyrus' sowie auf zahlreichen beschrifteten Ton- und Steinscherben – sog. *Ostraka* – detailliert dokumentiert sind.

„Wir haben Hunger und Durst"

Die wohl mehreren hundert Arbeiter legten diesen Quellen zufolge im Abstand mehrerer Wochen und Monate wiederholt die Arbeit nieder und veranstalteten zum Teil gemeinsam mit ihren Frauen und Kindern Protestkundgebungen, Sitzstreiks und sogar nächtliche Besetzungsaktionen an den örtlichen Tempeln.

„Wir sind verarmt. Sämtliche Zuwendungen hat man uns ausgehen lassen. Dabei ist das Schleppen der Steine nicht leicht",

beschwerten sie sich in einem Schreiben an den Wesir, den örtlichen Stellvertreter des Pharao, und klagten bei einer Protestdemonstration am Totentempel von Theben:

„Wir haben Hunger und Durst, (...) es gibt keine Kleider, keine Salben, keinen Fisch und kein Gemüse. Schickt zu Pharao, unserem guten Herrn, in dieser Sache und zum Wesir, unserem Vorgesetzten, damit wir versorgt werden."

Die örtlichen Priester und Beamte scheinen ein gewisses Verständnis für die Anliegen und Nöte der Streikenden gehabt zu haben (oder taten zumindest so) und versorgten die Protestierenden mehrmals vorübergehend mit Getreiderationen aus den lokalen Tempelmagazinen. Bei einer Demonstration solidarisierte sich sogar der örtliche Polizeichef mit ihnen und rief den Streikenden einem Tonscherbentext zufolge zu:

„Sammelt Euer Werkzeug ein, verschließt Eure Türen und bringt Eure Frauen und Kinder mit! Vor Euch her will ich zum Sethos-Tempel ziehen und Euch dort am Morgen Zutritt verschaffen!" ((255))

Keine Umsturzabsichten

Wirklich revolutionär und umstürzlerisch waren die Streikaktionen nämlich anscheinend nicht, sondern sie beschränkten sich weitgehend auf die unmittelbaren Lohn- und Tagesforderungen. Die ‚Systemfrage' wurde offenkundig nicht gestellt, und in einer Bittpetition der Streikenden war sogar vom *„Pharao, unserem guten Herrn"* die Rede (siehe oben). Der pharaonische Staat scheint denn auch nicht massiver gegen die Streikenden vorgegangen zu sein, ((256)) und Ägyptologen sprechen ausdrücklich von einer ‚Arbeitsniederlegung' und nicht von einer ‚Revolte'.

Welchen Erfolg die Aktionen der Streikenden letztlich hatten, geht aus den Quellen leider nicht eindeutig hervor. Die verfügbaren Notizen dokumentieren ein ständiges, länger andauerndes Hin und Her, bei dem die Arbeiter offenbar immer wieder hingehalten und vertröstet wurden sowie unregelmäßig einzelne Teillieferungen von Getreide und Gebrauchsgütern als Nothilfe und verspätete Lohnnachzahlung erhielten. Wirklich nachhaltig scheint sich ihre Situation aber nicht verbessert zu haben, denn auch in den Quellen für die nachfolgenden Jahre 1157 und 1156 v. Chr. ist immer wieder von Lohnausfällen und Protesten dagegen die Rede. Dabei bleibt wie beschrieben offen und unklar, ob dieser ‚Lohnraub' absichtlich und aus ausbeuterischer Absicht heraus erfolgte, oder ob der pharaonische Staat zu den Nahrungsmittellieferungen aufgrund der erwähnten Krisenfaktoren schlicht nicht in der Lage war.

Überlieferungsglück

Trotz dieser Unklarheiten und offenen Fragen sind die Streikaktionen von *Deir el-Medineh* durch die unzensierten und authentischen Aufzeichnungen der Arbeiter selbst für antike Verhältnisse einzigartig gut belegt,. Dies ist vermutlich vor allem dem Umstand zu verdanken ist, dass unter den Handwerkern, die die Königsgräber auch mit Hieroglyphentexten versahen, offenkundig ungewöhnlich viele lesen und schreiben konnten und daher die Ereignisse und ihre Gedanken dazu eigenhändig auf den steinernen und tönernen ‚Notizzetteln' sowie in dem umfangreicheren Papyrustext zu dokumentieren vermochten (vgl. S.198). Diese einzigartigen Dokumente und ‚Streiknachrichten' wurden 1840 bei Ausgrabungen zusammen mit tausenden anderer steinerner und tönerner Notizen, ‚Briefe' und Schriftzeugnisse in einem Schacht nahe der Handwerkersiedlung gefunden, und nur durch sie haben wir Kenntnis von dieser ältesten und für lange Zeit auch einzig bekannten Streikaktion der Menschheitsgeschichte, von der in den überlieferten staatlichen Chroniken nicht die Rede ist. ((257))

Fortsetzung von S.196:

200

Deutlich weniger gut dokumentiert sind eine Reihe anderer Volkserhebungen und Aufstände wie etwa die von spanischen Chronisten überlieferte Steinigung des letzten Aztekenherrschers *Moctezuma* durch Angehörige seines eigenen Volkes im Jahr 1520, weil er zu eng mit den spanischen Eroberern kollaboriert hatte (vgl. Teilband 4 dieser Studie, S.94 ff.). Dagegen kennen wir keine Berichte über vergleichbare Streiks oder Aufstände unter den Arbeiter- und Bauernkontingenten, die sicher unter großen Strapazen und Entbehrungen die altägyptischen Pyramiden von Gizeh oder die monumentalen Heiligtümer der Maya-Herrscher auf der mesoamerikanischen Halbinsel Yucatan errichteten, oder der Arbeiter beim Bau der über 6000 km langen Chinesischen Mauer.

Es wäre freilich auch naiv, solche Berichte aus offiziellen Quellen zu erwarten, denn die Geschichtsschreibung in den Gottkönigtümern der Frühzeit war stärker noch als im europäischen Mittelalter oder der Neuzeit eine reine Geschichtsschreibung der Herrschenden, und daher bleiben naturgemäß Fragen, wie sie Bertolt Brecht 1935 in seinem berühmten Gedicht *,Fragen eines lesenden Arbeiters'* stellte, in den historischen Quellen chronisch unbeantwortet:

„Wer baute das siebentorige Theben?
In den Büchern stehen die Namen von Königen.
Haben die Könige die Felsbrocken herbeigeschleppt?
Und das mehrmals zerstörte Babylon
Wer baute es so viele Male auf? In welchen Häusern
Des goldstrahlenden Lima wohnten die Bauleute?
(...) So viele Berichte.
So viele Fragen." ((258))

Schweigende Quellen

Aus dem Schweigen der Quellen über mögliche Volkserhebungen und innere Kämpfe läßt sich daher keinesfalls mit Sicherheit auf deren Nichtexistenz und auf das tatsächliche Fehlen jeglicher Revolten und Aufstände in den frühen Kulturen schließen, und es wäre zweifellos auch verfehlt, diese als im Inneren vollständig konfliktfreie und harmonische Gesell-

schaften darzustellen, in denen höchstens gelegentliche Kon-
kurrenzkämpfe unter den Herrschenden um die Thronfolge
oder die Machtaufteilung die grundlegende Harmonie und den
inneren Frieden störten, wie manche Anthropologen dies gelegentlich tun. ((259)) Vielmehr ließe sich das moderne anthropologische Konzept des Häuptlingstums ebenso wie die Geschichte der frühen Monarchien ohne weiteres auch mit Berichten über Volkserhebungen und innere Kämpfe vereinbaren,
denn wo immer es gesellschaftliche Herrschaft und Unterdrückung gab, entwickelte sich vielfach auch Widerstand dagegen.
Nur wissen wir eben aufgrund der beschriebenen einseitigen
Quellenlage kaum etwas darüber, wenn man einmal von dem
bereits erwähnten ‚alltäglichen' Widerstand in vorstaatlichen
Gesellschaften gegen jede Form von Machtstreben und Herrschaftsbildung absieht, der von der modernen Ethnologie vielfach beobachtet und dokumentiert wurde (vgl. S.133).

Im übrigen ist darauf hinzuweisen, dass Engels selbst
möglicherweise nicht zuletzt als Resultat seiner Morgan-
Studien den klassischen Satz im ‚Kommunistischen Manifest':

*„Die Geschichte aller bisherigen Gesellschaft ist die Geschichte von
Klassenkämpfen"* (MEW 4, S.462)

in der Vorrede zur englischen Ausgabe der Schrift von 1888
mit der Einschränkung versah:

*„Seit Aufhebung der primitiven Gentilordnung mit ihrem Gemeinbe-
sitz an Grund und Boden"* (MEW 21, S.357).

Auch im Vorwort zum ‚Ursprung' hob er wie schon zitiert die
diesbezügliche Andersartigkeit der ‚Urgesellschaft' hervor,
wenn er im Hinblick auf den Übergang zur Zivilisation schrieb:

*„Die alte, auf Geschlechtsverbänden beruhende Gesellschaft wird
gesprengt im Zusammenstoß der neu entwickelten gesellschaftlichen
Klassen; an ihre Stelle tritt eine neue Gesellschaft, (...) in der sich
nun jene Klassengegensätze und Kämpfe frei entfalten, aus denen der
Inhalt aller bisherigen geschriebnen Geschichte besteht"* (MEW 21,
S.28; vgl. S.192 des vorliegenden Bandes).

Musterbeispiel frühes Griechenland

Alle diese erst in den letzten 140 Jahren gewonnenen oder neu ins Bewußtsein getretenen Fakten und Erkenntnisse entwerten die Darstellungen und Analysen in Engels' historischer Schrift indes keineswegs, sondern *aktualisieren* und ergänzen sie vielmehr. Was Engels und Morgan seinerzeit im *,Ursprung'* und in der *,Ancient Society'* schrieben, trifft in vielerlei Hinsicht nach wie vor zu – allerdings nur für einen zeitlich und räumlich begrenzteren Ausschnitt der weltweiten Vor- und Frühgeschichte, als sie seinerzeit glaubten. Dies läßt sich exemplarisch am Fall des von ihnen als Musterbeispiel besonders ausführlich beschriebenen und erörterten antiken Griechenland verdeutlichen, wo die historische Entwicklung erst ab einem bestimmten Zeitpunkt so ablief wie im *,Ursprung'* (MEW 21, S.98-116) beschrieben.

Bereits ab etwa 2500 v. Chr. existierten nämlich auf der Insel Kreta und ab etwa 1500 v. Chr. auch auf dem griechischen Festland mit der im 19. Jahrhundert noch weitgehend unbekannten *minoischen* und *mykenischen Kultur* zwei damals einzigartige Stützpunkte der Zivilisation im ansonsten noch weitgehend ,barbarischen' Europa der Bronzezeit (vgl. Teilband 2 dieser Studie, Kapitel 5 und 10). Beide Kulturen waren aber anders als im *,Ursprung'* für das antike Athen beschrieben von ihrer sozialökonomischen Struktur her keine vorwiegend privatwirtschaftlich organisierten und durch individuelles Gewerbe, Privateigentum und freien marktwirtschaftlichen Warenaustausch gekennzeichneten *,Business'*-Gesellschaften (vgl. MEW 21, S.108-116 und S.159-162), sondern ähnlich wie die zeitgleichen Zivilisationen des Alten Orients von Sakralkönigen (Kreta) bzw. kriegerischen Monarchen (Mykene) regierte und straff zentralistisch durchorganisierte Herrscher- und *Palastkulturen* mit einer ausgeprägten Redistributionswirtschaft (vgl.S.101/102). ((260))

Sie verfügten über mehrere aufeinanderfolgende Schriftsysteme (sog. *,Linear A'*- und *,Linear B'*-Schrift), denen wir zahlreiche wertvolle Aufzeichnungen über die damalige Staatsverwaltung und Wirtschaftsorganisation verdanken, und gingen aus bis heute nicht eindeutig geklärten Gründen kurz vor dem Ende des 2.Jahrtausends v. Chr. ohne vergleichbare und gleichrangige Nachfolgekulturen wieder unter. ((261)) Der von Morgan, Marx und Engels im Zusammenhang mit der gesellschaftlichen Stellung des *Basileus* ausführlich erörterte *Trojanische Krieg* (vgl. S.168/169) ereignete sich während dieser Untergangsperiode (um 1200 v. Chr.), wobei Homers darüber berichtendes Epos *Ilias* wie erwähnt erst ungefähr 400 Jahre später niedergeschrieben und durch die deutlich anders geartete Verhältnisse in dieser jüngeren Zeit kulturell stark beeinflußt und überprägt wurde (vgl. S.169).

Niedergang und Wiederaufstieg

Nach dem Zusammenbruch dieser ältesten europäischen Hochkulturen der Bronzezeit fiel Griechenland im frühen 1.Jahrtausend v. Chr. mit Anbruch der Eisenzeit, die bei Morgan und Engels ja als der eigentlichen Beginn und die Gründungperiode der Zivilisation erscheint (z. B. MEW 21, S.34 und 160; vgl. Teilband 2 dieser Studie, S.59 ff.), in ein über 300 Jahre dauerndes ‚Dunkles Zeitalter' (*dark age*) der ‚Barbarei' ohne Schriftkenntnis und ohne andere Merkmale der Zivilisation zurück. ((262)) Erst an dessen Ende bildete sich ungefähr ab dem 7. Jahrhundert v. Chr. als nachfolgende sozialökonomische Formation die von Morgan und Engels in der ‚*Ancient Society'* und im ‚*Ursprung'* beschriebene ‚klassische' Zivilisation des griechischen Altertums mit dem Paradebeispiel Athen heraus (MEW 21, S.107-116), die ökonomisch auf der Sklaverei, auf einem privatwirtschaftlich strukturierten agrarischen und gewerblichen Unternehmertum und auf einem freien marktwirtschaftlichen Warenaustausch auf Grundlage entwickelter Münzgeldwirtschaft basierte (MEW 21, S.109 und 169). Sie bildete um die Mitte des 1.Jahrtausends v. Chr. eine gegenüber den altorientalischen Hochkulturen jüngere und eigenständige Ausprägung der Menschheitsepoche ‚Zivilisation', und sie war es auch, die Marx, Engels und Morgan wie nahezu allen ihren Zeitgenossen als der eigentliche Inbegriff antiker Kulturentfaltung galt.

Erst auf diese Gesellschaft des spätarchaischen und ‚*klassischen*‘ Griechenland etwa ab dem 7. Jahrhundert v. Chr. treffen jene sozialökonomischen und politischen Merkmale in den Grundzügen zu, die Engels im ‚*Ursprung*‘ so eindrücklich als Fundament der altgriechischen Klassengesellschaft und speziell des antiken Athen beschrieb (MEW 21, S.107-116). Für die mehr als ein halbes Jahrtausend ältere mykenische Burgen- und die nochmals tausend Jahre ältere minoische Palastkultur im bronzezeitlichen 2.Jahrtausend v. Chr., die Morgan und Engels nur schattenhaft aus dem literarischen Vexierspiegel von Homers *Ilias* kannten (vgl. S.165 ff.), passen die Darstellungen im ‚*Ursprung*‘ und in der ‚*Urgesellschaft*‘ hingegen nicht, sondern kommen als Vorbild und Interpretationsmodell sehr viel eher die Verhältnisse in den zeitgleichen Hochkulturen des Alten Orients sowie das modern-anthropologische Modell des redistributiven Häuptlingtums und ‚archaischen Staates‘ (vgl. S.102/103 und 157/158) in Frage.

Aktualisierungen und Ergänzungen

Wenn Engels im ‚*Ursprung*‘ den Aufstieg des antiken Griechenland zur Zivilisation also untrennbar mit der Entwicklung der Sklaverei, des Privateigentums und des individuellen Handels und Gewerbes verknüpfte (MEW 21, S.107 ff. und 168-170; vgl. Teilband 4 dieser Studie, S.99/100), so hatte er damit *zum Teil* durchaus Recht, aber es war eben nur die *halbe* Wahrheit. Denn was er in seinem historischen Überblick so eindrucksvoll und instruktiv beschrieb, war eben nur der *zweite,* jüngere Anlauf des antiken Griechenland zur Hochkultur, der in die klassisch-‚abendländische‘ Zivilisation des Altertums mündete. Dass es sehr viel früher schon einen gänzlich anders gearteten und immerhin ein Jahrtausend lang währenden *ersten* Anlauf in Form der monarchisch und redistributiv geprägten minoischen und mykenischen Zivilisation gegeben hatte, konnten Morgan und Marx/Engels seinerzeit noch nicht wissen, denn die archäologische Erforschung dieser bronzezeitlichen Kulturen des 2.Jahrtausends v. Chr. hatte zu ihrer Zeit gerade erst begonnen und die ersten in dieser Hinsicht relevanten

Ausgrabungen Heinrich Schliemanns auf der Burg von Mykene 1876 erbrachten zwar bereits eine Menge an Goldfunden,
aber zunächst noch kaum wissenschaftlich fundierte Erkenntnisse.

Wenn wir heute also im Gegensatz zu damals wissen,
dass selbst im antiken ‚Musterland‘ *Hellas* nicht ausschließlich
freie Privatunternehmer und unfreie Sklaven, sondern lange vor
ihnen auch schon vielleicht sogar sakrale Herrscher und Monarchen einer frühstaatlich umgewandelten bronzezeitlichen
Stammesgesellschaft an einer ersten Entfaltung früher Kultur
und Zivilisation beteiligt waren, so stellt dies keine eigentliche
‚Korrektur‘ von Engels‘ klassischer Darstellung im *‚Ursprung‘*
dar, sondern vielmehr ihre Aktualisierung und Ergänzung auf
der Grundlage des seither neu gewonnenen Quellenmaterials
und Wissens.

Kämpferischer Antimonarchismus

Wie wir im letzten Kapitel gesehen haben, übernahm Engels
im *‚Ursprung‘* neben seiner ‚privatwirtschaftlichen‘ Konzeption der antiken Klassen- und Herrschaftsbildung (vgl.
S.204/205) indes auch noch Morgans Hypothese des Kriegs-
und Heerführers als Quelle und Ansatzpunkt historischer Herrschaftsbildung. Dass Morgan dabei gerade ein *militärisches*
Amt in den Mittelpunkt seiner Überlegungen rückte, während
er sämtlichen ‚zivilen‘ Führungspositionen der Gentilgesellschaft wie etwa der des Friedenshäuptlings nachdrücklich jegliche Bedeutung als Machtfaktor und potentielle Quelle der
Herrschaftsbildung absprach (vgl. S.40/41, 93 und 164), war
vermutlich kein Zufall, sondern hatte (neben seinen Beobachtungen bei den Irokesen) vermutlich auch unmittelbare politische Gründe.

Morgan war nämlich, wie bereits mehrfach erwähnt,
ein geradezu glühender Republikaner und empfand – wie unter
anderem die Tagebucheinträge während seiner einjährigen
Europareise in den Jahren 1870/71 (vgl. Teilband 1 dieser Studie, S.45-49) zeigen - eine abgrundtiefe Abneigung und Verachtung gegenüber der Monarchie, dem Klerus und den ständi-

schen Traditionen in den Ländern des ‚Alten Europa'. Wohl nicht zuletzt auch deshalb paßte ein in Gesellschaftsordnungen jeglicher Art und damit natürlich auch in demokratischen Republiken unverzichtbarer Militärführer deutlich besser als Ursprung und Vorläufer der (von ihm ja positiv bewerteten) modernen republikanischen Exekutive in sein politisches Weltbild als ein mit unbeschränkten Machtbefugnissen ausgestatteter und eigenmächtig über die Gesellschaft herrschender Monarch oder König.

*„Der wahre Tatbestand, wie er **einem Amerikaner** erscheint"*, schrieb Morgan auf seine politische Verortung abhebend in der *‚Urgesellschaft'*, bestehe darin, dass die Mitglieder der Gentilgesellschaft *„ein freies Volk"* und ihre Verfassung

*„ihrem Wesen nach **demokratisch** war, indem sie auf (...) den Prinzipien der **Freiheit, Gleichheit und Brüderlichkeit** beruhte."*

Die monarchische Herrschaftsform charakterisierte Morgan im Gegensatz dazu wie folgt:

*„Unsere Vorstellung von einer **königlichen Regierung** ist im wesentlichen der Art, daß ein König - umgeben von einer privilegierten und durch Titel ausgezeichneten grundbesitzenden Klasse - durch Edikte und Dekrete **nach seinem eigenen Willen und Gutdünken herrscht** und ein erbliches Herrscherrecht beansprucht, weil er sich nicht auf die Zustimmung der Beherrschten stützt. Solche Regierungen haben **sich selbst eingesetzt** und erhalten sich durch das Prinzip des **erblichen Rechts**, dem die Priesterschaft noch ein **göttliches Recht** hinzuzufügen versucht hat. Die Tudorkönige von England und die Bourbonenkönige von Frankreich können hierfür als Illustrationen dienen. Diese **konstitutionelle Monarchie** ist ein Produkt der modernen Entwicklung und ganz wesentlich **verschieden von der Basileia"** [= ‚Militärischen Demokratie', vgl. Kapitel 13]).*

Diese spätgentile Verfassungsform mit Rat, Volksversammlung und Heerführer (*Basileus*) (vgl. S.159) habe bestanden, so der Anthropologe,

*„bis zur Einführung einer politischen Verfassung, wo dann z. B. bei den Athenern der Rat der Häuptlinge zum **Senat** und die Versammlung der Gemeinde zur Ekklesia, d. h. zur **Volksversammlung**, wurde.*

*Dieselben Organisationen haben sich bis auf die neueste Zeit in den zwei Häusern der **Parlamente, Kongresse** und sonstigen gesetzgebenden Körper erhalten.* " - „**In dem** *wählbaren Archon* [= höchsten Beamten, MK] *der Athener, welcher dem Basileus folgte, und dem* **Präsidenten der modernen Republiken lebt** *- infolge der Wählbarkeit ihres Amtes -* **noch der Geist des Gentilismus fort.** "

Und der Anthropologe schloß mit der feierlichen Feststellung:

„*Der Erfahrung der Barbaren verdanken wir die Einführung und Entwicklung der drei wichtigsten Staatsorgane, die jetzt überall wesentliche Bestandteile des* **Körpers eines zivilisierten Staates** *ausmachen.* " ((263))

In diesen Zitaten kommt neben Morgans glühendem Republikanismus (Marx bezeichnete ihn respektvoll als „*Morgan, Yankee, Republikaner* " - vgl. S.167) unverkennbar auch sein charakteristisches linear-evolutionistisches Entwicklungskonzept zum Ausdruck, das ohne irgendwelche größeren historischen Diskontinuitäten und Brüche in direkter Linie von der Urgesellschaft bis in die Neuzeit führte (vgl. Teilband 1 dieser Studie, S.63-65). Allein durch Geburt an die Macht gelangte und nicht vom Volk legitimierte Alleinherrscher hätten kaum als Vorläufer und Ausgangspunkt moderner demokratischer Staatsinstitutionen in dieses optimistische geschichtliche Entwicklungsmodell gepaßt, und so ließ Morgan seine Linie der ‚legitimen' historischen Verfassungs- und Herrschaftsentwicklung vom gewählten gentilen Heerführer bis zum modernen Regierungsoberhaupt und Präsidenten laufen (vgl. S.105 und 179).

Die Bürden des ‚*Ancien Regime*'

Auch Marx und Engels waren selbstredend glühende Antimonarchisten und wohl nicht zuletzt auch deshalb von der - jeglichen ständischen Traditionen abholden und originär republikanischen – Gesellschaftsordnung der USA trotz ihres ungezügelten Kapitalismus und alltäglichen Rassismus fasziniert. ((264))

Daher war Morgans explizit antimonarchisches und stattdessen militärisch-‚funktional‘ begründetes Modell der Herrschaftsbildung aus dem Amt des Heerführers sicher auch für sie eine ansprechendere Ergänzung ihres sozialökonomischen Konzepts der Klassen- und Staatsbildung (vgl. S.172 ff.), als es der Gedanke an eine womöglich noch religiös gefärbte monarchische Alleinherrschaft als Vorläufer moderner republikanischer Institutionen und historisch vorwärtstreibende Kraft gewesen wäre.

Der bereits erwähnte britische Archäologe David Wengrow (vgl. S.127 ff.) hat in seinem Buch ‚*Die Zukunft des Westens und der Alte Orient*‘ in den Abschnitten ‚*Die Bürden des Königtums*‘ und ‚*Das Vergessen des Ancien Regime*‘ eindrucksvoll nachgezeichnet, welche enorme Rolle diese Abneigung gegen die Monarchie und der Hass auf die „*Fürstenbedienten*“ (MEW 21, S.103) angesichts ihrer zutiefst reaktionären Rolle in der jüngeren europäischen Geschichte unter liberalen wie sozialistischen Denkern während des 19. Jahrhunderts spielte und welch gewaltige politische und normative Kraft sie entfalteten. Während die progressiven Kräfte das Königtum und die mit ihm verknüpfte ständische Ordnung als Inbegriff und Verkörperung des tyrannischen ‚*Ancien Regime*‘ aus tiefstem Herzen verachteten und bekämpften, identifizierten sich eingefleischte Standeshonoratioren und Monarchisten nicht weniger inbrünstig mit der jahrtausendealten Tradition und Geschichte der Monarchie und inszenierten sich selbst mit viel Pathos als die legitimen Nachfolger und Erben altägyptischer Pharaonen und babylonischer Könige. ((265)) Es ist – so zitiert Wengrow den irisch-amerikanischen Politikwissenschaftler Benedict Anderson –

„heutzutage wohl schwierig, sich in eine Welt hineinzuversetzen, in der **die Dynastie** für die meisten Menschen das einzig vorstellbare politische System war. Der Typus der ‚wirklichen‘ Monarchie liegt zu quer zu allen modernen Konzeptionen des politischen Lebens, denn das Königtum erhält seine Legitimität von einer **Gottheit,** nicht von den Menschen, die nur Untertanen, aber keine Bürger sind" (vgl. S.155/156).

„Als zentrales Erfordernis der Moderne" mußte daher, so Wengrow,

„die Institution des Königtums mit all ihren antiken Insignien an den Rand des historischen Bewußtseins gedrängt und als anomal, exotisch und todgeweiht dargestellt werden - eingefroren in der Zeit."

Der Archäologe zitiert in diesem Zusammenhang eine Passage aus der 1853 erschienenen ,Geschichte der Französischen Revolution' des radikaldemokratischen französischen Historikers Jules Michelet, in der dieser eindringlich – ja fast flehentlich – die Frage stellte:

„Wie lassen sich die Träume begraben - für immer begraben -, auf die wir früher einmal gern vertrauten: Das **väterliche Königtum***, die Regierung von Gottes Gnaden, die Milde der Monarchie und die Nächstenliebe des Priesters; das kindliche Vertrauen, der vorbehaltlose* **Glaube an die Götter hier unten***?"* ((266))

Verachtenswertes Königtum

Morgans und Engels' Ausführungen und Hypothesen zur Herrschaftsbildung in der Geschichte sind sicherlich nicht zuletzt auch vor diesem zeitgeschichtlichen Hintergrund zu sehen, und dass viele – wenn nicht sogar die meisten – der frühen König- und Häuptlingstümer auch noch religiös fundiert waren und ihre theokratischen Herrscher sich mit archaischer Theatralik als gottgesandte oder sogar selbst göttliche Potentaten inszenierten (vgl. Kapitel 8), machte die Sache aus republikanischer Sicht natürlich nicht besser, sondern als Kombination zweier grundlegender Übel noch schlimmer.

Die Monarchie als solche, wie man sie aus der jüngeren Geschichte kannte, war aus dem Blickwinkel dieses kämpferischen Antimonarchismus schon von Anbeginn schlichtweg ausbeuterisches und historisch destruktives Schmarotzertum, und allein schon der Gedanke an eine kulturgeschichtlich konstruktive und vorwärtsführende Rolle irgendeiner Monarchie im Zivilisierungsprozeß der Menschheit wäre angesichts dessen abwegig und widersinnig, ja geradezu obszön erschienen.

Vor diesem Hintergrund repräsentierten auch die großen und kulturgeschichtlich bedeutsamen Monarchien des Alten Orients von Ägypten über Mesopotamien bis nach Indien und China für Morgan, Marx und Engels in erster Linie die ihnen sprichwörtlich verhaßte *„allgemeine Sklaverei des Orients"* und *„orientalische Despotie"* (Marx, *‚Grundrisse'*; MEW 42, S.403 und 385; vgl. Teilband 4 dieser Studie über den Orient, Kapitel 2), und möglicherweise nicht zuletzt auch deshalb blendeten Morgan und Engels sie in der *‚Ancient Society'* und im *‚Ursprung'* in denen es ja erklärtermaßen um den kulturhistorischen *Fortschritt* von der ‚Barbarei' zur ‚Zivilisation' ging, nahezu vollständig aus (vgl. Teilband 4, Kapitel 5 und 6). ((267)) Für die Einsicht, dass dieser zivilisatorische Fortschritt gerade in der frühen Menschheitsgeschichte keineswegs nur in Athen, Rom oder am Rhein, sondern auch und vor allem im *Orient* stattgefunden hatte, war damals die Zeit auch von den historischen Quellenlage her offenkundig noch nicht reif (vgl. Teilband 4 dieser Studie über den Orient).

Vorwegnahme moderner Konzepte

Trotz ihrer skizzierten ‚militärischen Schlagseite' und Einseitigkeit nimmt sich Morgans und Engels' ‚Heerführertheorie' und Konzeption der *‚Militärischen Demokratie'* aus heutiger Sicht wie ein Vorläufer und früher Entwurf der modernen anthropologischen Konzeption des ‚Häuptlingstums' als eigenständiger evolutionärer Zwischenstufe zwischen akephaler Stammesgesellschaft und vollentwickeltem Staat aus (vgl.S.157/58). Offenkundig spürten bereits Morgan, Marx und Engels vor 140 Jahren die konzeptionelle Notwendigkeit einer solchen Übergangsperiode, die sie vor dem Hintergrund ihrer Heerführertheorie als *‚Militärische Demokratie'* bezeichneten, während heutige Anthropologen unter wesentlich stärkerer Betonung auch ‚ziviler' und religiöser Funktionen von *‚chiefdoms'* sprechen (vgl. Kapitel 10). Auch diese konzeptionelle Vorwegnahme und Übereinstimmung unterstreicht bei aller Unterschiedlichkeit im Detail den damaligen analytischen Weitblick von Morgan und Engels.

Versuch eines Resümees

Faßt man das Gesagte zusammen, so trat der Staat der Gesellschaft entwicklungsgeschichtlich also nicht plötzlich und gewissermaßen ‚aus dem Nichts heraus' als „*fremde Macht*" und
Herrschaftsinstanz ohne evolutionäre Wurzeln und Anknüp-
fungspunkte gegenüber, sondern seine Herausbildung

„knüpfte an die schon in Häuptlingstümern existierenden Assymmetrien und Statusdifferenzen an, welche lediglich ausgebaut und verschärft werden",

wie der Soziologe Günter Breuer schreibt. ((268)) Der Prozeß
der Staatsentstehung umfaßte historisch gesehen also durchaus
auch Elemente der *Kontinuität*, und dennoch bedeutete er eine
tiefgreifende gesellschaftliche Umwälzung und einen grundlegenden Umbruch, bei dem an einem gewissen Punkt der
schrittweisen evolutionären Entwicklung ein dialektischer
‚Umschlag von Quantität in Qualität' erfolgte und aus den bereits in vielen entwickelten Stammesgesellschaften existierenden Führungspositionen und „*Beamtungen*" (MEW 20, S.167)
etwas vollständig Neues entstand, nämlich ein von der Gesellschaft abgehobener und ihr zunehmend entfremdeter Macht-
und Herrschaftsapparat, der an die Stelle der bereits zuvor zunehmend bedeutsamer werdenden, aber immer noch mit dem
Volk verbundenen und seinen Interessen verpflichteten Vertre-
tungskörperschaften und Häuptlingstümer trat.
  „*Mit der Gentilverfassung ging es*" im Verlauf dieser
Entwicklung „*zu Ende*", wie Engels im ‚*Ursprung*' richtig
feststellte,

„*indem die Organe der Gentilverfassung teils umgestaltet, teils durch
Einschiebung neuer Organe verdrängt und endlich vollständig durch
wirkliche Staatsbehörden ersetzt wurden*" (MEW 21, S.107 und 111).

Die öffentlichen Ämter und ihre Bezeichnungen blieben zwar
mitunter noch eine Zeitlang dieselben, wie er am Beispiel des
antiken Athen und Rom nachzeichnete (MEW 21, S.107-116
ff. und S.124-126), doch ihr politischer und gesellschaftlicher

Charakter veränderte sich grundlegend und machte schließlich einer gänzlich neuen Gesellschafts- und Verfassungsordnung mit Monarchen und Herrschern statt Häuptlingen, aristokratischem Senat statt demokratischer Volksversammlung und kasernierter Armee und Polizei statt bewaffnetem Volk und Volksheer (vgl. S.150/151) Platz. Aus den *„ursprünglichen Dienern"* der Gesellschaft wurden auf diese Weise *„im Stillen"* (MEW 21, S.112) oder aber lautstark proklamiert ihre *„Herrn"*, wie Engels 1878 im ,*Anti-Dühring*' schrieb (MEW 20, S.166), und

*„im Besitz der öffentlichen Gewalt, (...) [standen] die Beamten nun da als Organe der Gesellschaft **über** der Gesellschaft"* (,*Ursprung*'; MEW 21, S.166).

Dabei konnte diese Entwicklung gleichermaßen aus der *„Verselbständigung"* und *„Machtvollkommenheit"* der Führungsämter selbst (,*Anti-Dühring*'; MEW 20, S.166; vgl. vorliegender Band S.86/87) wie auch aus dem gezielten Wirken durch das Privateigentum aufgestiegener ökonomischer Reichtumsklassen (,*Ursprung*'; MEW 21, S.105/106 und 166-168) erfolgen, ohne dass sie indes *zwangsläufig* war, wie in Kapitel 9 gezeigt. Wäre sie dies gewesen, so hätte es im 19.Jahrhundert keine indigenen Völker und akephalen Stammeskulturen mehr gegeben, an deren Beispiel Morgan und nachfolgende Generationen von Anthropologen die vorstaatlichen Gesellschaften hätten erforschen und durch Verknüpfung mit den Ergebnissen der sich damals gleichfalls neu herausbildenden prähistorischen Archäologie (vgl. Teilband 2 dieser Studie) die Grundlinien der kulturellen und sozialökonomischen Menschheitsentwicklung hätten nachzeichnen können - mit allen in diesem Band beschriebenen zeitbedingten Limitierungen und Irrtümern, aber als dennoch verdienstvolles und unverzichtbares Fundament aller späteren anthropologischen und frühgeschichtlichen Forschung.

Anmerkungen und Zitatennachweis

((1)) Thomas Wagner, Irokesen und Demokratie. Münster 2004, S.146.

((2)) Jürgen Wolter, Die Suche nach nationaler Identität. Entwicklungstendenzen des amerikanischen Dramas vor dem Bürgerkrieg. Bonn 1982, S.153. Hier zit. n. Thomas Wagner, Irokesen und Demokratie. Münster 2004, S.149/50.

((3)) Thomas Wagner, Irokesen und Demokratie. Münster 2004, S.146/47 und S.154 Fußnote 363. Ruth H. Bloch in: Jack: P. Greene/J. R. Pole (Hg.), The Blackwell Encyclopedia of the American Revolution. Malden/Oxford 1999, S.603. zit. n. Wagner, S.153.

((4)) Thomas Wagner, Irokesen und Demokratie. Münster 2004, S.156 und 158.. Vgl. Martin Klemrath auf welt.de vom 16.12.23: „Die Kostümierung [der Aufständischen, MK] als Indianer, mit Tomahawks und Gesichtsbemalung, sollte den Aufstand nicht etwa in die Schuhe der Ureinwohner schieben. Vielmehr sollte die Montur (…) symbolisch unterstreichen, dass sich die Kolonisten nun als originäre Amerikaner verstanden und eben nicht mehr als Untertanen der britische Krone. Das war eine klare Kampfansage an das British Empire."

Auch der indianische US-Historiker Philip J. Deloria urteilt: „Das Ausspielen eines indianischen Amerikanertums gewährte eine wirkungsmächtige Grundlage für nachfolgendes Bestreben um eine nationale Identität. (…) ‚Indianerspiel' ist eine dauerhafte Tradition in der amerikanischen Kultur geworden, die sich vom Moment des nationale Urknalls bis zur (…) Gegenwart und Zukunft fortsetzt" (zit. n. wikipedia, ‚Boston Tea Party').

((5)) Siehe dazu beispielsweise die Artikel ‚Rassismusdebatte: Die Statuen fallen auch im Sport' von Fabian Held sowie ‚Das Skalpieren geht weiter' von Ronny Blaschke auf zeit-online vom 14. und 27. Juli 2020. In letzterem Artikel beschreibt Blaschke auch den sog. Tomahawk Chop, ein traditionelles Stadionritual bei Sportclubs in Florida, Atlanta oder Kansas City. „Zehntausende Fans bewegen dabei ihren Unterarm vor und zurück, sie simulieren eine Streitaxt und wollen kampfbereit wirken".

((6)) Nach einer Formulierung von Roy Harvey Pearce (Rot und Weiss. Die Erfindung des Indianers durch die Zivilisation. Stuttgart 1991, S.241) sah man den amerikanischen Ureinwohner einerseits „als einen von der Natur hervorgebrachten Aristokraten, der vielleicht sogar über seinen zivilisierten Eroberern" stand, andererseits aber auch als „eine geradezu unmenschliche Kreatur, die sehnsüchtig auf ihre Ausrottung wartet."

((7)) Jürgen Wolter, Die Suche nach nationaler Identität. Entwicklungstendenzen des amerikanischen Dramas vor dem Bürgerkrieg. Bonn 1982, S.153.

Hier zit. n. Thomas Wagner, Irokesen und Demokratie. Münster 2004, S.149/50. Wolter ebd. weiter: „Zum einen entwarf man aufgrund der täglichen Erfahrung an der *frontier* das Bild eines grausamen und hinterlistigen Wilden, der dem gottgewollten Vormarsch der westlichen Zivilisation entschlossen und mit allen Mitteln entgegentrat. (…) Zum anderen bewunderte man seine Naturverbundenheit und Zivilisationsferne und entwickelte im Anschluß an europäische Theorien Ideen vom edlen Wilden, in dem die Harmonie mit der unverfälschten Natur zwangsläufig zu einem tugenhaften Charakter in natürlicher Freiheit führte."

((8)) Zit. n. Thomas Wagner, Irokesen und Demokratie. Münster 2004,S.150.

((9)) Roy Harvey Pearce, Rot und Weiss. Die Erfindung des Indianers durch die Zivilisation. Stuttgart 1991, S.188.

((10)) Jack Weatherford, Das Erbe der Indianer. Wie die Neue Welt Europa verändert hat. München 1995, S.146.

((11)) Im Mittelpunkt von Voltaires Darstellung und verkappter Kritik standen dabei der Klerus, die Standeshierarchie und der nationale Hochmut der Franzosen. Eine vielen Lesern sicherlich bekanntere Zivilisationskritik aus dem Blickwinkel eines ‚Eingeborenen' beinhaltete das 1920 veröffentlichte Buch *‚Der Papalagi – die Reden des Südseehäuptlings Tuiavii aus Tiavea'* des deutschen Malers und Schriftstellers Erich Scheurmann, das in der Ökologie- und Alternativbewegung der 1980er Jahre ein auflagenstarkes Comeback erlebte.

((12)) Jack Weatherford, Das Erbe der Indianer. München 1995, S.156.

((13)) Thomas Paine zit. n. Jack Weatherford, Das Erbe der Indianer. München 1995, S.151. „Anarchie": Ders.., S.156/57.

((14)) Jack Weatherford, Das Erbe der Indianer. München 1995, S.156.

((15)) Bereits im April 1884 hatte Engels in einem Brief an Karl Kautsky angekündigt, er wolle im *‚Ursprung'* als *„einen Hauptpunkt (...) nachweisen, wie genial Fourier in so vielen Sachen den M[organ] antizipiert hat. Fouriers Kritik der Zivilisation tritt erst durch M[organ] in ihrer ganzen Genialität hervor. Und das kostet Arbeit"* (MEW 36, S.143) - zu der Engels letztlich indes die notwendige Zeit fehlte (vgl. Teilband 4 dieser Studie, Kapitel 6).

((16)) Ausführlich nachgezeichnet und diskutiert bei Thomas Wagner, Irokesen und Demokratie. Münster 2004, S.181-192.

((17)) Jack Weatherford, Das Erbe der Indianer. München 1995, S.161 und 163.

((18)) Vgl. dazu beispielsweise den Artikel *„Influence on Democracy'* auf der Website *haudenosauneeconfederacy.com*. Ausführlich und abwägend diskutiert auch in: Thomas Wagner, Irokesen und Demokratie. Münster 2004, S.126-34.

((19)) Zit. n. Roy Harvey Pearce, Rot und Weiss. Die Erfindung des Indianers durch die Zivilisation. Stuttgart 1991, S.242/43. Auch zit. in: Thomas Wagner, Irokesen und Demokratie. Münster 2004, S.150/151. Hervorh. von mir.

((20)) Alexis de Toqueville (*Über die Demokratie in Amerika, Bd.1, S.196*) und Joseph Francois Lafitau, zit. n. Jack Weatherford, Das Erbe der Indianer. Wie die Neue Welt Europa verändert hat. München 1995, S.149 und 152.

((21)) Carl Resek, Lewis Henry Morgan – American Scholar. Chicago 1960, S.15. Vgl. dazu auch den Konferenzband: Ulrich Niggemann/Kai Ruffing (Hg.), Antike als Modell in Nordamerika? Historische Zeitschrift Beiheft 55. Marburg/München 2011.

((22)) Ulrich Niggemann/Kai Ruffing (Hg.), Antike als Modell in Nordamerika? Historische Zeitschrift Beiheft 55. Marburg/München 2011, S.5. Die Autoren vermerken als Beispiel, dass „etwa das *State Capitol* von Virginia in Richmond einem römischen Tempel in Nimes nachempfunden ist." Zum Einfluß der Antike auf die gründerzeitliche Bauweise in Amerika siehe beispielsweise auch; Torsten Mattern, *„Die Antike als Vorbild der US-Architektur'* (ebd. S.277-304), nach dessen Worten die Gründerväter der USA „die Vorbildhaftigkeit von Griechenland und Rom für die amerikanische Demokratie betonten."
Der amerikanische Anthropologe Jack Weatherford beschreibt in seinem Buch *„Das Erbe der Indianer'* (München 1995, S.159) das *Capitol* in Washington als „Allerheiligstes der amerikanischen Demokratie" nicht ohne Ironie wie folgt: „Zwei riesige Flügel von exaktem Gleichmaß erstrecken sich zu beiden Seiten einer römischen Kuppel. Der schmückende Wald griechischer Säulen könnte als Ruine ebenso in Rom oder Neapel stehen wie in Athen oder Korinth. Das Capitol der Vereinigten Staaten ist eine Apotheose eines altweltlichen Erbes. (…) Die Bilder, Friese und Büsten in den Vestibülen stellen berühmte politische Denker dar, von Hammurabi und Salomon bis Rousseau und Voltaire, und in den Gängen stehen Statuen von amerikanischen Politikern in griechischen Tuniken und römischen Togen, als handelte es sich um römische Senatoren oder griechische Redner. Griechische Büsten der Vizepräsidenten der Vereinigten Staaten reihen sich in den Gängen des Senats und geben ihnen die Aura eines klassischen Friedhofs. (…) Gebäude und Ausstattung weisen stolz auf ihre Rolle beim großen europäischen Vormarsch von Zivilisation und Fortschritt hin."

((23)) Jack Weatherford, Das Erbe der Indianer. Wie die Neue Welt Europa verändert hat. München 1995, S.173-175. Vgl. auch Thomas Wagner, Irokesen und Demokratie. Münster 2004, S.174.

((24)) Lewis H. Morgan, Die *Urgesellschaft.* Stuttgart 1891, S.73.

((25)) Morgan schrieb in seiner ‚*Urgesellschaft*‘ (Stuttgart 1891, S.XV) wörtlich, in den „*gesellschaftlichen Einrichtungen, Künsten, Erfindungen und Erfahrungen der indianischen Rasse*“ spiegle sich „*mehr oder weniger genau die **Geschichte unserer eigenen Vorfahren in der Urzeit** auf der entsprechenden Enwicklungshöhe.*“ Ebd. weiter: „*Zur Zeit ihrer Entdeckung repräsentierten die amerikanischen Indianer **drei verschiedene Kulturstufen**, und zwar vollkommener, als sie irgendwo sonst auf der Erde repräsentiert waren. Sie boten daher für die Ethnologie, Philologie und Archäologie Material in einem Überfluß, der seines Gleichen nicht hatte*“ (vgl. Teilband 2 dieser Studie, S.43-45).

((26)) Schon Marx verspottete die europäischen Gelehrten 1881/82 in seinen ethnologischen Exzerptheften (hg. von Lawrence Krader. Frankfurt/Main 1976, S.295) als „*geborene Fürstenbediente*“ und sprach beispielsweise vom „*öligen Gladstone*“, was Engels im ‚*Ursprung*‘ (MEW 21, S.103) genüßlich zitierte (vgl. S.167). Engels selbst fügte in seiner Schrift dann noch scharfe Polemiken gegen einflußreiche zeitgenössische Historiker wie Theodor Mommsen (MEW 21, S.120 ff.), George Grote und Barthold Niebuhr hinzu, die er unter anderem als „‚*ideale*‘, d. h. stubenhockerische Schriftgelehrte“ bezeichnete (MEW 21, S.101), und beschimpfte in seiner zeitgleichen Korrespondenz die führenden europäischen Prähistoriker als „*Lumpenpack*“, „*Sippschaft*“ und „*Diebe*“ (MEW 38, S.114 und 116/17) – eine abfällige Haltung, die der auf fachliche Anerkennung gerade auch in Europa bedachte Morgan selbst niemals geteilt hätte (vgl. Teilband 1 dieser Studie, S.45-47 und Teilband 2, S.45-49.

((27)) Am deutlichsten wird dieser Kontrast der Zeit ‚vor‘ und ‚nach Morgan‘ bei einem Vergleich des ‚*Ursprung*‘ mit Engels‘ sieben Jahre zuvor (1876-78) verfaßtem ‚*Anti-Dühring*‘ und seinen (nicht fertiggestellten) Frühgeschichtsmanuskripten aus den Jahren 1881/82, in denen er zum Teil noch deutlich andere historische Anschauungen und Erklärungsmodelle vertrat (vgl. Teilband 2 dieser Studie, Kap. 2 und 3).

((28)) Lewis H. Morgan, Die Urgesellschaft. Stuttgart 1891, S.59 und 106 (Hervorh. von mir, MK). Vgl. dazu auch Engels‘ Zusammenfassung im ‚*Ursprung*‘: „*(Die Irokesen) lebten von Fisch, Wild und **rohem Gartenbau**, wohnten in Dörfern, die meist durch ein Pfahlwerk geschützt, (und waren) nie über 20 000 Köpfe stark*“ (MEW 21, S.93). Ebd. S.32 hingegen mit etwas anderer Gewichtung: „*Bei den Indianern der Unterstufe der Barbarei (wozu alle östlich des Mississippi gefundenen gehörten) bestand zur Zeit ihrer Entdeckung schon eine gewisse **Gartenkultur** von Mais und vielleicht auch Kürbissen, Melonen und anderen Gartengewächsen, die einen **sehr wesentlichen Bestandteil ihrer Nahrung** lieferte; sie wohnten in hölzernen Häusern, in verpalisadierten Dörfern.*“

((29)) Thomas Wagner, Irokesen und Demokratie. Münster 2004, S.42/43. Aus Gründen der besseren Lesbarkeit habe ich eine Fußnote Wagners in seinen Fließtext eingefügt.

((30)) Thomas Wagner, Irokesen und Demokratie. Münster 2004, S.53 Anm.71. Cartier zit. n. nach wikipedia,de, Artikel ‚Irokesen‘.

((31)) Es handelte sich dabei um das Ahornfest, das Maisaussaatfest, das Erdbeerfest, das Maisreifefest, das Maiserntefest und das Mittwinterfest (vgl. dazu wikipedia,de, Artikel ‚Irokesen‘). *„Jede Gens lieferte eine Anzahl soge-nannter ‚Hüter des Glaubens‘, sowohl Männer als auch Frauen“*, schreibt Lewis Morgan (Die Urgesellschaft. Stuttgart 1891, S.69/70) dazu, *„die zusammen mit der feierlichen Begehung dieser Feste beauftragt wurden. (...) [Sie] bestimmten die Tage, an denen die Feste abgehalten werden soll-ten, trafen zu der Feier die erforderlichen Vorbereitungen und leiteten die Zeremonien in Gemeinschaft mit den Sachems und Häuptlingen des Stam-mes, die ex officio* [= von Amts wegen, MK] *‚Hüter des Glaubens‘ waren.“*

((32)) Thomas Wagner, Irokesen und Demokratie. Münster 2004, S.66-68.

((33)) Roy Harvey Pearce, Rot und Weiss. Die Erfindung des Indianers durch die Zivilisation. Stuttgart 1991, S.48. Pearce erwähnt auf S.181 Anm. 56 ausdrücklich auch „Morgans Beharren [in seiner *‚League of the Iroquois‘* von 1851, MK] auf der Feststellung, daß die Irokesen – ungeachtet ihres offenkundigen Farmerlebens – als Jägerkultur anzusehen seien.“ Vgl. dazu auch Berhard Stern, Lewis Henry Morgan. Chicago 1931, S.64.

((34)) Morgan unterschied in seiner *‚Ancient Society‘* unter den Ureinwoh-nern Amerikas explizit zwischen den mittel- und südamerikanischen *„Dor-findianern, welche für ihren Lebensunterhalt fast ausschließlich auf den Gartenbau angewiesen waren“*, und den *„keinen Gartenbau treibenden Indianern“* des Nordens, *„die von Fischen, mehlhaltigen Wurzeln und von Wildpret lebten.“* Die Irokesen rechnete er dabei dabei einer Zwischenform, nämlich den *„Dorfindianern mit etwas Gartenbau“* zu (Lewis H. Morgan, Die Urgesellschaft. Stuttgart 1891, S.128). Ebd S.58 schrieb der Anthropo-loge: *„Bei ihrer Entdeckung befanden sich die Irokesen auf der* **Unterstufe der Barbarei** *und waren in den Künsten des Lebens, die zu diesem Zustand gehören, tüchtig vorgeschritten.“* Auf S.126 wiederholte er nochmals: *„Der Irokesenbund ist ein treffliches Beispiel einer Gentilgesellschaft (...) in der Unterstufe der Barbarei“*, räumte auf S.92 aber gleichzeitig ein: *„Der* **Gar-tenbau** *verbreitete sich unter den bedeutendsten, auf der Unterstufe der Barbarei befindlichen Stämmen, und diente wesentlich dazu, ihre Lage zu verbessern.“*
    Dies stand im Widerspruch zu seiner eigenen Periodeneinteilung, nach der der Pflanzenabau erst in der *‚Mittelstufe der Barbarei‘* richtig be-gann (vgl. Teilband 2 dieser Studie), und diesen Widerspruch übernahm auch Engels unaufgelöst in den *‚Ursprung‘*, in dem er einerseits die *‚Mittelstufe der Barbarei‘* mit der *„Kultur von Nährpflanzen mittels Berieselung“* begin-

218

nen ließ und *„alle (Indianer) östlich des Mississippi"* (darunter auch die Irokesen) summarisch der barbarischen *‚Unterstufe'* zuordnete, ihnen andererseits aber *„schon eine gewisse Gartenkultur von Mais und vielleicht auch Kürbissen, Melonen und anderen Gartengewächsen"* zuschrieb, *„die einen* **sehr wesentlichen** *Bestandteil ihrer Nahrung lieferte"* (MEW 21, S.32).

In seiner 1851 erschienenen Monographie über die *‚Irokesenliga'* hatte Morgan die Irokesen wie erwähnt noch explizit der *„Kulturstufe des Jägers"* zugeordnet (vgl. S.27 und Anm. 35).

((35)) Lewis H. Morgan, Die Urgesellschaft. Stuttgart 1891, S.106. Ungeachtet ihrer dominierenden Pflanzerökonomie bezeichnete es Morgan in seiner bereits 1851 erschienenen Monographie über die *‚Irokesenliga'* explizit als fraglich, ob es möglich sein werde, die Irokesen trotz ihrer Begabungen und Leistungen *„von der Kulturstufe des Jägers auf das Niveau einer Agrarkultur anzuheben. Das Stadium des Jägers ist der Ursprung der menschlichen Gesellschaft, und solange der rote Mann in diesem Zauberband gefesselt blieb, gab es keine Hoffnung auf Weiterentwicklung"* (zit. n. Roy Harvey Pearce, Rot und Weiss. Die Erfindung des Indianers durch die Zivilisation. Stuttgart 1991, S.183).

((36)) Lewis H. Morgan, Die Urgesellschaft. Stuttgart 1891, S.53, 55 und 73.

((37)) Morgan schrieb dazu in seiner *‚Urgesellschaft'* (Stuttgart 1891, S.53) erläuternd: *„Gens, genos und ganas in Latein, Griechisch und Sanskrit haben sämtlich die ursprüngliche Bedeutung von Blutsverwandtschaft. (...) Hierdurch war für jede Gens eine unmittelbare gemeinsame Abstammung der Mitglieder ausgedrückt".* Vgl. dazu Engels' noch etwas ausführlichere etymologische Erläuterung der Herkunft des Wortes im *‚Ursprung'*: *„Das lateinische Wort gens, welches Morgan allgemein für diesen Geschlechtsverband anwendet, kommt wie das griechische gleichbedeutende genos von der allgemein-arischen Wurzel gan, (...) welche erzeugen bedeutet. Gens, genos, sanskrit dschanas, gotisch (...) kuni, altnordisch und angelsächsisch kyn, englisch kin, mittelhochdeutsch künne bedeuten gleichmäßig Geschlecht, Abstammung"* (MEW 21, S.85/86).

((38)) Morgan begründete dies in der *‚Urgesellschaft'* (Stuttgart 1891, S.55) wie folgt: *„In der amerikanischen Ethnographie sind die Bezeichnungen Stamm und Clan an Stelle der Gens als gleichbedeutende Ausdrücke gebraucht worden, weil man die Universalität der Gens nicht gekannt hat. Auch ich habe mich in meinen früheren Werken im Anschluß an meine Vorgänger ihrer bedient. Ein Vergleich des Indianer-Clan mit der Gens der Griechen und Römer enthüllt [indes] sofort ihre Identität in der Struktur und in den Funktionen. Diese erstreckt sich auch auf die Phratrie und den Stamm. Wenn daher die Identität all dieser Organisationen nachgewiesen werden kann, woran nicht zu zweifeln ist, so ist es offenbar durchaus angemessen, zur griechischen und lateinischen Terminologie, die ebenso präzis und vollständig wie historisch ist, zurückzukehren. Ich habe in dieser Hinsicht die erforderlichen Substitutionen [= Ersetzungen, MK] gemacht."*

((39)) Lewis H. Morgan, Die Urgesellschaft. Stuttgart 1891, S.62, 74 und 79. *„Sechs, acht und zehn (Gentes) war die gewöhnliche Zahl"*, so Morgan ebd. S.62 weiter, *„die Irokesenstämme hatten eine Gesamtzahl von 38 Gentes."* Ebd. S.73/74 konkretisierte der Ethnologe: *„3000 Senekas, gleichmäßig unter acht Gentes verteilt, geben eine Durchschnittsziffer von 375 Personen für jede Gens. 15 000 Ojibwas, gleichmäßig unter 23 Gentes verteilt, ergeben 650 Personen für jede Gens. Die Cherokesen zählten im Durchschnitt mehr als 1000 Personen in jeder Gens."* Die im Orginaltext der deutschen Ausgabe ausgeschriebenen Zahlenangaben *(„dreihundertfünfundsiebzig"* etc.) sind von mir der Einfachheit halber in arabische Ziffern umgesetzt.

((40)) Thomas Wagner, Irokesen und Demokratie. Münster 2004, S.43 und S.50/51 faßt den heutigen Forschungsstand für die Irokesen wie folgt zusammen: „Die in einem Langhaus wohnenden Nachkommen einer gemeinsamen Ahnfrau bilden die kleinste politische Einheit, die etwa zwischen 50 oder 200 Personen umfassende *Matri-Lineage* oder *Ohwachira."* - „Mehrere *Ohwachiras* bilden zusammen einen Clan. Davon gibt es insgesamt neun, die sich auf die verschiedenen Nationen verteilen. Einige sind in allen fünf [Irokesenstämmen, MK] vorhanden und binden die einzelnen Nationen über fiktive Verwandtschaftsbeziehungen enger aneinander. (…) Bei den Seneca wird das *Totem*-Tier eines Clans [vgl. S.70] über die Tür geschnitzt und rot bemal. Auf diese Weise ist es auswärtigen Besuchern leicht gemacht, einen Ort zu finden, an dem ihre Clangenossen ihnen Gastfreundschaft gewähren".

((41)) Als ein Beispiel unter Vielen sei genannt: Susan Arndt, Rassistisches Erbe. Wie wir mit der kolonialen Vergangenheit unserer Sprache umgehen. Duden-Verlag Berlin 2022. Dort befindet sich ,Indianer' in bester Gesellschaft anderer Bezeichnungen wie ,Stamm', ,Häuptling', ,Volk' oder ,Orient' auf dem Index der als „Fallbeispiele rassistischer Wörter' aus dem Sprachgebrauch zu tilgenden Begriffe.

((42)) Amerigo Vespucci erkundete in der Zeit um 1500 auf mehreren Seereisen die südamerikanische Ostküste und erkannte im Gegensatz zu Kolumbus, dass es sich um einen den Europäern bislang gänzlich unbekannten Kontinent – eine *Mundus Novus* = *„Neue Welt"* handelte. Er fertigte mehrere (leider nicht überlieferte) geographische Karten dieser *Terra incognita* an und benannte verschiedene südamerikanische Regionen nach europäischen Vorbildern (z. B. *Venezuela* = ,Klein-Venedig'). Da Vespuccis Karten und Berichte damals weit verbreitet und einflußreich waren, bezeichnete der deutsche Kartograf Martin Waldseemüller 1507 auf einer Weltkarte den amerikanischen Kontinent erstmals nach Vespuccis latinisiertem Namen (*Americus Vesputius*) als *Amerige* (= ,Land des Americus') und erfüllte damit den persönlichen Wunsch des Spaniers, *„daß meine Erinnerung in der Nachwelt weiterleben möge"* (zit. n. wikipedia.de, ,Amerigo Vespucci').

((43)) Eine aktuelle Auflistung zahlreicher indigener Aktionsgruppen und Organisationen mit der Eigenbezeichnung ,Indian/s' im Namen (wie z. B. *American Indian Movement* oder *National Congress of American Indians*) findet sich in dem sehr lesenswerten und informativen Internetartikel ‚7 Gründe, warum wir den Begriff ‚Indianer‘ verwenden‘ auf der Website *arbeitskreis-indianer.at.* Diese österreichische Organisation betont dabei ausdrücklich ihre progressive politische Ausrichtung und ihre enge Zusammenarbeit mit Vertretern der amerikanischen Indianerbewegung und zitiert in dem genannten Artikel eine ganze Reihe mit ihr befreundeter Indigener, die sich gleichfalls gegen eine pauschale Ablehnung und Verteufelung des Indianerbegriffs wenden.

((44)) Der indigene *Apsáalooke* Kendall Old Elk, zit. n. *Spiegel-Geschichte* 1/2023 ‚Die ersten Amerikaner‘, S.18. Dieser wegen seiner Themenvielfalt und Materialfülle durchaus empfehlenswerte *Spiegel*-Themenband geht im Umgang mit den Begriffen einen ebenso interessanten wie charakteristischen Weg, indem er die Bezeichnung ‚Indianer‘ zwar einerseits dem Zeitgeist entsprechend als fragwürdig und diskriminierend in Frage stellt (z. B. auf S.20), andererseits aber - vermutlich um der sprachlichen Abwechslung willen - zum Teil dennoch weiterbenutzt - freilich verschämt in Anführungszeichen gesetzt (*„die ‚Indianer‘“*).

((45)) Zur Illustration benutze ich oft scherzhaft das Beispiel einer kleinen Fußgängerbrücke über den Neckar in meiner Heimatstadt Tübingen, die im Volksmund ‚Indianersteg’ heißt, weil darauf früher Kinder häufig ‚Cowboy und Indianer‘ spielten. Würde man diesen ‚Indianersteg’ nach der heute als politisch korrekt geltenden Sprachregelung in ‚Indigenensteg‘ umbenennen, so wäre dies dem Wortsinn nach gleichbedeutend mit ‚Schwabensteg‘, da am hiesigen Neckar eben nicht die Indianer, sondern die Schwaben die ‚Indigenen‘ sind.

((46)) „‚Indigen‘ ist eine völkerrechtlich definierte *politische* Kategorie, die keinerlei Rückschluss auf die Lebensweise zulässt“, heißt es dazu richtig in dem Artikel ‚Indigene‘ auf wikipedia.de: „Eine große Zahl der Indigenen hat heute einen westlichen Lebensstil.“ Der Begriff ‚Indianer‘ bezieht sich dagegen in der Regel auf die Zeit der Unabhängigkeit der amerikanischen Ureinwohner und ihre noch eigenständige Lebensweise und Kultur.

((47)) In neueren Wörterbüchern ist für ‚indigen‘ zwar oftmals dem heutigen Sprachgebrauch entsprechend die Übersetzung ‚einheimisch‘ an erster Stelle genannt; meine Duden-Ausgabe aus dem Jahr 1982 nennt hingegen etymologisch korrekt noch an erster Stelle die Wortbedeutung *‚eingeboren‘* - mit dem redaktionellen Zusatz: „veraltet“.

((48)) Tatsächlich sind sich die Vertreter des *woken* Denkens und Sprachgebrauchs natürlich in der Regel über die etymologische und historische Vorbelastung der genannten Begriffe im Klaren und rechtfertigen ihre Verwendung, indem sie sie komplett aus ihrem kolonial- und rassismusgeschichtlichen Kontext herauslösen und in ihrem Bedeutungsgehalt geradezu umkehren. „Übrigens beziehen sich weder PoC [‚*People* oder *Person of Color*‘, MK] noch *Schwarz* – mit großem S geschrieben – auf Hautfarben“, heißt es dazu etwa in einem Artikel der *taz* über ‚*antirassistische Sprache*' aus dem Jahr 2020. „Ebenso wenig meinen sie eine ethnische Zugehörigkeit oder Abstammung wie zum Beispiel afroamerikanisch, sondern sie stehen für eine Verbundenheit durch ähnliche Rassismuserfahrungen." - „Auch *weiß* markiert keine Hautfarbe", so der Artikel weiter: „Der Begriff wird klein und häufig kursiv geschrieben, um seinen Charakter als Ideologie statt physischer Tatsache zu markieren. Er zielt auf die gesellschaftspolitische Position der so Bezeichneten ab: im Rahmen rassifizierender Vorstellungen zugehörig zur Mehrheit, Macht ausübend, normgebend" (‚*Schwarz ist keine Farbe*'; taz-online, abgerufen am 26.11.23; Hervorhebungen von mir, MK). Nach dieser vermeintlich ‚linken' Definition wäre ein weißer Obdachloser oder Leiharbeiter also qua Herkunft und gesellschaftlicher Position immer noch privilegiert und ‚machtausübend' gegenüber einem schwarzen Firmenchef oder Bankier.

Einzig durch diese vollständige Abkopplung von ihren etymologischen Wurzeln und Herauslösung aus ihren ursprünglichen Bedeutungen und Zusammenhängen ist es den Verfechtern der *woken* Linguistik möglich, aus historisch eindeutig rassistisch gefärbten Schubladenbezeichnungen ‚progressive' Code- und Schlüsselwörter einer Szenesprache mit antirassistischem und ‚emanzipatorischen' Anspruch zu machen. Angesichts solcher sprachlicher Um- und Neudeutungsbereitschaft stellt sich allerdings die Frage, warum eine ähnliche Flexibilität nicht auch gegenüber dem Indianerbegriff an den Tag gelegt wird, sondern dieser im Gegensatz dazu mit sprachdirigistischer Rigorosität komplett aus dem Sprachgebrauch getilgt und zum Verschwinden gebracht werden soll.

((49)) Thomas Wagner, Irokesen und Demokratie. Münster 2004,S.48/49. Ders. ebd. S.48 Anm.54: „Das Arrangement der exogamen Ehen ihrer Kinder, die in der Regel nicht gefragt wurden, ist das Vorrecht der Frauen der Familien, die sich dafür zuweilen mit anderen Personen ihres Clans besprechen."

((50)) „Im 16. Jahrhundert können solche Langhäuser noch bis zu zwölf Wohneinheiten umfassen und damit etwa 120 Personen beherbergen", so Thomas Wagner, Irokesen und Demokratie. Münster 2004, S.49 Anm.56: „Wallace rechnete bei den Seneca nur noch mit 50 bis 60 Langhausbewohnern."

((51)) Thomas Wagner, Irokesen und Demokratie. Münster 2004, S.49.

((52)) Thomas Wagner, Irokesen und Demokratie. Münster 2004, S.61-63. Wagner ebd. S.63/64 weiter: „Stellen Gleichheitsnormen in der ökonomischen Sphäre sicher, dass ein dynamischer Ausgleich von Besitzunterschieden keine dauerhaften Ungleichheiten entstehen läßt, so korrespondiert die politische Gleichheit mit einer Sozialisation, die eine typische Abneigung gegen Befehle hervorbringt."

((53)) Lewis H. Morgan, Die Urgesellschaft. Stuttgart 1891, S.73 und 64/65.

((54)) Lewis H. Morgan, Die Urgesellschaft. Stuttgart 1891, S.59/60.

((55)) Lewis Morgan, Die Urgesellschaft. Stuttgart 1891, S.62. Die Seneka-Irokesen zählten nach Morgans Angaben um die Mitte des 19. Jahrhunderts *„im Staate New York ungefähr einige dreitausend Personen und haben acht Sachems und circa sechzig Häuptlinge"*. Vgl. dazu auch Thomas Wagner, Irokesen und Demokratie. Münster 2004, S.65 Anm.131.

((56)) Jack Weatherford, Das Erbe der Indianer. München 1995, S.165. Vgl. Lewis Morgan, Die Urgesellschaft. Stuttgart 1891, S.60.

((57)) Lewis Morgan, Die Urgesellschaft. Stuttgart 1891, S.122. Der Anthropologe ebd. weiter: Der Name sei vollständig *„angemessen für einen Leiter in einer Art von freier Demokratie."*

((58)) Lewis Morgan, Die Urgesellschaft. Stuttgart 1891, S.60/61. Auf einer aktuellen Internetseite der wiedergegründeten Irokesen-Konföderation wird die traditionelle Rolle der Friedenshäuptlinge bei dieser indigenen *Nation* wie folgt beschrieben: „Häuptlinge sind männliche Clanführer, die als Vertreter ihrer Clans im *Grand Council* [= irokesischen Bundesrat, MK] auftreten. Manchmal *Hoyaneh* oder ‚Hüter des Friedens‘ genannt, wird der Häuptling von der Clanmutter (*Clan Mother*) ausgewählt. Sie verleiht den Titel, der nicht durch Vererbung in männlicher Linie weitergegeben werden kann. Während der Häuptling von der Clanmutter in seine Stellung eingesetzt wird, behält er sein Amt lebenslang, sofern er nicht gegen die Richtlinien verstößt, um zu deren Durchsetzung er zum Häuptling ernannt wurde. Die Clanmütter wählen Männer aus, die aufrichtig, zuverlässig, vertrauenswürdig und klarköpfig sind und die die Gesetze und Werte der [Irokesen]Liga kennen. (…) Häuptlinge sollen Ratgeber (*mentors*) ihres Volkes sein. Ihre Herzen sollen voller Frieden und gutem Willen sein und ihr Geist erfüllt von Sehnsucht nach dem Wohlergehen des Volkes der Förderation. (…) Jede Nation besitzt eine unterschiedliche Anzahl an Häuptlingen, von denen jeder über dieselbe Macht und Autorität verfügt" (zit. n. *haudenosauneeconfederacy.com,* Artikel *‚chiefs‘;* Übersetzung von mir, MK).

((59)) „Der Titel eines *Pine Tree Chiefs* kann durch hervorragende Redeleistungen in Ratsversammlungen oder durch Bewährung im Krieg erworben, aber als individuelle Auszeichnung nicht vererbt werden", schreibt Thomas Wagner (Irokesen und Demokratie. Münster 2004, S.70) dazu: „Sie leisten als Mittelspersonen zwischen Bundeshäuptlingen und dem gewöhnlichen Volk ihren Beitrag dazu, dass sich die ‚Regierung‘ nicht den ‚Regierten‘ entfremdet."

((60)) Jack Weatherford, Das Erbe der Indianer. München 1995, S.170. Das englische Wort ‚Chief‘ sei „den indianischen Stämmen von britischen Beamten aufgezwungen worden", so Weatherford ebd. weiter, „weil sie jemanden brauchten, mit dem sie Handel treiben konnten und der Verträge unterzeichnete." Aus dem gleichen Grund erklärten die Kolonisten die indigenen Repräsentaten teilweise sogar tatsachenwidrig zu ‚Königen' (vgl. S.145 und Anm. 199).

((61)) Lewis H. Morgan, Die Urgesellschaft. Stuttgart 1891, S.62 und 73.

((62)) Zit. n. Thomas Wagner, Irokesen und Demokratie. Münster 2004, S.41.

((63)) Thomas Wagner, Irokesen und Demokratie. Münster 2004, S.42, 51 und 56.

((64)) Lewis H. Morgan, Die Urgesellschaft. Stuttgart 1891, S.62.

((65)) Lewis H. Morgan, Die Urgesellschaft. Stuttgart 1891, S.72 (vgl. MEW 21, S.89). Thomas Wagner, Irokesen und Demokratie. Münster 2004, S.53 schreibt dazu: „In den häufigen Ratsversammlungen der einzelnen Nationen können sich neben den männlichen und weiblichen Clan-Häuptlingen (…) auch gewöhnliche Krieger und Frauen Gehör verschaffen. (…) Die jeweils praktizierte Form der Entscheidungsfindung variiert im Detail, ist jedoch stets strikt konsensgebunden."

((66)) Lewis H. Morgan, Die Urgesellschaft. Stuttgart 1891, S.76, 80-83 und 86 (vgl. MEW 21, S.89/90). In manchen Gentilgesellschaften hatten die Phratrien Morgan (S.83) zufolge auch eine besondere militärische Funktion: „*Bei den Dorfindianern von Mexiko und Zentralamerika (...) hatte jede Phratrie eine besondere militärische Organisation, besondere Tracht und Fahne und ihren obersten Kriegshäuptling. (...) Sie zogen phratrienweise in den Kampf. Die Organisation einer Kriegsmacht nach Phratrien und Stämmen war [auch] den homerischen Stämmen nicht unbekannt. So rät Nestor [in Homers ‚Ilias' II, 362; vgl.S. 165 ff., MK] dem Agamemnon, ‚die Truppen nach Phratrien und Stämmen zu trennen, so daß jede Phratrie der andern, jeder Stamm dem Stamm beistehen könne'. (...) In gleicher Weise bewohnten die Azteken das Pueblo von Mexiko in vier verschiedenen Abteilungen. (...) Ihre geographischen Gebiete wurden die vier Quartiere von Mexiko benannt.*"

((67)) Lewis H. Morgan, Die Urgesellschaft. Stuttgart 1891, S.86/87. „*Die Anzahl der Gentes in einem Stamm (....) variierte in den verschiedenen Stämmen von drei bei den Delawaren und Munsees bis zu einigen zwanzig bei den Ojibwas und Creeks; sechs, acht und zehn war die gewöhnliche Zahl*", so Morgan ebd. S.62. „*Die* [fünf, MK] *Irokesenstämme hatten eine Gesamtzahl von 38 Gentes (...) und acht Phratrien*" (ebd. S.79). Eine detaillierte Definition und Beschreibung der Stammesmerkmale und – charakteristika gab Morgan in seiner ‚*Urgesellschaft*' S.95 ff.

((68)) Lewis H. Morgan, Die Urgesellschaft. Stuttgart 1891, S.102. In diesem Zusammenhang wandte sich Morgan auch ausdrücklich gegen die heute üblich gewordene und als ‚politisch korrekter‘ geltende Bezeichnung der indianischen Stämme als ‚Nationen‘ (vgl. S.45). „Stamm und Nation sind keineswegs genau sich deckende Begriffe“, so schrieb er ebd. S.87: „Eine Nation kommt unter Gentilinstitutionen nicht eher auf, als bis mehrere unter einer Verfassung vereinigte Stämme sich zu einem Volk verschmolzen haben. (...) Der Bund entspricht am nächsten der Nation, fällt aber doch nicht völlig damit zusammen.“

((69)) Lewis H. Morgan, Die Urgesellschaft. Stuttgart 1891, S.99-101. Desgleichen Friedrich Engels im ‚Ursprung‘: „In einigen [Irokesen]Stämmen finden wir einen Oberhäuptling, dessen Befugnisse indessen sehr gering sind. (...) Es ist ein schwacher, aber in der weitren Entwicklung meist unfruchtbar gebliebner Ansatz zu einem Beamten mit vollstreckender Gewalt“ (MEW 21, S.93).

((70)) Lewis H. Morgan, Die Urgesellschaft. Stuttgart 1891, S.106/107.

((71)) Auf einer aktuellen Internetseite der wiedergegründeten Irokesen-Konföderation heißt es dazu: „Die Konföderation (...) wurde begründet als ein Mittel, um die [irokesischen, MK] Nationen zu einigen und einen friedlichen Weg der Entscheidungsfindung zu schaffen. Durch die Konföderation sind die Nationen der Haudenosaunee [= Irokesen, MK] unter einem gemeinsamen Dach vereinigt, um in Harmonie zu leben. (...) Ihr Hauptversammlungsplatz lag und liegt noch heute auf dem Territorium der Onondaga. (...) Dort pflanzte der Friedensschaffer (peacemaker) einst einen Baum und nannte ihn den Friedensbaum. (...) Auf den Baum wurde ein Adler gesetzt, der in die Ferne blickte, um die Förderation vor anrückenden Feinden zu warnen. Unter dem Baum forderte der Friedensmacher alle Männer auf, ihre Speere in die Erde zu stecken, um alle Machtgier, Hass und Eifersucht zu begraben“ (zit. n. haudenosauneeconfederacy.com, Artikel ‚About the confederacy‘ sowie ‚Confederacy's creation‘; Übersetzung von mir, MK).
Nach Thomas Wagner (Irokesen und Demokratie. Münster 2004, S.59) war es eine der Hauptaufgaben des Irokesenbundes, „als ein politisches Korrektiv dafür zu sorgen, dass die im segmentären Prinzip [vgl. S.65 ff.] enthaltene zentrifugale [= auseinanderstrebende, MK] Tendenz nicht überhand nimmt. In seinen Zusammenkünften geht es vor allem darum, den Frieden und die soziale Harmonie innerhalb des Irokesenbundes immer wieder neu herzustellen. Kollektive Rituale helfen, soziale Spannungen zu bewältigen.“ Es handle sich demnach um „ein Bündnis souverän bleibender Nationen, die auf konsensuale Entscheidungsverfahren und rituelle Friedensstiftung [innerhalb einer weiterhin fragilen Konföderation] angewiesen bleiben“ (ebd. S.76).

((72)) Lewis H. Morgan, Die Urgesellschaft. Stuttgart 1891, S.109 und 118. Zu den Grundzügen und –prinzipien des Irokesenbundes siehe ebd. S.108 ff. sowie Engels, ‚Ursprung‘, MEW 21, S.94.
Die fünf irokesischen Einzelstämme verfügten über eine ihrer unterschiedlichen Größe entsprechende Anzahl von Vertretern im Bundesrat:

Onondaga 14, Cayuga 10, Oneida 9, Mohawk 9 und Seneca 8. Die Tuscarora als erst nachträglich Beigetretene hatten keinen Vertreter. Der Rat versammelte sich regelmäßig bei den Onondaga.. Thomas Wagner, Irokesen und Demokratie. Münster 2004, S.55 schreibt über die Modalitäten: „Jeder einzelne Häuptling hat ein Veto-Recht gegenüber jedem einzelnen Vorschlag, der im [Bundes]Rat debattiert wird. Wenn es der Versammlung auch nach mehreren Anläufen nicht gelingt, einen gemeinsamen Entschluß zu fassen, bleibt nur die Möglichkeit, den strittigen Gegenstand beiseite zu legen. (…) Ein offener Streit ist nämlich dazu geeignet, den Zusammenhalt des Bundes zu gefährden. Immer wieder muss dagegen der Gemeinschaftsgeist beschworen und Übereinstimmung gesucht werden. Denn fehlt diese grundlegende Gemeinsamkeit, dann können aus unvermeidlichen Meinungsverschiedenheiten friedensgefährdende Konflikte entstehen."

((73)) Lewis H. Morgan Die Urgesellschaft. Stuttgart 1891, S.55/56 und 95. Ders. ebd. S.102/103: *„Es ist unmöglich, eine politische Gesellschaft oder einen Staat zu gründen, der die Gentes zur Grundlage hat. Ein Staat muß auf Landgebiet und nicht auf Personen beruhen, auf dem Stadtbezirk als der Einheit des politischen Systems, und nicht auf der Gens."*.

((74)) Thomas Wagner, Irokesen und Demokratie. Münster 2004, S.73/74.

((75)) Lewis H. Morgan, Die Urgesellschaft. Stuttgart 1891, S.52/53. Ebd. S.318 bekräftigte Morgan, *„daß die Gentilorganisation ehedem **in der Menschheit allgemein,** und während des letzten Teils der Wildheitsperiode und die ganze Zeit der Barbarei hindurch eine regelmäßige Erscheinung gewesen"* sei - *„keine andere Einrichtung der Menschheit ist so lange und so hervorragend mit dem Verlauf des menschlichen Fortschritts verknüpft gewesen"* (ebd. S.320).

((76)) Lewis H. Morgan Die Urgesellschaft. Stuttgart 1891, S.74, 86, 125 und 150.

((77)) Um einen Eindruck von Morgans summarischer Darstellungsweise bei seiner Übertragung des irokesischen Gentilmodells auf die ganze Welt zu geben, seien hier kurz die Untertitel seines diesbezüglichen 15. Kapitels *„Gentes bei andern Stämmen"* (deutsche Ausgabe S.X und 301-320) zitiert: *„Der schottische Clan. – Der irische Sept. – Germanische Stämme. – (…) Gentes bei südasiatischen Stämmen. – Ebenso bei Stämmen des nördlichen Asiens. – Bei Stämmen des Ural. – Hundert Familien der Chinesen. – Hebräische Stämme, augenscheinlich zusammengesetzt aus Gentes und Phratrien. – Gentes in afrikanischen Stämmen. – In Australien. – Unterabteilungen der Fidschis und Pewas. – Weite Verbreitung der Gentilorganisation."* Kaum eine der aufgeführten Kulturen behandelte Morgan in dieser globalen *Tour de Force* auf mehr als einer Buchseite.

((78)) Lewis H. Morgan, *Die Urgesellschaft.* Stuttgart 1891, S.132. Seine Auflistung der einzelnen Indianerstämme siehe ebd. S.128-154.

((79)) In der aktualisierten und erweiterten 4. Auflage des ‚Ursprung‘ von 1891 fügte Engels in sein Familienkapitel außerdem noch einen Hinweis auf ein anders geartetes Einteilungssystem indigener Kulturen in „zwei große Klassen“ (MEW 21, S.,49) aus jeweils zwei exogamen Stammeshälften ein, auf das er bei eigenen Recherchen in einem Bericht über die Ureinwohnern Australiens und Neuguineas gestoßen war (MEW 21, S.49/50). Er behandelte dieses von Ethnologen später auch in anderen Weltregionen dokumentierte sog. moities-System (vgl. S.71), das Morgan anscheinend noch nicht kannte, indes nur im Zusammenhang mit der sog. ‚Gruppenehe‘ (vgl. Teilband 1 dieser Studie, S.75 und 108/109) und nicht im Hinblick auf die übrige Sozialstruktur und Organisation der betreffenden Stämme, wo es natürlich ebenfalls eine Rolle spielte.

((80)) Die Korrespondenz Engels‘ mit Bernstein ist zum Teil in MEW 35 ff. abgedruckt und vollständig in dem älteren Band: Die Briefe von Friedrich Engels‘ an Eduard Bernstein. Berlin 1920. Engels setzte Bernstein zusammen mit dem Parteivorsitzenden August Bebel auch als Nachlaßverwalter für seine Werke ein.

((81)) Eduard Bernstein, Die Voraussetzungen des Sozialismus und die Aufgaben der Sozialdemokratie. Stuttgart 1899, S.180. zit. n. wikipedia.de, ‚Eduard Bernstein‘.

((82)) Rede von August Bebel am 13. Dezember1906; hier zit. nach dem online-Artikel vom 25. 7. 2024: Andrea Haag, Denkanstoß Geschichte: Die Verhandlung der kolonialen Frage in der deutschen Sozialdemokratie. Friedrich-Ebert-Stiftung (fes.de), Themenportal Geschichte, Kultur und Medien.

((83)) Emile Durkheim, zit. n. Wikipedia.de, ‚Segmentäre Gesellschaft‘. Der deutsche Soziologe Christian Sigrist verglich „die kompakten und homogen unterteilten gesellschaftlichen Integrate“ der segmentären Gesellschaft in ähnlicher Weise mit den „Segmenten einer Zitrusfrucht“ (in: Ders. und Fritz Kramer (Hg.), Gesellschaften ohne Staat, Band 1. Frankfurt/Main 1983, S.31).

((84)) Hartmut Apel, Verwandtschaft, Gott und Geld. Zur Organisation archaischer, ägyptischer und antiker Gesellschaft. Frankfurt/New York 1982, S.25-27.

((85)) Josef Franz Thiel, Grundbegriffe der Ethnologie. 4., erweiterte Auflage Berlin 1983, S.79.

((86)) Zahlenangaben nach: Dieter Haller, dtv-Atlas Ethnologie. München 2005, S.216 Abb. B; vgl. wikipedia.de, Artikcl ‚Matrilinearität‘. Speziell für Nordamerika vermerkt die Übersicht 34 matrilinear organisierte Stämme bzw. Kulturen gegenüber 42 patrilinear und 143 divers strukturierten indianischen Populationen (ebd. S.216 Abb.B). Bei Morgan betrug das entsprechende Zahlenverhältnis wie erwähnt 14: 15 (vgl. S.57).

((87)) Speziell in Nordamerika ist Matrilokalität für 46 von 218 indigenen Gruppen dokumentiert.

((88)) Unter *patrilinear* strukturierten Völkerschaften dominiert dagegen zu über 95 Prozent die *patri-* oder *virilokale* Residenzregel beim Ehemann bzw. bei dessen Vater als damit korrespondierende Wohnsitzform. Alle Zahlen und Daten nach: Dieter Haller, dtv-Atlas Ethnolgie. München 2005, S.226/27 mit Abb. A und B sowie: wikipedia.de, Artikel ‚*Residenzregeln*‘ und ‚*Matrilinearität*‘.

((89)) Morgan bevorzugte den Begriff *Gens* vor allem deshalb, weil er die von ihm beabsichtigte Parallelisierung der indianischen mit der altgriechischen und altrömischen Gesellschaft erleichterte (siehe dazu ‚*Die Urgesellschaft*‘, Stuttgart 1891, S.55). Auch in fachspezifischen DDR-Veröffentlichungen kehrte man später aber vielfach wieder zu dem in der modernen Anthropologie allgemein gebräuchlichen Terminus *Clan* anstelle von *Gens* zurück. Selbst der ansonsten ausgesprochen orthodox-marxistische britische Althistoriker George Thomson verwendete 1950 in seiner ‚*Frühgeschichte Griechenlands und der Ägäis*‘ (Berlin/DDR 1960; Reprint Berlin/BRD, S.74)) den international üblichen Fachbegriff *Clan* – freilich mit dem Zusatz: „Die ursprünglichen Wörter für diese Einheiten sind verloren gegangen, und die neuen, die von den Ethnologen geprägt wurden, wie ‚*Stamm*‘ und ‚*Clan*‘, werden häufig sehr unscharf angewendet.“

((90)) Frank Robert Vivelo, Handbuch der Kulturanthropologie. Stuttgart 1981, S.198.

((91)) Justin Stagl, Politikethnologie. In: Hans Fischer (Hg.), Ethnologie – eine Einführung. Berlin 1983, S. 205-229 (Zitate ebd. S.211/12). Vgl. auch Justin Stagl, Die Morphologie segmentärer Gesellschaften. Meisenheim 1974.

((92)) „*Wir sehn aber auch, wie sehr – die Gens als gesellschaftliche Einheit einmal gegeben – die ganze Verfassung von Gentes, Phratrien und Stamm sich mit fast zwingender Notwendigkeit – weil Natürlichkeit – aus dieser Einheit entwickelt*“ – so Engels im ‚*Ursprung*‘ (MEW 21, S.95).

((93)) Lewis H. Morgan, Die Urgesellschaft. Stuttgart 1891, S.77.

((94)) Dieser Aspekt der Bevölkerungsgröße wurde bereits in der klassisch-antiken Philosophie eingehend erörtert. So veranschlagte beispielsweise der antike griechische Philosoph Platon in seinem berühmten Dialogwerk *Nomoi* (= ‚Gesetze‘)) eine Zahl von 5000 Vollbürgern als das Maximum für eine ideale griechische Bürgergemeinde (*Polis*) mit aktiver Bürgerbeteiligung – eine Anzahl, die seinem Nachfolger Aristoteles bereits als deutlich zu hoch erschien.

((95)) „Wir lernen von der primitiven Gesellschaft, deren innerer Zusammenhalt durch Sippenformen gesichert wird, daß der innere Frieden nur bis zu einer bestimmten Bevölkerungsgröße aufrechterhalten werden kann", schreibt beispielsweise der amerikanische Anthropologe Eli Sagan. „Zu den *Lugbara* [in Ostafrika, MK] gehörten fast 250 000 Menschen, aber der innere Frieden ließ sich nur in Untergliederungen von etwa 4000 Seelen aufrechterhalten. Die *Dinka* [im Sudan, MK] zählten jüngst fast eine Million Menschen, aber die Gebiete des inneren Friedens waren genauso klein wie bei den *Lugbara*. In der primitiven Gesellschaft mit ihrem auf dem Sippenverband gegründeten politischen System war es nicht möglich, eine politische Autorität zu errichten, die für etwa 25 000 Menschen den Frieden hätte sichern können" (Eli Sagan, Tyrannei und Herrschaft. Die Wurzeln von Individualismus, Despotismus und modernem Staat. Hawaii – Tahiti – Buganda. Reinbek bei Hamburg 1987, S.279/80).

„Ein Verwandtschaftssystem scheint nicht in der Lage zu sein, eine so große Anzahl von Personen in einer einzigen Organisation (…) zu vereinigen wie ein *Lineage*-System, und ein *Lineage*-System nicht eine so große Anzahl wie ein Verwaltungssystem", schrieben auch die englischen Ethnologen Meyer Fortes und Edward Evans-Pritchard in der Einleitung zu einem Standardwerk über ‚*African Political Systems*' (Oxford/London 1940): „Es ist bemerkenswert, daß die politische Einheit in den Gesellschaften mit einer staatlichen Organisation größer ist als in solchen ohne staatliche Organisation. Die größten politischen Gruppen bei den [akephalen, MK] *Tallensi*, *Logoli* und *Nuer* lassen sich von der Zahl her nicht vergleichen mit den 250 000 bis 500 000 Angehörigen des *Zulu*-Staates [im südöstlichen Afrika, MK; vgl. S.92] (…) und den 140 000 des *Bemba*-Staates [in Sambia, MK]. (…) [Daher] ist wahrscheinlich, daß es eine Grenze für die Größe einer Bevölkerung gibt, die ohne eine Art von Zentralgewalt bestehen kann, ohne auseinanderzufallen" (zit. n. Christian Sigrist/Fritz Kramer (Hg.), Gesellschaften ohne Staat, Gleichheit und Gegenseitigkeit. Frankfurt 1983, S.156 und 158).

Allerdings gibt es offenkundig auch ethnographische Ausnahmen von dieser Regel. So weist der deutsche Soziologe Christian Sigrist darauf hin, „dass unilineare Abstammungsgruppen (…) auch ohne politische Zentralgewalt funktionsfähige Großgebilde tragen können. So umfassen die nilotischen *Nuer* etwa 300 000, die westafrikanischen *Tiv* sogar 700 000 Menschen" (Christian Sigrist in: Ders. und Fritz Kramer (Hg.), Gesellschaften ohne Staat, Band 1. Frankfurt/Main 1983, S.31).

((96)) Lewis H. Morgan, Die Urgesellschaft. Stuttgart 1891, S.77 und 88.

((97)) Lewis H. Morgan, Die Urgesellschaft. Stuttgart 1891, S.88.

((98)) Lewis H. Morgan, ‚*League of the Ho-Dé-No-Dan-Nee, or Iroquois*' (Rochester 1852), S.141 ff. – hier zit. n. Roy Harvey Pearce, Rot und Weiss. Die Erfindung des Indianers durch die Zivilisation. Stuttgart 1991, S.182/83. Morgan ebd. weiter: „*Das Stadium des Jägers*" sei „*der Ursprung der menschlichen Gesellschaft, und solange der rote Mann in diesem Zauberband gefesselt blieb, gab es keine Hoffnung auf Weiterentwicklung.*"

((99)) Thomas Wagner, Irokesen und Demokratie. Münster 2004, S.52 und 65. Wagner auf S.52 wörtlich: „Die konsensuale Regierungsform [wie bei den Irokesen, MK] beruht auf der Überredung von Angesicht zu Angesicht. Verfahren der Konsensfindung werden [daher] mit zunehmender Größe immer schwieriger durchführbar. Als einfachste Lösung bei fortdauerndem Dissens in wichtigen Fragen bietet sich dann eine Spaltung der Siedlung in mehrere unabhängige Dörfer an."

Ders. ebd. S.64/65: „Ist Übereinkunft nicht möglich, bleibt der Weg der Aufspaltung in kleinere Gruppen. (…) Verwandtschaftsgruppen ziehen nicht selten fort, schließen sich einer anderen Siedlung an oder gründen eine eigene. Wir haben es mit einem wirksamen Mechanismus gegen Zentralisierungstendenzen zu tun, der die Etablierung einer repressiven Regierungsform unwahrscheinlich macht. Schon Morgan sieht die irokesische ‚Innenpolitik' (…) gegen eine Konzentration von Macht in den Händen irgendeines Individuums gerichtet, wozu das Prinzip der Machtteilung unter einer Anzahl Gleicher dient."

((100)) Grundlegend dazu: Christian Sigrist, Regulierte Anarchie. Untersuchungen zum Fehlen und zur Entstehung politischer Herrschaft in segmentären Gesellschaften Afrikas. Neuausgabe Frankfurt/Main 1979. Ders. und Fritz Kramer (Hg.), Gesellschaften ohne Staat. Band 1: Gleichheit und Gegenseitigkeit. Band 2: Genealogie und Solidarität. Frankfurt/Main 1978. Neuausgabe 1983.

Der Begriff ‚Regulierte Anarchie' wurde quasi beiläufig schon von Max Weber geprägt, der damit in seinem soziologischen Grundlagenwerk ‚Wirtschaft und Gesellschaft' (Tübingen 1921; Neuausgabe Frankfurt/Main 2010, S.658) „gewissermaßen den Normalzustand" vorstaatlicher Gesellschaften bezeichnete (vgl. Anm. 106). Christian Sigrist wurde nach seinem Tod 2015 nur zehn Meter entfernt von Webers Grab auf dem Heideberger Bergfriedhof bestattet. „Christian hatte Sinn für schwarz-roten Humor", schrieb ein Weggefährte dazu in seinem Nachruf: „Dass er nun neben dem ‚großen Soziologen Weber' liegt, weckt die Assoziation, dass er posthum mit Weber über die ‚Regulierte Anarchie' streiten will" (aus dem Nachruf von Bernd Drücke – vgl. Anm.103).

((101)) Die Pioniere der britischen *social anthropology* hegten nach Sigrists Worten teilweise „eine deutliche Sympathie für die egalitäre Struktur akephaler Gesellschaften und die antiautoritären Affekte der *tribals*. Es existierten Beziehungen der Begründer der *social anthropology* zu anarchistischen Strömungen – überliefert werden jene [des bekannten britischen Ethnologen Alfred] Radcliffe-Brown zu [dem russischen Anarchisten Pjotr Alexejewitsch] Kropotkin und sein Spitzname *Anarchy-Brown*" (Christian Sigrist in: Ders. und Fritz Kramer (Hg.), Gesellschaften ohne Staat Band 1. TB Frankfurt/Main 1983, S.33).

((102)) Christian Sigrist, Vorwort zur Neuauflage der ‚Regulierten Anarchie' Frankfurt/Main 1979, S.XI und XXII. Der Ethnologe schrieb an anderer Stelle: „Stammesgesellschaften sind geordnete Sozialgebilde, deren Ordnung man nur verstehen kann, wenn man sie als Objektivation grundlegender kollektiver *Entscheidungen* begreift. (…) Herrschaftslosigkeit ist nicht Ausdruck rassischer Minderwertigkeit, die sich in kognitiver Unfähigkeit, Herrschaft zu konzipieren, niederschlägt, sondern *gewollt*; Ausdruck eines *Kollektivwillens,* den man bündig als *primären Egalitarismus* bezeichnen kann" (Christian Sigrist in: Ders. und Fritz Kramer (Hg.), Gesellschaften ohne Staat Band 1. TB Frankfurt/Main 1983, S.32; Hervorh. im Original).

((103)) Zu Sigrists wissenschaftlichem und politischem Engagement und der gegen ihn gerichteten universitären und staatlichen Repression siehe etwa den Nachruf von Bernd Drücke *‚Ein Soziologe im Minenfeld‘* auf dadaweb.de/wiki/Christian-Sigrist-Gedenkseite. Besonders einprägsam Sigrists darin zitierter Satz: „Ein guter Soziologe muß erst einmal durch ein Minenfeld gegangen sein, um begreifen zu können, was soziale Wirklichkeit bedeuten kann. Linke müssen in diesem System mehr leisten, um zu bestehen."

((104)) Christian Sigrist, Regulierte Anarchie. Frankfurt/Main 1979, S.XXIV. Sigrist betonte 1979 im Rückblick, seine Dissertation aus dem Jahr 1965 sei „gewiß nicht aus der Sichtweise des historischen Materialismus geschrieben", und distanzierte sich ausdrücklich von eigenen früheren Versuchen, „eine Harmonie zwischen der Regulierten Anarchie und der marxistischen Ethnographie und Geschichtsphilosophie herstellen zu wollen" (ebd., S.IX und XI). Andererseits erschien es ihm dennoch „sinnvoll, einige Probleme der marxistischen Herrschaftstheorie mit der Position [meines] Buches zu vergleichen (…) mit der Absicht, Arbeitsperspektiven zu eröffnen" und „das Verhältnis von ökonomischer Entwicklung, Klassenbildung und Herrschaftsentstehung umfassender zu bestimmen" (ebd. S.IX, XII und XXIII).

((105)) Etwas differenzierter argumentierte Jürgen Brüggemann, Anarchistische Theorien zu prästaatlichen Gesellschaften. In: Joachim Herrmann/Jens Köhn (Hg.), Familie, Staat und Gesellschaftsformation. Berlin/DDR 1988, S.719-723. Brüggemann kritisierte darin vergleichsweise sachlich den „Versuch des Anarchismus, sein theoretisches Manko durch positivistische, phänomenologische oder strukturalistische Untersuchungen der Vorklassengesellschaft zu überwinden", anerkannte ebd. S.722 aber immerhin: „Dabei verdient das humanistische Anliegen und das Eintreten für unterdrückte ethnische Gruppen und gegen die Bedrohung der Menschheit Achtung". Zur französischen Variante dieser ‚anarchistischen‘ Unterströmung in der Anthropologie siehe beispielsweise den Sammelband: Pierre Clastres, La societe contre l'Etat. Recherches d'anthropologie politique. Paris 1974 (englische Ausgabe: Society against the State, 1989).

((106)) Eli Sagan, Tyrannei und Herrschaft. Reinbek 1987, S.344.
    Bereits Max Weber vermerkte 1921 in seinem soziologischen Grundlagenwerk *‚Wirtschaft und Gesellschaft‘* (Tübingen 1921; Neuausgabe Frankfurt/Main 2010, S.657 ff.), *„Die Existenz einer ‚politischen‘ Gemeinschaft (...) ist nichts von jeher und überall Gegebenes. (...) Die Gewaltsamkeit liegt z. B. oft in den Händen teils des Blutsverwandschaftsverbandes (der*

Sippe), teils nachbarschaftlicher Verbände, teils jeweils ad hoc gebildeter Kriegervergemeinschaftungen, (...) während in normalen, friedlichen Zeiten **eine Art ,Anarchie'** *besteht, d. h. die Koexistenz und das Gemeinschafts-handeln der Menschen in Gestalt eines rein faktischen gegenseitigen Respek-tierens (...) ohne Bereithaltung irgendwelchen Zwanges nach ,außen' oder ,innen' abläuft.*"- „*Außer den Sippen mit ihren Ältesten existiert hier* **keiner-lei außerhäusliche geordnete Dauergewalt.** *(...) Das Einverständnishan-deln der Nachbarn reguliert sich durch den Respekt vor dem Herkommen, die Angst vor der Blutrache und vor dem Zorn der magischen Gewalten*" (ebd., S.663/64).

Weber verzichtete in seinem Grundlagenwerk allerdings leider da-rauf, detaillierter auf die allmähliche Entwicklung entwickelter Macht- und Herrschaftspositionen innerhalb solcher akephalen Gesellschaften einzuge-hen. „*Die ebenso interessante wie bisher unvollkommen durchgeführte eth-nographische Kasuistik der verschiedenen Entwicklungsstadien primitiver politischer Verbände kann hier nicht erledigt werden*", vermerkte er ebd. S.663 lapidar.

((107)) „Der Status eines Schamanen war in Asien und Amerika hoch", heißt es dazu im Artikel ,*Schamane'* der deutschsprachigen Wikipedia. „Er war eine der Respektspersonen und wird auch heute noch bei einigen Ethnien ob seiner magischen Fähigkeiten mit einer furchtsamen Scheu verehrt. (...) Politischen Einfluß hatten Schamanen hingegen kaum. Sie standen gewis-sermaßen ,über' der Gesellschaft und waren ,nicht von dieser Welt'." Stefan Breuer (Der charismatische Staat. Darmstadt 2014, S.123) zitiert in diesem Zusammenhang eine einprägsame Formulierung der Anthropologin Patricia McAnanys', nach deren Worten Schamanen, Heiler und Seher „mit einem Bein in der Gesellschaft, mit dem anderen in einem ätherischen Schwellenzu-stand" standen.

((108)) „Jeder Greis, der in Afrika stirbt, ist eine Bibliothek, die verbrennt", formulierte der Ethnologe Amadou Hampathé Ba aus Mali prägnant diesen Sachverhalt (zit. n. Claudia Klaffke, Mit jedem Greis stirbt eine Bibliothek. In: Aleida Assmann u. a., Schrift und Gedächtnis Band 1. München 1983, S.222). Vgl. zu diesen traditionellen ,Gedächtniskultur' u. a. mein Buch: Martin Kuckenburg, Wer sprach das erste Wort? Die Entstehung von Sprache und Schrift. 3. Auflage Darmstadt 2016 (bes. S.98-101).

((109)) Siehe dazu ausführlicher: Marshall D. Sahlins, Poor Man, Rich Man, Big Man, Chief. Political Types in Melanesia and Polynesia. In: Comparative Studies in Society and History. Band 5, Nr.3/1963, S.285-303. Wiederabge-druckt in: Thomas G. Harding/Ben J. Wallace (Hg.), Cultures of the Pacific – Selected Readings. New York/London 1970, S.203-215. Sowie: Marshall D. Sahlins, Die segmentäre Lineage. In: Klaus Eder (Hg.), Seminar: Die Entste-hung von Klassengesellschaften. Frankfurt 1973, S.120, 148 und 150.

((110)) Insofern ähnelt das *Big Man*-System dem (allerdings überwiegend mit der Kriegführung verbundenen) Gefolgschaftswesen (vgl. S.140/141).

((111)) Nach den Worten des Ethnologe Justin Stagl „leben *Big Men* nicht von ihrer Führungsposition, sondern investieren eher umgekehrt die Überschüsse ihrer eigenen und der Arbeit ihres Haushaltes in diese" (Justin Stagl, ‚Politikethnologie'. In: Hans Fischer (Hg.), Ethnologie. Eine Einführung. Berlin 1983, S.216).

((112)) Thomas Wagner, Irokesen und Demokratie. Münster 2004, S.62 schreibt dazu im Hinblick auf die nordamerikanischen Indianer: „Eine Pflicht zur Großzügigkeit läßt Anführer ihre Gefolgschaft durch Geschenke an sich binden, die im Rahmen von Festen, öffentlichen Versammlungen, aber auch bei privateren Gelegenheiten nach Ranggesichtspunkten verteilt werden. Nicht selten bringen sie sich dadurch um ihr gesamtes Eigentum und werden zu den ärmsten Mitgliedern ihrer Gemeinschaft. Weibliche wie männliche Häuptlinge zeichnen sich also durch keine nennenswerte ökonomische Bevorzugung aus." In diesen Bereich einer prestigebringenden, aber wirtschaftlich nicht selten ruinösen Freigiebigkeit gehört auch der berühmte indianische ‚Potlatsch'.

((113)) An anderer Stelle im ‚*Anti-Dühring*' sprach Engels von der „*großen Arbeitsteilung zwischen den die einfache Handarbeit besorgenden Massen und den die Leitung der Arbeit, den Handel, die Staatsgeschäfte, und späterhin die Beschäftigung mit Kunst und Wissenschaft betreibenden wenigen Bevorrechteten*" (MEW 20, S.168). Engels ebd. weiter: „*Fügen wir bei dieser Gelegenheit hinzu, daß alle bisherigen geschichtlichen Gegensätze von ausbeutenden und ausgebeuteten, herrschenden und unterdrückten Klassen ihre Erklärung finden in derselben verhältnismäßig unentwickelten Produktivität der menschlichen Arbeit. Solange die wirklich arbeitende Bevölkerung von ihrer notwendigen Arbeit so sehr in Anspruch genommen wird, daß ihr keine Zeit zur Besorgung der gemeinsamen Geschäfte der Gesellschaft – Arbeitsleitung, Staatsgeschäfte, Rechtsangelegenheiten, Kunst, Wissenschaft usw. – übrigbleibt, solange mußte stets eine besondre Klasse bestehn, die - von der wirklichen Arbeit befreit - diese Angelegenheiten besorgte; wobei sie denn nie verfehlte, den arbeitenden Massen zu ihrem eignen Vorteil mehr und mehr Arbeitslast aufzubürden*" (MEW 20, S.169).

((114)) „Wahrscheinlich sind mehr als 99 Prozent der Menschheitsgeschichte in verschiedenen Versionen kleiner, segmentaler Gesellschaften abgelaufen", schrieb der amerikanische Anthropologe Elman Service dazu (Ursprünge des Staates und der Zivilisation, Frankfurt/Main 1977, S.378).

((115)) Siehe desgleichen Engels in MEW 21, S.97: „*Was außerhalb des Stammes, war außerhalb des Rechts. Wo nicht ausdrücklicher Friedensvertrag vorlag, herrschte Krieg von Stamm zu Stamm.*" Es handelte sich um eine nahezu wortgleiche Wiedergabe von Morgans Feststellung in seiner ‚*Urgesellschaft*' (Stuttgart 1891, S.100): „*Der Theorie nach befand sich jeder Stamm mit jedem andern Stamm, mit welchem er keinen Friedensvertrag geschlossen hatte, im Kriegszustand.*"

((116)) Eli Sagan, Tyrannei und Herrschaft. Reinbek 1987, S.279 und 282.

((117)) zit. n. wikpedia.de „*Irokesen*".

((118)) Samuel de Champlain, zit. n. wikpedia.de, ‚*Irokesen*'.

((119)) ‚*Auf den Spuren der Irokesen*'. Ausstellungskatalog Bonn/Berlin 2013, S.113/14.

((120)) Engels ebd. weiter: „*Es ist die Kriegführung der Alamannen im vierten Jahrhundert am Oberrhein, wie wir sie bei Ammianus Marcellinus geschildert finden*" (MEW 21, S.92/93). Siehe dazu auch Morgans Beschreibung der Aushebung und des Agierens solcher ‚privater' indianischer Kriegerscharen in der ‚*Urgesellschaft*', Stuttgart 1891, S.100.

((121)) Eli Sagan, Tyrannei und Herrschaft. Reinbek bei Hamburg 1987, S.348. Max Weber, Wirtschaft und Gesellschaft – Grundriss der verstehenden Soziologie (Tübingen 1920). Neuausgabe in einem Band Frankfurt/Main 2010, S.860. „*Eine legitime Gewaltsamkeit entwickelt sich daraus aber zunächst nur gegen Genossen*", so Weber ebd. S.661 weiter über die Entstehung solchen Kriegsführertums aus dem archaischen Gefolgschaftswesen (vgl. S.139 ff.) „*Darüber hinaus erst allmählich, wenn diese Gelegenheitsvergesellschaftung zu einerm Dauergebilde wird, welches die Waffentüchtigkeit und den Krieg als Beruf pflegt und sich damit zu einem Zwangsapparat entwickelt, welcher umfassende Ansprüche auf Gehorsam durchzusetzen vermag.*" - „*Diese Ansprüche wenden sich dann sowohl gegen die Insassen beherrschter Eroberungsgebiete, wie auch nach innen, gegen die nicht waffentüchtigen Gebietsgenossen, aus deren Mitte die verbrüderten Krieger stammen*" (ebd., S.161).

((122)) Ebd. S.139 sprach Engels von der „*Eroberung des Römerreichs*" durch die „*nun zu Königen großer Länder gewordnen Heerführern*". Im Frankenreich zum Beispiel waren „*dem siegreichen Volk der Salier (...) sehr große Landstrecken als Vollbesitz zugefallen. (...) Das erste, was der aus einem einfachen obersten Heerführer in einen wirklichen Landesfürsten verwandelte Frankenkönig tat, war, dies Volkseigentum in königliches Gut zu verwandeln, es dem Volk zu stehlen und an sein Gefolge zu verschenken oder zu verleihen. (...) So (wurde) die Grundlage eines neuen Adels auf Kosten des Volkes geschaffen*" und damit „*der Ausgangspunkt einer neuen Entwicklung*", die zum klassischen Feudalismus des europäischen Mittelalters führte (MEW 21, S.146-149).

((123)) Lewis H. Morgan erörterte dies ausführlich, aber mit heute fragwürdigen Schlußfolgerungen in seiner ‚*Urgesellschaft*' (Stuttgart 1891,), S.157-181; vgl. dazu Teilband 4 dieser Studie, Kapitel 8. Aktuelle Darstellung der heutigen Sichtweise beispielsweise in: Stefan Breuer, Der charismatische Staat. Ursprünge und Frühformen staatlicher Herrschaft. Darmstadt 2014, S.148-162.

((124)) Noch Engels zeigte sich im *‚Ursprung‘* beeindruckt von der militärischen *„Tapferkeit der Zulukaffern, (...) bei denen Gentileinrichtungen noch nicht ausgestorben"*, und die *„getan, was kein europäisches Heer tun kann: Nur mit Lanzen und Wurfspeeren bewaffnet, ohne Feuergewehr"* hätten sie *„trotz der kolossalen Ungleichheit der Waffen"* die englische Infanterie *„mehr als einmal in Unordnung gebracht und selbst geworfen"* (MEW 21, S.96).

((125)) Alle Zitate aus: Elman R. Service, Ursprünge des Staates und der Zivilisation. Frankfurt 1977, S.147-161 (Zitat auf S.153). Nach Services Worten stand „Shakas Armee von 30 000 Mann ständig unter Waffen", und der Herrscher „veränderte den zuvor eher ‚sportlichen‘ Charakter des Krieges drastisch in Richtung auf den ‚totalen‘ Krieg, indem er den Wurfspeer abschaffte (...) und durch den kurzen, festen Stoßspeer ersetzte". - „Um 1828 hatte Shaka alle Rivalen weit und breit besiegt und war Herr über das ganze heutige Zululand und Natal. Er ‚adoptierte‘ (...) die eroberten Stämme durch deren Führer, und mit der Zeit war aus dem ganzen Gebiet eine Art Superhäuptlingstum geworden" (Service ebd. S.152/53). Vgl. zum *Zulu*-Reich auch: John Parker, Große Königreiche Afrikas. Freiburg 2024. Nach Frederik Seeler, *‚Der Herr der Ostküste‘* in: P. M. History 3/2024, S.54-63 hatte Shaka zeitweise ein stehendes Heer von 10 000 bis 15 000 Kriegern unter seinem Kommando.

((126)) Lewis H. Morgan, Die Urgesellschaft. Stuttgart 1891, S.101/102. Vgl. Engels MEW 21, S.93.

((127)) Max Weber, Wirtschaft und Gesellschaft. Tübingen 1920. Neuausgabe in einem Band Frankfurt/Main 2010, S.859/60. Weber ebd. weiter: *„Der Kriegsfürst (...) wird zur ständigen Erscheinung, wenn der Kriegszustand chronisch wird."* Kritik an Webers Position u. a. in: Stefan Breuer, Der charismatische Staat. Ursprünge und Frühformen staatlicher Herrschaft. Darmstadt 2014, S.22-25.

((128)) „Das traditionelle Afrika liefert viele Beispiele von Eroberern", schreibt etwa Eli Sagan (Tyrannei und Herrschaft. Reinbek 1987, S.284/85), „in denen ein militaristisches Volk in ein fremdes Gebiet einfiel, dessen Bewohner besiegte und sich selbst als Herrscherkaste etablierte."- „Viele Staaten des traditionellen Afrika wurden von starken militärischen Führern errichtet, denen es gelang, mehrere Häuptlingstümer zu beherrschen und in eine politische Einheit zu verwandeln."

((129)) Bei der Urteilsbildung müsse man „besonders im Auge behalten, daß die in unserer ethnographischen Stichprobe so zahlreich vertretenen violenten [= auf Gewalt gestützten, MK] Militärstaaten eine Form annahmen, die direkt oder indirekt im Zusammenhang stand mit dem gewaltsamen Aufprall europäischer Einflüsse auf das, was einmal einfache theokratische Häuptlingstümer gewesen waren", schreibt zum Beispiel Elman Service (Ursprünge des Staates und der Zivilisation. Frankfurt 1977, S.375).

Service ebd. S.268: „Daß dauernde militärische Gefahren oder Erfordernisse dazu tendieren, militärische Bürokratie und Macht zu perpetuieren [= verstetigen, MK], scheint plausibel. Aber wie wir (…) im Fall der *Zulu* [vgl. S. 92/93 mit Anm. 125, MK] sahen, ist die Konsolidierung durch einen echten, legalen Staat immer noch schwer zu erreichen."

((130)) Eli Sagan, Tyrannei und Herrschaft. Reinbek bei Hamburg 1987, S.284. „Der Krieg ist die nicht durch den Sippenverband bestimmte Form der Politik in einer Sippengesellschaft", so der Anthropologe wörtlich. „Er ist daher das perfekte Werkzeug zum Aufbau des Staates. Wenn eine komplexe Gesellschaft bis zu dem Punkt herangereift ist, an dem ein Staat möglich ist, ist nichts ein besserer Katalysator für diese Umwandlung als die Einigung mehrerer Häuptlingstümer unter einem König, wenn gegen andere politische Einheiten Krieg geführt werden soll."

„Der Krieg selbst kann [jedoch] keinen Staat erschaffen.", so Sagan weiter. „In den frühesten Stadien der Kriegführung sind Töten und Rauben die einzigen Ziele des Kampfes", später auch die Gewinnung von Land und Sklaven. „Primitive Völker sind zu beiden Arten der Kriegführung fähig, weil bei keiner eine Umwandlung des Sippensystems nötig ist", so der Anthropologe. Aber „erst wenn die Gesellschaft sich bis zu dem Punkt entwickelt hat, an dem nicht durch den Sippenverband bestimmte Formen des Zusammenhalts möglich sind, kann der Krieg bei der Staatengründung helfen."

((131)) Manfred K. H. Eggert; Riesentumuli und Sozialorganisation. In: Archäologisches Korrespondenzblatt 18/1988, S.263-274 (Zitate S.265-268). Siehe dazu auch mein Buch: Martin Kuckenburg, Das Zeitalter der Keltenfürsten. Stuttgart 2010, S.111 ff.

((132)) Eine kompakte Beschreibung solcher bäuerlichen Infrastrukturleistungen vielerorts auf der Welt findet sich beispielsweise in dem DDR-Band: R. Habel (Red.), Völkerkunde für Jedermann. Leipzig 1965, S.85-88. Vgl. dazu etwa auch das in den 1950er Jahren von Mao Tsetung ins Gedächnis gerufene altchinesische Gleichnis ,*Yügung versetzt Berge*'.

((133)) Stefan Breuer, Der charismatische Staat. Ursprünge und Frühformen staatlicher Herrschaft. Darmstadt 2014, S.114 und 120. Vgl. dazu etwa auch David Wengrow, Was ist Zivilisation? Die Zukunft des Westens und der Alte Orient. Stuttgart 2023, S.153-156.

((134)) Tatsächlich fand im pharaonischen Ägypten indes Jahr für Jahr nach der Nilüberschwemmung eine staatliche Neuvermessung sämtlicher Feldflächen zum Zweck der Steuererhebung statt.

((135)) Die künstliche Bewässerung im Alten Ägypten und besonders ihr Umfang und Beginn wurde vor allem in den 1970er Jahren innerhalb der Ägyptologie vergleichsweise intensiv und kontrovers diskutiert. Siehe dazu u. a.: Karl W. Butzer, Early Hydraulic Civilization in Egypt. Chicago 1976. Wolfgang Schenkel, Die Bewässerungsrevolution im Alten Ägypten. Mainz

1978. Michael Atzler, Untersuchungen zur Herausbildung von Herrschaftsformen in Ägypten. Hildesheim 1981.

((136)) Der Archäologe Michael Jansen spricht von einer „Entwicklung
erster großer Erdstaudämme im 3.Jahrtausend, wie etwa der Marduk
(Nimrud)-Damm in Mesopotamien, der um 2500 v. Chr. zu datieren ist und
den Tigris 30 km oberhalb von Samarra staute, oder der Sad el Kafara 30 km
südlich von Kairo, der noch 300 Jahre früher zu datieren ist. (…) Auch im
Industal [vgl. S.128 ff.] fanden wir am Manchar-See Überreste von Stauwer-
ken, die wir in das 3.Jahrtausend datieren können. Diese und andere Dämme
dienten wohl vorwiegend der künstlichen Bewässerung und lassen auf bereits
komplexe Gesellschaftsformen schließen" (Michael Jansen, Mohenjo-Daro -
Stadt der Brunnen und Kanäle. Bergisch-Gladbach 1993, S.14/15).

((137)) Auch auf der berühmten Gesetzesstele des Königs Hammurabi von
Babylon aus der Zeit um 1700 v. Chr. beschäftigten sich mehrere der 282
Paragraphen (§ 53 bis 56) mit wasserrechtlichen Fragen. *„Wenn ein Bürger
seinen Graben zur Bewässerung öffnet, die Hände dann aber in den Schoß
gelegt und so sein Nachbarfeld vom Wasser hat fortschwemmen lassen, so
gibt er Getreide entsprechend seinem Nachbargrundstück"*, heißt es dort
beispielsweise in § 55 (zit. n. Wilhelm Eilers (Übers.), Codex Hammurabi.
Leipzig 1932/Wiesbaden 2009, S.43).

((138)) Zit. n.: Michael Zick, *Uruk – Die Stadt des Gilgamesch*. wissen-
schaft.de vom 22. 6. 2004. Den Urbanisierungsprozeß in Südmesopotamien
beschrieben aus archäologischer und ökologischer Sicht in bis heute beispiel-
hafter Weise: Hans J. Nissen und R. McAdams, The Uruk Countryside. The
Natural Settings of Urban Societies. Chicago 1972. Aktualisierte Zusammenfassung in: Hans J. Nissen, Grundzüge einer Geschichte der Frühzeit des
Vorderen Orients. Darmstadt 1983, S.71-82. Eine kompakte Übersicht findet
sich auch in: Wolfgang Korn, Mesopotamien. Stuttgart 2013, S.54-71.

((139)) Elman R. Service, Ursprünge des Staates und der Zivilisation. Frankfurt 1977, S.131.

((140)) Elman R. Service, Ursprünge des Staates und der Zivilisation. Frankfurt 1977, S.222/23.

((141)) Dieter Haller, dtv-Atlas Ethnologie. München 2005, S.161.

((142)) Elman R. Service, Ursprünge des Staates und der Zivilisation. Frank-
furt/Main 1977, S.364-367 und 379. Josef Franz Thiel, Grundbegriffe der
Ethnologie. 4., erweiterte Auflage Berlin 1983, S.137.

((143)) In den Anführungszeichen zitierte Marx den seinerzeit führenden
Naturforscher Georges Cuvier (*‚Discours sur les revolutions du globe'*. Paris
1863, S.141).

((144)) Nikolai Grube in: Ders. u. a. (Hg.), Die Welt der Maya. Hildesheim/Mainz 1992, S.237.

((145)) Eine umfassende Auswahl von weltweiten Belegen für die enge Verzahnung von früher Astronomie und Herrschaft ist zusammengestellt in: E. C. Krupp, Skywatchers – Astronomy and the Archaeology of Power. New York 1999. Ein gleichfalls breit angelegter, aber kompakterer Überblick zum Thema findet sich in: Ernst Künzl, Himmelsgloben und Sternkarten. Astronomie und Astrologie in Vorzeit und Altertum. Stuttgart 2005. Ähnlich umfassend aus früherer DDR-Sicht: Rudolf Drößler, Als die Sterne Götter waren. Sonne, Mond und Sterne im Spiegel von Archäologie, Kunst und Kult. Leipzig 1976.

((146)) Eine kompakte und reich illustrierte Übersicht über Stonehenge und ähnliche Megalithanlagen bietet der Bildband: Wolfgang Korn, Megalithkulturen. Rätselhafte Monumente der Steinzeit. Stuttgart 2005, S.122-136 (aktualisierte Neuauflage München 2024). Für einen knappen Überblick zum gesamten Themenkomplex siehe auch mein Buch: Martin Kuckenburg, Kultstätten und Opferplätze von der Steinzeit bis zum Mittelalter. Stuttgart 2007, S.26-39.

((147)) Ausführliche Übersichten über diese mitteleuropäischen Anlagen und ihre Deutung finden sich beispielsweise in der Ausgabe 6/2005 der Zeitschrift ‚Archäologie in Deutschland‘ mit dem Themenschwerpunkt ‚Kreisgrabenanlagen – Monumente zwischen Himmel und Erde‘ sowie in dem von Falko Daim und Wolfgang Neubauer herausgegebenen Katalog: ‚Zeitreise Heldenberg – Geheimnisvolle Kreisgräben‘ zur niederösterreichischen Landesausstellung in St. Pölten 2005. Zur wichtigsten derartigen Ausgrabungsstätte in Deutschland siehe: Norma Henkel, Die mittelneolithische Kreisgrabenanlage von Goseck. 2 Bände, Halle 2023.

((148)) „Stonehenge war kein Kalenderbauwerk, sondern eine Kultanlage, in der die Sommersonnenwende gefeiert wurde", schreibt in diesem Sinn auch Wolfgang Korn zutreffend (Megalithkulturen. Stuttgart 2005, S,.135). Auf rituelle Feierlichkeiten in den Ringgrabenanlagen weisen neben vereinzelten Bestattungen beispielsweise auch das Bruchstück einer Flöte sowie eines sog. ‚Schwirrholzes‘ in der Kultstätte von Goseck in Sachsen-Anhalt hin.

((149)) Diese im Hinblick auf die Himmelskultstätten häufig zitierte ‚Aussaattheorie‘ wird allein schon durch den Umstand widerlegt, dass die meisten der erforschten mitteleuropäischen Ringgrabenanlagen auf die *Winter-* und nicht auf die Sommersonnenwende hin ausgerichtet waren, das heißt auf ein Datum außerhalb des aktiven ‚bäuerlichen Jahrs‘.

((150)) Nicht viel anders taten dies in der Neuzeit beispielsweise auch die Bodenbau betreibenden Pueblo-Indianer im Südwesten der USA (vgl. MEW 21, S.32/33), von denen zahlreiche ähnliche Sonnenheiligtümer bekannt sind. Nach den Worten des Wissenschaftsautors Rüder Vaas sollte durch ihre dort durchgeführten Zeremonien „die Sonne zur Umkehr ihrer Wanderung gebracht und für ihren weiteren Weg gestärkt werden, um die kosmische Ordnung aufrechtzuerhalten." Der gestirnte Himmel galt den Pueblo-Indianern nach Vaas nämlich als „Sinnbild für eine geordnete, harmonische Welt", und „durch Feste und die strenge Ausrichtung der Gebäude sollten Mensch und Kosmos miteinander in zeitliche und räumliche Harmonie gebracht werden" (Rüder Vaas in ,Bild der Wissenschaft' 3/2001, S.54/55).

((151)) Über die ,Himmelsscheibe von Nebra' sind mittlerweile so viele seriöse wie auch eher fragwürdige Publikationen erschienen, dass hier nur die wichtigsten ,offiziellen' Veröffentlichungen des Erstbearbeiters genannt seien: Harald Meller (Hg.), Der geschmiedete Himmel. Stuttgart/Halle 2004 (ebd. S.26: Zitat „älteste konkrete Himmelsdarstellung"). Ders./Michael Schefzik (Hg.), Die Welt der Himmelsscheibe von Nebra – Neue Horizonte. Ausstellungsband Darmstadt 2020. Ders./Kai Michel, Griff nach den Sternen. Nebra, Stonehenge, Babylon – Reise ins Universum der Himmelsscheibe. Berlin 2021.

„Natürlich gibt es ältere Abbildungen des Sternenhimmels im Vorderen Orient, zum Beispiel in der Pyramide des [altägyptischen Pharao] Unas (ca. 2400 v. Chr.)", schreibt der Astronom Wolfhard Schlosser über die Motive auf der Scheibe, „aber diese sind stets ornamentale bzw. schematische Darstellungen. (…) Die Himmelsscheibe von Nebra beschreibt hingegen komplexe astronomische Beobachtungen, die sich (…) der Analyse nur zögernd erschließen" (Wolfhard Schlosser in: Archäologie in Sachsen Anhalt N. F. 1/2002, S.21).

((152)) Die spitzkonischen und 30 bis 88 cm großen ,Kulthüte' wurden früher als *Goldkegel* bezeichnet und als Opfergefäße oder Bekrönungen von Kultsäulen gedeutet, bis aufgrund ihrer auffälligen ,Krempe' und einzelner Durchbohrungen vermutlich zur Befestigung von Schnüren in den 1990er Jahren die Theorie aufkam, es könne sich um zeremonielle Kopfbedeckungen als Bestandteil eines besonderen ,Kultornats' gehandelt haben. Der Prähistoriker und frühere Direktor des Berliner Museums für Vor- und Frühgeschichte, Wilfried Menghin, interpretierte ihre flächendeckend in das Goldblech eingepunzten Buckelreihen, konzentrischen Kreise und stilisierten Mondsicheln erstmals im Jahr 2000 als eine exakte visuelle Darstellung und numerische Zählung von Sonnen- und Mondzyklen und als „eine Art Logarithmentafel zur Berechnung des lunisolaren [= Mond/Sonnen-, MK] Kalenders" - seine Hypothese ist indes unter Experten nicht unumstritten. Diesbezügliche Veröffentlichungen: Wilfried Menghin, Der Berliner Goldhut und die goldenen Kalendarien der alteuropäischen Bronzezeit. In: Acta Praehistorica et Archaeologica 32/2000, S.31-108. Ders., Der Berliner Goldhut. Macht, Magie und Mathematik in der Bronzezeit. Regensburg 2010. Matthias Schulz, *,Herren der Zeit'*. In: Der Spiegel 11/2002, S.232).

Nach Meinung vieler Prähistoriker könnte es sich bei den auffällig an mittelalterliche ,Zauber'- oder *,Harry-Potter'*-Hüte erinnernden Goldblechkegeln um Bestandteile einer kostbaren Zeremonialtracht handeln, die spezielle bronzezeitliche Kalender- oder Himmelspriester auf dem Kopf trugen, wenn sie vor ihren Gemeinschaften als ‚Herren der Zeit' feierlich den Kultkalender verkündeten oder die Himmelsriten vollzogen. Kritisch dazu: Mark Schmidt, Von Hüten, Kegeln und Kalendern oder: Das blendende Licht des Orients. In: Ethnographisch-Archäologische Zeitschrift (EAZ) 43/2002 S.499-541.

((153)) Leider haben solche in vielen Fällen durchaus plausiblen ‚astronomischen' Deutungen in der Archäologie mittlerweile etwas überhand genommen und schießen zum Teil allzu spekulativ ins Kraut. Galt noch während der 1980er Jahre jegliche ‚astronomische' Interpretation von prähistorischen Funden oder Geländedenkmälern zumindest in der deutschen Vorgeschichtsforschung generell als unseriös und wurde pauschal als unwissenschaftliche Phantasterei und esoterische Verirrung abgetan, so neigen heute manche Forscher dazu, in nahezu jeder markanten Buckelreihe auf einem vorgeschichtlichen Gefäß oder jeder außergewöhnlichen Anordnung prähistorischer Gräber einen Himmelskalender oder gar die Darstellung von Sternbildern zu sehen. Auch bei ausdrücklicher Anerkennung der vielen plausiblen und überzeugenden Hypothesen ist bei diesem Thema daher mittlerweile eine gewisse Skepsis und Vorsicht angebracht. Für einen kompakten Überblick über den ganzen Themenbereich siehe u. a. mein Buch: Martin Kuckenburg, Kultstätten und Opferplätze von der Steinzeit bis zum Mittelalter,. Stuttgart 2007, S.26-39.

((154)) Zu *Göbelki Tepe* siehe im Detail: Klaus Schmidt, Sie bauten die ersten Tempel. Das rätselhafte Heiligtum der Steinzeitjäger. München 2016. *‚Die ältesten Monumente der Menschheit: Vor 12 000 Jahren in Anatolien'*. Ausstellungsband Karlsruhe/Stuttgart 2007. David Graeber/ David Wengrow, Anfänge. Eine neue Geschichte der Menschheit. Stuttgart 2022, S.107/108 und 267-269 (Zitat von David Wengrow ebd. S.107).

((155)) Wikipedia.de, Artikel *‚Maat'*.

((156)) Zit. n. Jan Assmann, *Maat.* Gerechtigkeit und Unsterblichkeit im Alten Ägypten. München 1995, S.206. Vgl. ders., *‚Der König als Sonnenpriester'*. Ein kosmographischer Begleittext zur kultischen Sonnenhymnik in thebanischen Tempeln und Gräbern. Glückstadt 1970.

((157)) Friederike Seyfried in: Dies./Mariana Jung (Hg.), China und Ägypten – Wiegen der Welt. Katalogbuch Berlin/München 2017, S.270. Die Historikerin ebd. weiter: „Ein offensichtliches Versagen des Herrschers war ein Zeichen der Mißgunst des Himmels, und ihm wurde das Mandat entzogen und ein anderer Kandidat wurde bestimmt"

((158)) Zit. n. wikpedia.de, Artikel *‚Hierogamie'*. Für die Originaltexte und eine ausführlichere Darstellung siehe: Samuel Noah Kramer, The Sumerian Sacred Marriage Texts. In: Proceedings of the American Philosopical Society 107/1963, S.485-527. Ders., The Sacred Marriage Rite in Ancient Sumer. Bloomington 1969. Vgl. dazu ebenso: Marielouise Cremer, *Heros gamos* im

Orient und in Griechenland. Zeitschrift für Papyrologie und Epigraphik 48/1982, S.283-290.

In einer Lobpreisung aus der Spätphase des assyrischen Königtums verkündete der Herrscher ähnlich: „*Seit die Götter mich wohlwollend auf dem Thron meines Vaters, meines Erzeugers, haben Platz nehmen lassen, ließ Adad* [mesopotamischer Wettergott, MK] *seine Regengüsse los, öffnete Ea* [der Wassergott] *seine Quellen, wurde das Getreide in seinen Ähren fünf Ellen hoch, (...) brachten die Obstbäume die Frucht zu üppiger Entfaltung, hatte das Vieh im Gebären Gelingen. Während meiner Regierung triefte die Fülle, während meiner Jahre wurde Überfluß angehäuft*" (zit. n. Wikipedia, Artikel *,Sakralkönigtum'*).

((159)) Arnold Bühler, Herrschaft im Mittelalter. Stuttgart 2013, S.39-42. „Durch Salbung und Krönung erhielt der König", so Bühler weiter, „eine sakrale Würde wie ein Priester. (…) Das ursprünglich heidnische *Königsheil* wurde damit christlich umgeformt, die *magische Qualität der Könige* blieb erhalten. Vorbild für die christlich-sakrale Idee des Königtums waren die biblischen Könige des Alten Testamentes Saul, David und Salomon. Auch sie waren gesalbt." - „Was diese Königssalbung bedeutete, wird erst wirklich bewußt", so der Historiker, „wenn man auf die Sprache der Zeit achtet: Der gesalbte König war *christus* (, der Gesalbte'), zumindest Christus ähnlich", und „wurde in Texten und Bildern der Zeit (…) als ,Stellvertreter' oder ,Abbild Christi' (*vicarius Christi, imago Christi*) bezeichnet."

((160)) „Da sich das Volk mit dem Herrscher identifiziert, verlangt man in naturvolklichen Gesellschaften häufig, daß der Herrscher von tadelloser körperlicher Verfassung ist", schreibt der Ethnologe Josef Franz Thiel dazu. „Er darf keine Verstümmelung aufweisen, muß ein guter Krieger sein, er muß nicht nur ein physisch und moralisch perfekter Mensch, sondern auch ein sexuell potenter Mann sein. (…) Aufgrund dessen müssen kranke Herrscher ausgesondert oder sogar umgebracht werden, damit nicht das Volk als Ganzes Schaden nehme. Das Siechtum würde sich *eo ipso* [eben dadurch, MK] auf das ganze Volk und das ganze Land übertragen."

Thiel weiter: „Bei Unfruchtbarkeit der Tiere, Menschen und Felder sowie bei Mißerfolg auf der Jagd und im Krieg zog und zieht man teilweise noch heute in Afrika den König zur Rechenschaft. Und nicht selten muß in Afrika ein König, wenn er alt oder krank wird, gewaltsam aus dem Leben scheiden, damit der Gemeinschaft nicht Gleiches zustoße" (Josef Franz Thiel, Grundbegriffe der Ethnologie. 4. erweiterte Auflage Berlin 1983, S.137 und 139).

((161)) James George Frazer, The Golden Bough. A Study in Religion and Magic. London 1922 (Kapitel *,The Killing of the Divine King'*). Hier zit. nach der gekürzten Neuausgabe Mineola/New York 2019, S.267 (Übersetzung von mir, MK). Vgl. dazu auch: Edward Evans-Pritchard, The Divine Kingdom of the Shilluk of the Nilotic Sudan. In: Journal of Ethnographic Theory 1/2011, S.407-422.

((162)) Vgl. Cyril Aldred, ‚*Echnaton*‘. Herrsching 1983, S.37 (zit. n. Wikipedia ‚Sedfest‘).

((163)) Im ‚*Ursprung*‘ (MEW 21, S.97) sprach Engels wörtlich auch von „*kindischen religiösen Vorstellungen*“.

((164)) Siehe dazu beispielsweise den DDR-Band: R. Habel (Red.), Völkerkunde für Jedermann. Leipzig 1965. Vergleichsweise sachlich und informiert aus westdeutscher Sicht: Ulla Johansen, Die Ethnologie in der DDR. In: Hans Fischer (Hg.), Ethnologie – eine Einführung. Berlin 1983, S.303-318.

((165)) In der modernen Ethnographie sind Forschungsaufenthalte von mehr als einem Kalenderjahr die Regel, um den vollständigen ‚Jahreszyklus‘ des Lebens in der betreffenden indigenen Gemeinschaft studieren und dokumentieren zu können. Lewis Morgan als einer der Mitbegründer der Ethnographie weilte bei seinen Feldforschungen in den 1840er bis 1860er Jahren hingegen (anders als in MEW 21, S.36 angegeben) jeweils nur einige Wochen unter den von ihm beschriebenen nordamerikanischen Indianerstämmen. Er konnte seine dabei gemachten Beobachtungen aber durch die Erfahrungen aus seiner jahrelangen anwaltlichen Tätigkeit für die Irokesen und durch detaillierte Informationen seitens irokesischer Informaten, mit denen er persönlich befreundet war, ergänzen (vgl. Teilband 1 dieser Studie, Kapitel 3).

((166)) Als einer der bekanntesten Pioniere der ethnographischen Dokumentation und der Methode der ‚teilnehmenden Beobachtung‘ gilt der polnischbritische Ethnologe Bronislaw Malinowski, der zwischen 1914 und 1918 wegweisende Forschungen auf den Trobriand-Inseln in Melanesien östlich von Neu-Guinea durchführte und darüber eine einflußreiche und vielzitierte Trilogie ethnographischer Forschungsberichte veröffentlichte.

Es sorgte daher in Fachkreisen für ein gewisses Aufsehen, als Malinowskis Frau 1966 postum die privaten Tagebuchaufzeichnungen des Anthropologen aus dieser Zeit publizierte (Bronislaw Malinowski, Ein Tagebuch im strikten Sinne des Wortes. Frankfurt/Main 1985), die die persönlichen Gedanken und Gefühle des Forschers während dieser Feldaufenthalte wiedergeben und in teilweise markantem und lehrreichem Kontrast zu seinen wissenschaftlichen Forschungsberichten stehen. Sie illustrieren nach den Worten des Ethnologen Raymond Firth „eine dunklere Seite im Verhältnis des Anthropologen zu seinem menschlichen Forschungsgegenstand“ (ebd., Einleitung S.8) und verdeutlichen auf diese Weise den kulturellen und menschlichen Zwiespalt, in dem sich ein Ethnograph beim Versuch der längerfristigen Einordnung in eine ihm im Grunde völlig fremde und ‚ferne‘ Kultur befindet.

((167)) Lewis H. Morgan, Die Urgesellschaft. Stuttgart 1891, S.15. Der Anthropologe ebd. S.XIII und XV weiter: „*Die Geschichte des Menschengeschlechts zeigt überall die gleichen Anfänge, die gleichen Erfahrungen, den gleichen Fortgang. (…) Ihre Entwicklung war bei allen Stämmen und Nationen die ähnliche, soweit sie dieselbe Kulturstufe erreichten.*“ Dies werde

*„bewiesen durch den gegenwärtigen Zustand der auf einer niedrigen Ent-
wicklungsstufe befindlichen Stämme von Wilden, die in isolierten Erdteilen
als Monumente der Vergangenheit zurückgeblieben sind"* (ebd., S.35).

((168)) Briefentwurf Marx' an die Petersburger Zeitschrift ,Vaterländische
Annalen' (*Otetschestwennyje Sapiski*) aus dem Jahr 1877. Marx dort weiter:
*„Aber ich bitte um Verzeihung. (Das heißt mir zugleich zu viel Ehre und zu
viel Schimpf antun)"* (MEW 19, S.111).

((169)) Ian Hodder, Zusammenleben ohne soziale Kontrolle? In: Dieter
Reinisch (Hg.), Der Urkommunismus. Auf den Spuren der egalitären Gesellschaft. Wien 2012, S.155, 157 und 160. Nach Hodders Worten „war die
Gesellschaft [von Catalhöyük, MK] als Ganzes durch unterschiedliche Ver-
wandtschaftsverhältnisse und Wohnhäuser in verschiedene Gruppierungen
und Zugehörigkeiten aufgeteilt, die die Entwicklung einer Zentralmacht
verhinderten" (ders. in: Badisches Landesmuseum Karlsruhe (Hg.), Vor 12
000 Jahren in Anatolien. Stuttgart 2007; S.125).

((170)) Siehe zu der neolithischen Fundstätte insgesamt: James Mellaart,
Catal Hüyük – Stadt aus der Steinzeit. Bergisch-Gladbach 1967. Ian Hodder,
Catalhöyük: The Leopard's Tale. London 2006. Badisches Landesmuseum
Karlsruhe (Hg.), ,Vor 12 000 Jahren in Anatolien'. Stuttgart 2007; S.124 ff.
und 321 ff. David Graeber/David Wengrow, Anfänge – eine neue Geschichte
der Menschheit. Stuttgart 2022, S.236 ff.

((171)) Karl J. Narr, Älteste stadtartige Anlagen. In: H. Stoob, Die Stadt
(1985), S.28.

((172)) David Graeber/David Wengrow, Anfänge – eine neue Geschichte der
Menschheit. Stuttgart 2022. Eine sehr lesenswerte Auswahl älterer und
jüngerer Aufsätze zu dieser Frage aus dem sozialistischen Spektrum findet
sich auch in dem Band: Dieter Reinisch (Hg.), Der Urkommunismus. Auf
den Spuren der egalitären Gesellschaft. Wien 2012.

((173)) Ian Hodder, Zusammenleben ohne soziale Kontrolle? In: Dieter
Reinisch (Hg.), Der Urkommunismus. Auf den Spuren der egalitären Gesellschaft. Wien 2012, S.163. Hervorhebungen von mir (MK).

((174)) David Graeber/David Wengrow, Anfänge – eine neue Geschichte der
Menschheit. Stuttgart 2022, S.246/47.

((175)) ,GEO-Epoche' Nr.123/1923 (,*Bronzezeit*'), S.37.

((176)) Siehe dazu detailliert: Michael Jansen, Mohenjo-Daro – Stadt der
Brunnen und Kanäle. Wasserluxus vor 4500 Jahren. Bergisch Gladbach
1993. Vgl. ebenso: Westfälisches Museum für Archäologie (Hg.), ,*Vergesse-
ne Städte am Indus - frühe Kulturen in Pakistan vom 8. bis 2. Jahrtausend*'.
Aachen/Wiesbaden 1987.

((177)) David Graeber/David Wengrow, Anfänge – eine neue Geschichte der Menschheit. Stuttgart 2022, S.345 und 347/48. Die Autoren ebd. weiter: „Den meisten fällt es schwer, (…) sich überhaupt vorzustellen, wie ein bewusster Egalitarismus in großem Maßstab funktionieren könnte. (…) [Dies] zeigt erneut, wie selbstverständlich wir ein evolutionäres Narrativ akzeptieren, in dem autoritäre Herrschaft als das ‚natürliche‘ Ergebnis angesehen wird, wenn eine ausreichend große Gruppe von Menschen zusammenkommt, und dass etwas, das sich als ‚Demokratie‘ bezeichnen läßt, erst viel später als konzeptioneller Durchbruch entstand.“

((178)) Elman R. Service, Ursprünge des Staates und der Zivilisation. Frankfurt 1977, S.113.

((179)) Max Weber schrieb dazu in seinem Werk ‚*Wirtschaft und Gesellschaft – Grundriss der verstehenden Soziologie*‘ aus dem Jahr 1920: „*Der* **Häuptling** *der Frühzeit, der* **Vorläufer des Königtums**, *ist noch eine zwiespältige Figur: patriarchalisches Familien- oder Sippernoberhaupt auf der einen Seite, charismatischer Anführer zur Jagd und zum Kriege, Zauberer, Regenmacher, Medizinmann, also Priester und Arzt, und endlich Schiedsrichter auf der anderen Seite. Nicht immer, aber oft spalteten sich diese charismatischen Funktionen in ebensoviele* **Sonder-Charismata** *mit besonderen Trägern. Ziemlich oft steht neben dem aus der Hausgewalt geborenen Friedenshäuptling (Sippenhaupt) mit wesentlich ökonomischen Funktionen der Jagd- und Kriegshäuptling*“ (Neuausgabe in einem Band Frankfurt/Main 2010, S.860).

((180)) „Ein Herrscher dürfte kaum geduldet werden, wenn seine Herrschaft nicht spürbare Vorteile bringen würde, die das bisherige System der Führung oder der Führungslosigkeit nicht gewährleistete“, stellte der marxistisch orientierte britische Prähistoriker V. Gordon Childe schon 1950 fest. „Zum Beispiel kann ein Häuptling in der Lage sein, die Verteidigung gegen lästige Feinde zu garantieren oder fremden Händlern oder Handwerkern Schutz zu bieten, deren Dienste für diese Gesellschaft wertvoll sind, die aber nicht mit dem Schutz durch das einzig und allein auf Blutsbanden beruhende Verwandtschaftssystem rechnen können“ (V. Gordon Childe, Soziale Evolution. London 1951/Frankfurt 1975, S.49/50).

((181) Auch Max Weber vermerkte 1920 in seinem soziologischen Grundlagenwerk ‚*Wirtschaft und Gesellschaft*‘ (Tübingen 1921; Neuausgabe Frankfurt/Main 2010, S.664), ein normaler Dorf- oder Friedenshäuptling könne „*nur kraft seiner ganz persönlichen Qualitäten magischer oder sonstiger Art eine wirkliche Autorität ausüben. Sonst, speziell bei chronischem Frieden, hat er in aller Regel nur die Stellung des mit Vorliebe gewählten* **Schiedsrichters**, *und seine Anweisungen werden nur wie* **Ratschläge** *befolgt. (…) Zu ihrer Anwendung ist er zuf die* **freiwillige Mithilfe** *der Genossen angewiesen. Diese sich zu sichern, ist er umso leichter in der Lage, je mehr magisches Charisma und ökonomische Prominenz ihm zur Seite stehen*“.

((182)) Eli Sagan, Tyrannei und Herrschaft. Reinbek bei Hamburg 1987, S.346.

((183)) Zit. n. Elman R. Service, Ursprünge des Staates und der Zivilisation. Frankfurt 1977, S.82.

((184)) Josef Franz Thiel, Grundbegriffe der Ethnologie. 4., erweiterte Auflage Berlin 1983, S.134/35.

((185)) Christian Sigrist in: Ders. und Fritz Kramer (Hg.), Gesellschaften ohne Staat Band 1. TB Frankfurt/Main 1983, S.32.

((186)) Josef Franz Thiel, Grundbegriffe der Ethnologie. 4., erweiterte Auflage Berlin 1983, S.133/34. „In den Häuptlingstümern verschiedener Ethnien der [afrikanischen] Kwango-Kasai-Region stellte ich häufig fest", so Thiel weiter, „daß die Häuptlinge und ihre Angehörigen materiell gesehen zur unteren Schicht gehörten [vgl. Anm.112 für die nordamerikanischen Indianer, MK] (…) Sie hatten kein Bargeld und konnten deshalb ihre Frauen und Kinder nicht kleiden und erziehen lassen, wie das die Nicht-Herrschen-den konnten. Ältere, noch in der Tradition verwurzelte Häuptlinge wollten dies auch gar nicht, weil es nicht ihrem Wertesystem entsprach" (ebd. S.133).
„In großen Reichen ist die Korrelation von politischer Macht und ökonomischer Wohlhabenheit eher gegeben", räumt der Ethnologe ein, „aber auch dort [ist] (…) der Reichtum eines afrikanischen Herrschers etwas anderes als bei einem europäischen Königshaus: Er ist kein Privatbesitz, sondern dient dazu, Höflinge, Besucher, Soldaten etc. zu bewirten. Ein traditioneller Herrscher muß großzügig sein, will er einen guten Ruf haben. Die Naturalabgaben fließen also sozusagen wieder ins Volk zurück. Selbst der große Harem dient oft der Bewirtung hoher Gäste."

((187)) Eli Sagan, Tyrannei und Herrschaft. Reinbek bei Hamburg 1987, S.346/47.

((188)) „Zum Sachem wurde nie der Sohn des vorigen gewählt, da bei den Irokesen Mutterrecht herrschte, der Sohn also einer andern Gens angehörte; wohl aber und oft der Bruder oder Schwestersohn," so Engels im ‚Ursprung‘ (MEW 21, S.86).

((189)) Zahlenangaben nach: Dieter Haller, dtv-Atlas Ethnologie. München 2005, S.198 Abb. B. Josef Franz Thiel, Grundbegriffe der Ethnologie. 4. erweiterte Auflage Berlin 1983, S.134 schreibt summarisch dazu: „Es gibt ein Kauf-, Wahl- und Erbhäuptlingstum, wobei letzteres überwiegt."

((190)) Stefan Breuer, Der Staat. Entstehung – Typen – Organisationsstadien. Reinbek bei Hamburg 1998, S.39.

((191)) Das von den Historikern vor allem am Beispiel der Germanen untersuchte Gefolgschaftswesen war auch bei den antiken Kelten weitverbreitet, wie beispielsweise emblemartige Marken auf keltischen Schwertern zeigen, die offenbar als eine Art ‚Logo' solcher militärischer Verbände dienten. Gefolgschaften waren aber auch bei indigenen Ethnien auf anderen Kontinenten häufig anzutreffen, wie völkerkundliche Forschungen gezeigt haben.

Der britische Ethnologe Edward Evans-Pritchard berichtete beispielsweise über das gegenseitige Abhängigkeitsverhältnis von Gefolgsherren und –leuten bei den *Anuak* im Südsudan und in Äthiopien: „Die jugendlichen Gefolgsleute folgen dem Adeligen aus Eigeninteresse (…) und bereichern sich auf seine Kosten. Ein neu installierter Nobler in einem Dorf muß den größten Teil seiner Habe als Geschenke (*nymnyo*) an seine Unterstützer verteilen, besonders *dimni*-Perlen und Vieh. Wenn seine Leute irgend etwas nicht tun möchten, so machen sie es nicht, was auch immer der Adelige darüber denkt, und er übt nur so viel Autorität aus, wie seine Leute ihm zubilligen" (Evans-Pritchard in: *Sudan Notes and Records* 62/1947, S.78; zit. n. Christian Sigrist, Regulierte Anarchie. Frankfurt/Main 1979, S.238).

((192)) Max Weber, Wirtschaft und Gesellschaft. Neuausgabe in einem Band; Frankfurt/Main 2010, S.661. Ein solcher Kriegerbund entspreche von seiner Struktur her *„ auf dem Gebiet politischen Handelns (…) der Mönchsvergesellschaftung des Klosters auf religiösem Gebiet",* so Weber weiter.

((193)) Heinz Grünert (Red.), Geschichte der Urgesellschaft. Berlin/DDR 1982, S.57 und 301.

((194)) Karl-Heinz Otto, Deutschland in der Epoche der Urgesellschaft (Lehrbuch der Deutschen Geschichte' Band 1. Berlin 1960; 4. Auflage 1981, S.152. Bruno Krüger, Zur militärischen Demokratie bei den germanischen Stämmen. In: Joachim Herrmann/Jens Köhn (Hg.), Familie Staat und Gesellschaftsformation. Berlin/DDR 1988, S. , S.544.

((195)) Bei den Germanen *„ (bildeten) nach der Eroberung des Römerreichs diese Gefolgsleute der Könige neben den unfreien und römischen Hofbedienten den zweiten Hauptbestandteil des späteren Adels",* wie bereits Engels im *‚Ursprung'* feststellte (MEW 21, S.139/40). „Noch nicht befriedigend nachgezeichnet ist hingegen", so der DDR-Historiker Bruno Krüger 1988, „der Weg eines noch von seiner Gemeinschaft unterstützten Gefolgsherrn zu Beginn unserer Zeitrechnung bis zu jenen führenden Kräften des 5. und 6. Jahrhunderts, die – sei es durch ökonomische Kraft, sei es durch Erblichkeit des Amtes oder durch gewaltsame Ausschaltung von gleichstarken Personen – den Schritt in den frühen Feudalstaat getan haben. Sicher ist, daß kriegerische Aktionen zur Stärkung ihrer Position beitrugen" (Bruno Krüger wie Anm.194, S.544).

((196)) Bevölkerungsschätzungen nach Wikipedia und *statista.com. „Die Durchschnittsstärke amerikanischer Stämme ist unter 2000 Köpfen; die Tscherokesen indes sind an 26 000 stark, die größte Zahl Indianer in den Vereinigten Staaten, die denselben Dialekt sprechen",* schrieb Engels im *‚Ursprung'* (MEW 21, S.91). Vor der Ankunft der Europäer und auch heute wieder lagen und liegen die indianischen Bevölkerungszahlen indes deutlich höher - nach Angaben Stefan Breuers (Der charismatische Staat. Darmstadt 2014, S.33) bei durchschnittlich 4000 bis 10 000 Menschen je Stamm.

((197)) Eli Sagan, Tyrannei und Herrschaft. Reinbek bei Hamburg 1987, S.352/53.

((198)) Eli Sagan, Tyrannei und Herrschaft. Reinbek bei Hamburg 1987; S.342.

((199)) Lewis Morgan schrieb dazu in seiner ,*Urgesellschaft*' (deutsche Ausgabe Stuttgart 1891, S.101): „*Bei einigen Indianerstämmen wurde einer der Sachems* [vgl. S.40 ff.] *als oberster Häuptling und als dem Range nach über seinen Amtsgenossen stehend anerkannt. (...) In der Sprache einiger der frühen Schriftsteller sind diese obersten Häuptlinge als Könige bezeichnet worden, was einfach lächerlich ist.*"
        Im Hinblick auf die Indianer Nordamerikas war diese auch von Engels geteilte Kritik (MEW 21, S.93 und Fußnote S.103) mit Sicherheit berechtigt, doch im Fall der mexikanischen Azteken und anderer mesoamerikanischer Kulturen war die Sachlage deutlich komplizierter - siehe dazu Teilband 4 dieser Studie, S.94 ff.

((200)) Ich habe die Kontroverse unter den Keltenforschern über diese Fragen ausführlich in meinem Buch: Martin Kuckenburg, Das Zeitalter der Keltenfürsten. Stuttgart 2010, S.47-155 nachgezeichnet - in Kapitel 10 findet sich dort zu Vergleichszwecken auch eine kurze Beschreibung antiker Königsgräber. Besonders hohe Wellen schlug diese ,Keltenfürsten-Debatte' während der späten 1990er Jahre in der baden-württembergischen Archäologie. Siehe dazu exemplarisch: Manfred K. H. Eggert, Der Tote von Hochdorf - Bemerkungen zum Modus archäologischer Interpretation. In: Archäologisches Korrspondenzblatt 29/1999, S.211-222. Dirk Krausse, Der ,Keltenfürst' von Hochdorf - Dorfältester oder Sakralkönig? Ebd. S.339-358.

((201)) Frank Robert Vivelo, Handbuch der Kulturanthropologie. Stuttgart 1981, S.202 und 204.

((202)) Eli Sagan, Tyrannei und Herrschaft. Reinbek bei Hamburg 1987; S.342/43 und 346.

((203)) Eli Sagan, Tyrannei und Herrschaft. Reinbek bei Hamburg 1987; S.341 und 343.

((204)) Elman R. Service, Ursprünge des Staates und der Zivilisation. Frankfurt 1977, S.106/107. Die Notwendigkeit eines solchen umfänglichen Herrschaftsapparates konnte besonders für neu an die Macht gelangte Potentaten durchaus zu einem Problem werden, wie Engels dies am Beispiel der Germanenkönige nach der Eroberung des Römischen Reiches beschrieb (MEW 21, S.146; vgl. vorliegender Band S.92).

Wegen des Fehlens eines echten Regierungsapparates und einer großräumigen staatlichen Organisation vermochten auch viele Oberhäuptlinge neuzeitlicher Stammesgesellschaften nicht, das von ihnen nominell beherrschte Territorium tatsächlich vollständig selbst zu kontrollieren. Sie waren vielmehr, wie der Soziologe Justin Stagl schreibt, „auf die Kooperation lokaler Instanzen wie *Headmen, Big Men* [vgl. S.84] oder Ältesten von Verwandtschaftsgruppen angewiesen, für die sie eine rituell-politische Führungsfigur" darstellten (Justin Stagl, in: Walter Hirschberg (Hg.), Neues Wörterbuch der Völkerkunde. Berlin 1988, S.205). Aus einem solchen Zusammenwirken konnte sich oftmals ein kompliziertes politisches Geflecht und eine „Pyramide von Häuptlingen höheren und niederen Ranges" entwickeln, „die die Macht über größere oder kleinere Teile des Gemeinwesens ausüben", wie der Anthropologe Marshall D. Sahlins feststellte (Marshall D. Sahlins, Poor Man, Rich Man, Big Man, Chief. Political Types in Melanesia and Polynesia. In: Thomas G. Harding/Ben J. Wallace (Hg.), Cultures of the Pacific – Selected Readings. New York/London 1970, S.210).

((205)) Max Weber betonte in seinem Werk ‚*Wirtschaft und Gesellschaft*' aus dem Jahr 1920 vor allem das Gewaltmonopol des modernen Staates. „*Der Staat ist (...) ein auf das Mittel der legitimen (das heißt als legitim angesehenen) Gewaltsamkeit gestütztes Herrschaftsverhältnis von Menschen über Menschen*", schrieb der Soziologe dort. „*In der Vergangenheit haben die verschiedensten Verbände – von der Sippe angefangen – physische Gewaltsamkeit als ganz normales Mittel gekannt* [vgl. S.38 und 89, MK]. *Heute dagegen [ist der] Staat diejenige menschliche Gemeinschaft, welche innerhalb eines bestimmten Gebietes (...) das Monopol legitimer physischer Gewaltsamkeit für sich beansprucht. (...) [Der Staat] gilt als alleinige Quelle des ‚Rechts' auf Gewaltsamkeit*" (Max Weber, Wirtschaft und Gesellschaft. Neuausgabe in einem Band; Frankfurt/Main 2010, S.1043; vgl. ebd. S.659 und 663).

((206)) „Häuptlingstümer kennen eine zentralisierte Lenkungsinstanz, erbliche hierarchische Statusvorkehrungen mit aristokratischem Ethos, nicht aber einen formal-rechtlichen Apparat gewaltsamer Repression", konstatierte Elman R. Service (Ursprünge des Staates und der Zivilisation. Frankfurt/Main 1977, S.40) zu dieser Frage. „Billigt man derartigen nicht-violenten [= nicht auf Gewalt beruhenden; MK] Häuptlingstümern den Status einer evolutionären Stufe zu [vgl. S.157/158, MK] , dann vereinfacht sich die Frage nach dem Ursprung des Staates erheblich und verwandelt sich in die Frage nach dem Gebrauch von Gewalt als institutionalisierter Sanktion."

((207)) Eli Sagan, Tyrannei und Herrschaft. Reinbek bei Hamburg 1987; S.341.

((208)) Dieter Haller, dtv-Atlas Ethnologie. München 2005, S.201.

((209)) Max Weber, Wirtschaft und Gesellschaft. Tübingen 1921. Hier zit. n. der Neuausgabe in einem Band: Frankfurt/Main 2010, S.159 und 164.

Zum Verhältnis Max Webers zum Marxismus siehe u. a.: Jürgen Kocka, Karl Marx und Max Weber im Vergleich. In: Hans-Ulrich Wehler, Geschichte und Ökonomie. Köln 1973, S.54-84.

((210)) Max Weber, Wirtschaft und Gesellschaft. Neuausgabe in einem Band Frankfurt/Main 2010, S.160/61, 166/67 und 739/740.

((211)) Eli Sagan, Tyrannei und Herrschaft. Reinbek bei Hamburg 1987, S.343.

((212)) Elman R. Service, Ursprünge des Staates und der Zivilisation. Frankfurt 1977, S.40 und 115.

((213)) Stefan Breuer, Der Staat. Entstehung – Typen – Organisationsstadien. Reinbek bei Hamburg 1998, S.27 und 38.

((214)) Lewis H. Morgan, Die Urgesellschaft. Stuttgart 1891, S.102. Der Anthropologe ebd. weiter: *„Diese Form blieb bestehen bis zur Einführung einer politischen Verfassung, wo dann z. B. bei den Athenern der Rat der Häuptlinge zum Senat und die Versammlung der Gemeinde zur Ekklesia, d. h. Volksversammlung, wurde. Dieselben Organisationen haben sich bis auf die neueste Zeit in den zwei Häusern der Parlamente, Kongresse und sonstigen gesetzgebenden Körper erhalten"* (vgl. zu diesem historischen Kontinuitätskonzept Morgans Teilband 1 dieser Studie, S.64).

((215)) Lewis H. Morgan, Die Urgesellschaft. Stuttgart 1891, S.124/25.

((216)) Lewis H. Morgan, Die Urgesellschaft. Stuttgart 1891, S.211/12.

((217)) Lewis H. Morgan, Die Urgesellschaft. Stuttgart 1891, S.210/11.

((218)) Karl Marx, Die ethnologischen Exzerpthefte, hg. von Lawrence Krader. Frankfurt/Main 1976, S.297.

((219)) Lewis Morgan, Die Urgesellschaft. Stuttgart 1891, S.105 und 214.

((220)) Lewis H. Morgan, Die Urgesellschaft. Stuttgart 1891, S.105.

((221)) Lewis H. Morgan, Die Urgesellschaft. Stuttgart 1891, S.105. Morgan ebd. S.209.

((222)) Homer, *Ilias – Odyssee* in der klassischen Übersetzung von Johann Heinrich Voß aus dem Jahr 1793. Neuausgabe München 1979, S.27.

((223)) Lewis Morgan, Die Urgesellschaft. Stuttgart 1891, S.105 und 209 und 211.

((224)) Karl Marx, Die ethnologischen Exzerpthefte, hg. von Lawrence Krader. Frankfurt/Main 1976, S.295.

((225)) Karl Marx, Die ethnologischen Exzerpthefte, hg. von Lawrence Krader. Frankfurt/Main 1976, S.295/96. Desgleichen Engels im ‚Ursprung‘: „Die Vermutung spricht also dafür, daß bei den Griechen der basileus entweder vom Volk gewählt oder doch durch seine anerkannten Organe – Rat oder Agora – bestätigt werden mußte, wie dies für den römischen ‚König‘ (rex) galt“ (MEW 21, S.104). Engels verwies dabei auch ausdrücklich auf das Vorbild der Irokesen: „Wie es mit der Erblichkeit der Vorsteherschaften bei den Irokesen und andern Indianern stand, sahen wir. Aller Ämter waren Wahlämter meist innerhalb einer Gens und insofern in dieser erblich“ (MEW 21, S.103/104).

((226)) So existierte zum Beispiel „eine zumindest ansatzweise freie Königswahl bzw. Akklamation schon bei den römischen Soldatenkaisern der Antike und in den germanischen Wahlkönigtümern der Völkerwanderungszeit“ (4.bis 6. Jahrhundert n. Chr.), heißt es dazu im Artikel ‚Wahlkönigtum‘ auf Wikipedia: „Zunächst waren germanische Könige von Heeresversammlungen oder Ältestenräten nur für die Dauer von Kriegszeiten gewählt worden, in Friedenszeiten war die Autorität des Königs gering. Die Königswürde war noch nicht erblich, gewählte Könige konnten auch wieder abgesetzt werden (meistens allerdings wurden sie gestürzt oder getötet). Zwar versuchten die mächtigsten Adelsgeschlechter, die Königswürde in ihrer Sippe erblich zu machen, wiederholt aber wählten in Kriegs- und Krisenzeiten (…) Teile des Heeres bzw. des Adels auch andere Kandidaten.“ - „Nach dem Aussterben der Staufer entwickelte sich das [Heilige Römische] Reich dann endgültig zu einer Wahlmonarchie. Stand ursprünglich das Recht zur Königswahl allen Reichsfürsten zu, setzte sich Anfang des 14. Jahrhunderts allmählich das Wahlrecht nur der Kurfürsten durch.“
Auch dem Historiker Arnold Bühler zufolge (Herrschaft im Mittelalter. Stuttgart 2013, S.36/37) „gehörte es zu den Besonderheiten des ‚römischen Reiches‘, dass ‚das Königtum sich nicht nach Blutsverwandtschaft vererbt, sondern dass die Könige durch Wahl der Fürsten eingesetzt werden‘, wie der [zeitgenössische, MK] Geschichtsschreiber Otto von Freising betont. (…) Sehr wichtig ist dem Chronisten die Einmütigkeit der Wahl. (…) Wahlen waren zu dieser Zeit immer einmütig; denn nur in der Eintracht offenbarte sich das Wirken des Heiligen Geistes, der durch die Wähler mit einer Stimme sprach.“

((227)) Man beachte die markanten Übersetzungsunterschiede bei Engels gegenüber Johann Heinrich Voß, die gleichzeitig Deutungsunterschiede waren: Wo Voß 1793 von „Vielherrschaft“ sprach, übersetzte Engels 1884 „Vielkommandiererei“, und aus Voß‘ „König“ wurde bei Engels der „Befehlshaber“.

((228)) Marx‘ originaler Kommentar (in: ders., , Die ethnologischen Exzerpthefte. Hg. von Lawrence Krader. Frankfurt/Main 1976, S.296/297) endete wörtlich mit der Formulierung: „Basileia (…) ist – eine Sorte militärischer Demokratie.“

Das antike Wort „*basileus mit König zu übersetzen*", sei zwar „*etymologisch ganz richtig*", kommentierte Engels selbst im ‚*Ursprung*‘, aber „*der heutigen Bedeutung des Wortes König entspricht der altgriechische Basileus in keiner Weise*", denn er war zwar „*Heerführer, Richter und Oberpriester; Regierungsgewalt im späteren Sinne hatte er* [aber] *nicht*" (MEW 21, S.105).

((229)) Auf den zahlreichen Linear-B-Schrifttäfelchen aus mykenischer Zeit (vgl. S.203) lautete der Herrschertitel freilich noch *wanax*, während der dort gleichfalls bereits genannte Amtstitel *basileus* einen eher untergeodneten Beamten bezeichnete.

Einen aktuellen und umfassenden Überblick über die mykenische Kultur bietet zum Beispiel der Bildband: Josef Fischer, Mykenische Paläste - Kunst und Kultur. Darmstadt 2016 (knappe Zusammenfassung dazu unter dem Titel ‚Wer saß einst auf Mykenes Thron?‘ In: Spektrum der Wissenschaft 6/201, S.44-50). Ferner das Katalogbuch: Badisches Landesmuseum Karlsruhe (Hg.), Zeit der Helden. Die ‚dunklen Jahrhunderte‘ Griechenlands 1200-700 v. Chr. Karlsruhe/Darmstadt 2008, bes. S.1-85. Empfehlenswert zum Thema ebenso: Jörg Fündling, Die Zeit der Könige. In: Ders., Die Welt Homers. Darmstadt 2006, S.99-120. Sowie (auf einem etwas älterem Forschungsstand): John Chadwick, Die mykenische Welt. Stuttgart 1979. Günther Kehnscherper, Kreta – Mykene – Santorin. Leipzig/Jena 1973 behandelte das Thema anschaulich aus DDR-Sicht. Eine kurze Zusammenfassung der aktuellen Diskussion über die griechische Frühgeschichte findet sich auch in meinem Buch: Martin Kuckenburg, Das Zeitalter der Keltenfürsten. Stuttgart 2010, S.120-123.

((230)) Marx‘ allerdings nur aus fragmentarischen Randnotizen bestehende Anmerkungen zu diesen Fragen sind zusammengestellt in: Lawrence Krader, Ethnologie und Anthropologie bei Marx. München 1973, S.26-29 (Morgan-Exzerpte) und 53-57 (Maine-Exzerpte).

((231)) Zit. n. Lawrence Krader, Ethnologie und Anthropologie bei Marx. München 1973, S.55 (Altirland) und S.29 (Verfassung des Theseus in Griechenland). Sowie: Karl Marx, Die ethnologischen Exzerpthefte, hg. von Lawrence Krader. Frankfurt/Main 1976, S.76-79 (Athen), S..457 (Griechen, Römer, Semiten), S.446 ff. (Altirland) und S.355 (Germanen). Hervorhebungen im Original sind der besseren Lesbarkeit wegen weggelassen.

((232)) Lawrence Krader (Ethnologie und Anthropologie bei Marx. München 1973) sprach wörtlich von einem „Vorbehalt [Marx‘] gegen Morgans Idee der Wahl des Gens- oder Stammes-, Clan- oder Sippenoberhauptes, da dieses Amt nur theoretisch durch Wahl vergeben, praktisch aber (…) vererbt wird" (S.65). Er zog daraus den Schluß, „nach Auffassung von Marx" sei „das Amt des Oberhauptes nicht erst in der Periode der Auflösung der Gens und des Stammes, sondern schon vorher in Gegensatz zur Gemeinschaft getreten" (S.59).

((233)) Zit. n. Lawrence Krader, Ethnologie und Anthropologie bei Marx. München 1973, S.57 (einige im Original englischsprachige Passagen sind der Verständlichkeit halber übersetzt). Marx ebd. weiter: *„Maine ignoriert das viel Tiefere: Daß die scheinbare supreme* [= übergeordnete, MK] *selbständige Existenz des Staats nur scheinbar und daß er in allen seinen Formen ein Auswuchs* [excrescence] *der Gesellschaft ist; wie seine Erscheinung selbst erst auf einer gewissen Stufe der gesellschaftlichen Entwicklung vorkommt, so verschwindet sie wieder, sobald die Gesellschaft eine bisher noch nicht erreichte Stufe erreicht hat"* (vgl. Engels im ‚*Ursprung*‘, MEW 21, S.168).

((234)) Dass Engels diese im ‚*Anti-Dühring*‘ vertretene Sichtweise indes wohl nicht vollständig aufgab, sondern nur zeitweise hintanstellte, läßt sein bereits auf S.87 zitierter ‚Altersbrief‘ aus dem Jahr 1890 an Conrad Schmidt vermuten, in dem er zu dessen *„Fragen über historischen Materialismus"* schrieb: *„Die Sache faßt sich am leichtesten vom Standpunkt der Teilung der Arbeit. Die Gesellschaft erzeugt gewisse gemeinsame Funktionen, deren sie nicht entraten kann. Die hierzu ernannten Leute bilden einen neuen Zweig der Teilung der Arbeit innerhalb der Gesellschaft. Sie erhalten damit besondre Interessen auch gegenüber ihren Mandanten, sie verselbständigen sich ihnen gegenüber – und der Staat ist da"* (MEW 37, S.490).

((235)) Einen sicher nicht in allen Einzelheiten stimmigen, aber äußerst fakten- und gedankenreichen Überblick über den aktuellen Forschungsstand zur weltweiten Genese von Herrschaftsformen und frühen Staaten bieten beispielsweise die Standardwerke: Michael Mann, Geschichte der Macht. Band 1: Von den Anfängen bis zur Griechischen Antike. Frankfurt/Main 1990 sowie: Stefan Breuer, Der charismatische Staat. Ursprünge und Frühformen staatlicher Herrschaft. Darmstadt 2014.

((236)) Karl Marx, Die ethnologischen Exzerpthefte, hg. von Lawrence Krader. Frankfurt/Main 1976, S.297 und 299.

((237)) Lewis Morgan schrieb dazu ausführlicher in seiner ‚Urgesellschaft‘ (Stuttgart 1891, S.101): *„Bei einigen Indianerstämmen wurde einer der Sachems als oberster Häuptling und als dem Range nach über seinen Amtsgenossen stehend anerkannt. In mancher Hinsicht war ein Bedürfnis nach einem offiziellen Oberhaupt des Stammes vorhanden, um denselben zu vertreten, wenn der Rat nicht beisammen saß. (...) Es mochten Fragen auftauchen, welche das sofortige Eingreifen einer Persönlichkeit erforderten, die zur Vertretung des Stammes berechtigt war, [und] deren Handlungen dann der Ratifikation durch den Rat unterlagen. Dies war die einzige Grundlage, soweit der Verfasser sehen kann, für das Amt eines obersten Häuptlings. Es bestand in einer Anzahl von Stämmen, aber in einer Form von so geringer Machtvollkommenheit, daß es die Vorstellung, die man sich von einer Exekutivbehörde macht, nicht erreichte. In der Sprache einiger der frühen Schriftsteller sind diese obersten Häuptlinge als Könige bezeichnet worden* [vgl. S.145, MK], *was einfach lächerlich ist. Die Indianerstämme waren in ihrem* *politischen Bewußtsein noch nicht weit genug vorangeschritten, um die Idee einer obersten Exekutivbehörde zu entwickeln."*

((238)) Lewis H. Morgan, Die Urgesellschaft. Stuttgart 1891, S.123/24. Auch auf S.101/102 seiner Schrift betonte Morgan: *„ Das Amt eines obersten oder vornehmsten Heerführers war der Keim für das Amt einer obersten Exekutivbehörde in den Personen des Königs, des Kaisers, des Präsidenten."*

((239)) *„ Über weniger wichtige Angelegenheiten entscheiden die Fürsten [principes]",* so Tacitus in seiner ,Germania' (vgl. S.145) wörtlich, *„ über die bedeutenden alle - aber so, dass die Fragen, über die das Volk befindet, von den führenden Männern* [principes] *vorverhandelt werden. Sie versammeln sich, wenn nichts Unvorhergesehenes eintritt, an festgesetzten Tagen bei Neu- oder Vollmond. (...) Sobald es der Menge gefällt, lassen sie sich in voller Bewaffnung nieder. Von den Priestern, die auch Strafen verhängen können, wird Ruhe geboten. Denn hört man dem König oder führenden Mann* [rex vel princeps] *zu, (...) wobei es mehr auf Überzeugungskraft als auf Befehlsbefugnis ankommt. Mißfällt ein Antrag, so weisen sie ihn durch Murren zurück; gefällt er aber, so schlagen sie ihre Framen* [= germanische Kampfspeere, MK] *aneinander: Denn die ehrenvollste Art der Zustimmung ist der mit den Waffen bekundete Beifall"* (Tacitus 11).

((240)) Archäologisch läßt sich die jeweilige Bedeutung dieser unterschiedlichen Faktoren oft recht einfach und zuverlässig anhand der Befestigungsanlagen und öffentlichen Bauten in frühgeschichtlichen Siedlungen und des in ihnen geborgenen Fundmaterials abschätzen. Die Städte der klassischen Maya-Kultur in Mesoamerika waren beispielsweise in der Regel nur vergleichsweise schwach befestigt und stattdessen geprägt von gewaltigen Stufenpyramiden und anderen religiösen Bauten, während die Burgen der von Homer besungenen Mykenischen Kultur (vgl. S.168/169) von meterdicken ,zyklopischen' Mauern umgeben waren und die zugehörigen ,Fürstengräber' nur so von Waffen strotzten. Im sumerischen Mesopotamien des frühen 3. Jahrtausends v. Chr. dominierten theokratisch regierte Stadtstaaten und Tempelstädte, während die späteren babylonischen und assyrischen Großreiche des Zweistromlandes stark militärisch-expansiv geprägt und für ihre grausame Kriegsführung berüchtigt waren.

((241)) Elman R. Service, Ursprünge des Staates und der Zivilisation. Frankfurt/Main 1977, S.304 und 364.

((242)) Heinz Grünert (Red.), Geschichte der Urgesellschaft. Berlin/DDR 1982, S.327 Anm.11 (Altamerika) und S.57/58 (,Militärische Demokratie' im Allgemeinen).

((243)) Burchard Brentjes, Zu einigen Schlußfolgerungen von Karl Marx und Friedrich Engels zur Entstehung des Staates im Alten Orient. In: Joachim Herrmann/Imgard Sellnow (Hg.), Beiträge zu Entstehung des Staates. Berlin 1973 (3. Auflage 1976), S.27 ff.

((244)) Irmgard Sellnow und Friedrich Schlette in: Joachim Herrmann/Jens Köhn (Hg.), Familie Staat und Gesellschaftsformation. Berlin/DDR 1988, S.97/98 bzw. 104. Auch in ihrer während der 1960er Jahre in der DDR einflußreichen Arbeit ‚*Grundprinzipien einer Periodisierung der Urgeschichte auf der Grundlage ethnologischen Materials*‘ (Berlin 1961) verwendete Sellnow die Kategorie der ‚Militärischen Demokratie‘ nicht als Periodisierungskriterium.

((245)) Heinz Grünert (Hg.), Geschichte der Urgesellschaft. Berlin/DDR 1982, S.57/58.

((246)) Karl-Heinz Otto, ‚Deutschland in der Epoche der Urgesellschaft. Lehrbuch der Deutschen Geschichte‘ Band 1. Berlin 1960; 4. Auflage 1981, S.196 mit Anm.95.

((247)) Abram I. Persíc (Moskau), Das Problem der militärischen Demokratie. In: Joachim Herrmann/Jens Köhn (Hg.), Familie, Staat und Gesellschaftsformation. Berlin 1988, S.78 und 82-85. Persic bemerkte in diesem Zusammenhang S.82 auch beiläufig, „daß Morgan sich für die Arithmetisierung der Stadien des historischen Prozesses etwas übertrieben begeisterte. Dies kam in seiner allzu symmetrischen Periodisierung der Urgeschichte zum Ausdruck“, die sich ja indes auch im orthodoxen Marxismus findet, wenn man etwa an die vielzitierten ‚*Triaden*‘ von Urgesellschaft, Klassengesellschaft und Kommunismus oder von Sklaverei, Feudalismus und Kapitalismus denkt (vgl. dazu auch Teilband 4 dieser Studie, S.101, 104 und 127).

((248)) Auch noch 1881 konstatierte Marx in einem seiner berühmten Sassulitsch-Briefentwürfe, dass die Geschichte der „*primären, sekundären, tertiären etc. (...) historischen Formationen noch zu schreiben*“ sei, und dass man „*bisher dazu nur magere Skizzen geliefert*“ habe (MEW 19, S. S.386).

((249)) Marx fügte erläuternd hinzu: „*Die sekundäre Formation umfaßt, wohlverstanden, die Reihe der Gesellschaften, die auf Sklaverei, Leibeigenschaft beruhen*“ (MEW 19, S.404).

((250)) Zugrundegelegt ist dabei Marx‘ Definition im 1. Band des ‚*Kapital*‘: „*Privateigentum, als Gegensatz zum gesellschaftlichen, kollektiven Eigentum, besteht nur da, wo die Arbeitsmittel und die äußeren Bedingungen der Arbeit* **Privatleuten** *gehören*“ (MEW 23, S.789).

((251)) Irmgard Sellnow in: Dies./Joachim Herrmann (Hg.), Beiträge zur Entstehung des Staates. Berlin/Ost 1976, S.252. Jürgen Brüggemann, Anarchistische Theorien zu prästaatlichen Gesellschaften. In: Joachim Herrmann/Jens Köhn (Hg.), Familie, Staat und Gesellschaftsformation. Berlin/DDR 1988, S.721.

((252)) Karl Polanyi, Ökonomie und Gesellschaft. Frankfurt/Main 1979. Ders., Die große Transformation. Frankfurt/Main 1979.

((253)) Den Vorwurf, er anerkenne nur den analytischen Ansatz und die *Methodik* des historischen Materialismus, leugne jedoch den Klassenkampf, erhoben orthodoxe Marxisten schon gegen den einflußreichen britischen Prähistoriker V. Gordon Childe, der sich Mitte des 20.Jahrhunderts große Verdienste um die Popularisierung marxistischer Forschungsansätze auch in der bürgerlichen Frühgeschichtsforschung erwarb. In diesem Zusammenhang ist freilich darauf hinzuweisen, dass auch Marx' und Engels' anthropologischer Stichwortgeber Lewis Morgan einer ausgesprochen kontinuitätsbetonten und ‚konfliktfreien' Geschichtsphilosophie ohne irgendwelche schwerwiegenden historischen Diskontinuitäten und Brüche anhing (vgl. S.208 und Teilband 1 dieser Studie, S.63/64). In seiner ‚*Urgesellschaft*' *(*Stuttgart 1891, S.473) schrieb er beispielsweise: *„ Wir begegnen auf jedem Punkt Zeugnissen dafür, daß die großen Prinzipien, die jetzt die Gesellschaft beherrschen, sich Schritt für Schritt vervollkommneten, von Stufe zu Stufe fortschreitend,* **ununterbrochen** *dem gleichen Ziel nach aufwärts zustrebend. "*

((254)) In dieser Hinsicht waren allerdings auch Marx und Engels selbst mitunter eingefleischte ‚Funktionalisten'. Siehe dazu etwa Engels' Ausführungen zur antiken Sklaverei im ‚*Anti-Dühring'*:„ *Es ist sehr wohlfeil, über Sklaverei und dergleichen in allgemeinen Redensarten loszuziehn und einen hohen sittlichen Zorn über dergleichen Schändlichkeiten auszugießen. Leider spricht man damit weiter nichts aus, als (....) daß diese antiken Einrichtungen unsern heutigen Zuständen und (...) Gefühlen nicht mehr entsprechen. (...)* [Dennoch] *müssen wir sagen - so widerspruchsvoll und so ketzerisch das auch klingen mag -, daß die Einführung der Sklaverei unter den damaligen Umständen ein großer Fortschritt war." -* „ *Ohne Sklaverei kein griechischer Staat, keine griechische Kunst und Wissenschaft; ohne Sklaverei kein Römerreich. Ohne die Grundlage des Griechentums und des Römerreichs aber auch kein modernes Europa. (...) In diesem Sinne sind wir berechtigt zu sagen:* **Ohne antike Sklaverei kein moderner Sozialismus** " (MEW 20, S.168/69).

((255)) Alle Streiktexte zit. n. Arne Eggebrecht in: Ders. u. a., Geschichte der Arbeit. Köln 1980, S.89 sowie Ulli Kulke, ‚*Privilegierte streikten schon vor 3000 Jahren'*, in: ‚Die Welt' vom 31. 10. 2014. Ausführliche wissenschaftliche Publikation der Quellen in: Wolfgang Helck/Adelheid Schlott (Hg.), Die datierten Ostraka, Papyri und Graffiti von Deir el-Medineh, Wiesbaden 2002 sowie: Matthias Müller, Der Turiner Streikpapyrus. In: Gernot Wilhelm/Bernd Janowski (Hg.), Texte aus der Umwelt des Alten Testaments, Neue Folge Band 1. Gütersloh 2004, S.165-184 (vollständige Übersetzung des Streikpapyrus).

((256)) Dokumentiert ist lediglich, dass ein Arbeiter, der den Pharao persönlich beschimpft hatte, wegen ‚Majestätsbeleidigung' mit Ruten gezüchtigt wurde.

((257)) Für detailliertere Beschreibungen des Streikgeschehens siehe beispielsweise: Arne Eggebrecht in: Ders. u. a., Geschichte der Arbeit. Köln 1980, S.42 ff. Manfred Gutgesell, Arbeiter und Pharaonen. Wirtschafts- und Sozialgeschichte im Alten Ägypten. Hildesheim 1989. John Romer, Sie schufen die Königsgräber. Die Geschichte einer altägyptischen Arbeitersiedlung. Ismaning 1986. Ulli Kulke,

((258)) Bertolt Brecht, Gesammelte Gedichte Band 2. Frankfurt/Main 1967, S.656/57.

((259)) In diesem irreführenden Sinn schrieb beispielsweise Elman Service (Ursprünge des Staates und der Zivilisation. Frankfurt 1977, S.353) über innere Konflikte in vormodernen Gesellschaften: „Die wenigen Fälle von ‚Bürgerkrieg' [in den frühen Monarchien, MK] waren Machtkämpfe rivalisierender Herrschaftsaspiranten aus dem Kreis der Aristokratie - ‚Prinzenkriege', keine Klassenkämpfe. (...) Über die archaischen Kulturen wissen wir weniger, aber dort, wo sich Perioden der Gewalt erkennen lassen, handelte es sich um Kriegführung nach außen." Es sei „undenkbar", so Service offenkundig vorurteilsgelenkt weiter, „daß irgendwelche Bauern darauf verfallen wären, ihr Los durch eigene politische Aktion verbessern zu wollen. (...) Bedeutend realistischer ist es, sich das Tauziehen (...) in der [frühen] hierarchischen Gesellschaft auf die Bürokratie selbst beschränkt zu denken, während das ‚Volk' passiv ausführt, was man ihm sagt" (ebd. S.371).

((260)) Dieser Umstand wurde auch in der jüngeren sowjetischen und DDR-Forschung ausdrücklich anerkannt. So hieß es im Hinblick auf die Mykener beispielsweise in dem unter der Redaktion von Reimar Müller entstandenen offiziellen DDR-Lehrbuch ‚Kulturgeschichte der Antike Bd.1: Griechenland' (Berlin/Ost 1980) auf S.40 und 43 unter anderem: „Der Übergang zur frühen Klassengesellschaft hatte sich vollzogen. Die Struktur der mykenischen Gesellschaft war in den wesentlichen Zügen der altorientalischen vergleichbar." Und auch in einem zehn Jahre älteren Aufsatz mit dem Titel ‚Beginn und Entwicklung der mykenischen Staaten' charakterisierten die DDR-Althistoriker Gabriele Bockisch und Heinz Geiß den „mykenischen Staat" bereits ausdrücklich als „Monarchie" (in: Joachim Herrmann/Imgard Sellnow (Hg.), Beiträge zur Entstehung des Staates. Berlin 1973, S.104-122).

((261)) Siehe dazu beispielsweise die aktuellen Übersichtsbände: Josef Fischer, Frühe Hochkulturen in der Ägäis: Die Welt der Minoer und Mykener. Wiesbaden 2024. Ders., Mykenische Paläste: Kunst und Kultur. Darmstadt 2017. Badisches Landesmuseum Karlsruhe (Hg.), Mykene – Die sagenhafte Welt des Agamemnon. Karlsruhe/Darmstadt 2018. Aus früherer DDR-Sicht: Günther Kehnscherper, Kreta- Mykene – Santorin. Über die Entstehung, Blüte und Untergang der kretisch-mykenischen Hochkultur. Leipzig 1973/1978.

((262)) Einen Überblick über diese noch lückenhaft und unzureichend erforschte Zeitperiode geben etwa die Bände: Badisches Landesmuseum Karlsruhe (Hg.), Zeit der Helden – Die ‚dunklen Jahrhunderte' Griechenlands 1200-700 v. Chr. Karlsruhe/Darmstadt 2008; sowie neuerdings: Eric H. Cline, Nach 1177 v. Chr.: Wie Zivilisationen überleben. Freiburg 2024.

((263)) Lewis H. Morgan, Die Urgesellschaft. Stuttgart 1891, S.102, 209-211 und 216. Morgan ebd. S.102: *„In gleicher Weise war, wie bereits angeführt, das Amt des obersten Heerführers der Keim des Amtes einer modernen höchsten Exekutivbehörde."*

((264)) David Wengrow (Was ist Zivilisation? Die Zukunft des Westens und der Alte Orient. Stuttgart 2023, S.187) faßt dieses im progressiven Milieu damals weitverbreitete Empfinden mit den Worten zusammen: „Die Zivilisation und der Fortschritt sind an den prunkvollen Palästen des alten Europa vorbeigezogen und haben sich auf ihrem Marsch nach Westen zu den jüngst befreiten Ufern der Neuen Welt [= den USA, MK] begeben, wo Freiheit sich ungehindert durch die Lasten der Geschichte und der Monarchie entfalten kann."

((265)) Laut David Wengrow (Was ist Zivilisation? Stuttgart 2023, S.147 ff.) fabulierte beispielsweise der entmachtete deutsche Kaiser Wilhelm II. in seinem 1938 im Exil verfaßten Werk *‚Das Königtum im alten Mesopotamien'* über die *„ungebrochene Linie"*, *„die über die Jahrtausende von den deutschen Kaisern bis zu den ersten Königen von Sumer zurückreicht"*, und leitete daraus die Hoffnung auf eine *„neo-sumerische Wiedergeburt in Mitteleuropa"* ab.

((266)) David Wengrow, Was ist Zivilisation? Stuttgart 2023, S.148/49 (Zitat Anderson), S.188 (Zitat Wengrow) und S.191/92 (Zitat Michelet).

((267)) Im *‚Anti-Dühring'* sprach Engels explizit von der *„orientalischen Despotie"* als der *„rohesten Staatsform, von Indien bis Rußland"* (MEW 20, S.168).

((268)) Stefan Breuer, Der Staat. Entstehung – Typen – Organisationsstadien. Reinbek bei Hamburg 1998, S.38.

Aus den Vorbemerkungen der anderen drei Teilbände der
„Studien zu Friedrich Engels' Schrift ‚Der Ursprung der
Familie, des Privateigentums und des Staates':

Teilband 1:
Friedrich Engels' ‚Ursprung der Familie'
– 137 Jahre danach

Der Eröffnungsband beschreibt die Entstehung des *‚Ursprung'* und die
darin formulierten Hypothesen zur Entwicklungsgeschichte der Familie. vor
dem Hintergrund der Biographien von Engels und Morgan. Er will zum einen
die wichtigsten Hypothesen in Engels' 140 Jahre alter Schrift mit dem heutigen Forschungswissen abgleichen und kritisch, aber nicht besserwisserisch
auf ihren aktuellen Deutungswert und ihre heutige Relevanz hin überprüfen.
Dem Leser sollen ein aktueller ‚Faktenpool' und weitere für das Verständnis
des *‚Ursprungs'* wichtige Hintergrundinformation an die Hand gegeben
werden, um eine kritische Lektüre und Einordnung des Werkes auf der Basis
des heutigen Wissens zu ermöglichen. Da der aktuelle Forschungsstand zu
zahlreichen Fragen dabei mehr oder weniger ausführlich referiert wird, läßt
sich die kritische Bestandsaufnahme zugleich auch als eine Art aktuelles
‚Update' zu diesem Schlüsselwerk des Marxismus lesen und verstehen.
      Darüber hinaus stellt der erste Teilband Engels' Darstellung und
Auffassungen aber auch in ihren zeitgeschichtlichen und biographischen
Zusammenhang, da erst durch eine solche kontextuelle Analyse ihr tieferes
Verständnis ermöglicht wird. Durch diese Einbettung in Engels' Leben und
Schaffen und in das damalige Zeitmilieu wird die Studie zugleich auch zu
einem aufschlußreichen Zeitzeugnis und einem instruktiven ‚Wissenschafts-
krimi'.

Teilband 2:
Friedrich Engels' Frühgeschichte
und die moderne Archäologie

Der zweite Teilband gibt einen Überblick über Engels' lebenslange Beschäftigung mit der Ur- und Frühgeschichte und stellt sein in der sozialistischen
Arbeiterbewegung so einflußreiches Werk auf den Prüfstand der modernen
archäologischen Forschung und ihrer aktuellen Erkenntnisse und Resultate.
Was am Frühgeschichtsbild des *‚Ursprung'* ist heute noch gültig und was
veraltet, und inwieweit kann insbesondere Engels' darin entworfenes und in
den Grundzügen von Morgan übernommenes Kulturstufenmodell das *„Ur-*

altertum der Menschheit" (Engels) heute noch adäquat zu erklären und zu verstehen helfen?

Neben diesen zentralen Fragen und dem zu ihrer Beantwortung vorgenommenen aktuellen ‚Faktenupdate' werden Engels' Darstellung und Frühgeschichtsbild in dem Band aber auch in ihren zeit- und wissenschaftsgeschichtlichen Zusammenhang gestellt. Sie waren am Ende des 19. Jahrhunderts zweifellos bahnbrechend und wegweisend, bedürfen nach mittlerweile 140 Jahren aber heute naturgemäß der Aktualisierung und Ergänzung.

Teilband 3:
Marx, Engels und der Orient: Der ‚Ursprung' und die asiatische Produktionsweise

Der vierte und abschließende Teilband befaßt sich mit einem im *‚Ursprung'* weitgehend ausgeklammerten Aspekt der weltweiten Kulturgeschichte und Gesellschaftsentwicklung, nämlich mit der Historie des Orients. Seinem anthropologischen Stichwortgeber Lewis Morgan folgend blendete auch Engels diesen Weltteil und seine Geschichte in seinem Werk vollständig aus und entwickelte sein sozialökonomisches und kulturelles Entwicklungsmodell – neben den indigenen Kulturen Nordamerikas – ausschließlich anhand von Beispielen aus dem antiken und frühmittelalterlichen Europa. Dies, obwohl ihm die andersgeartete Entwicklung im Orient durchaus geläufig war und Karl Marx diesen Weltteil 1859 sogar in den Mittelpunkt einer eigenen sozialökonomischen Formation – der sog. *‚asiatischen Produktionsweise'* – gestellt hatte.

Der abschließende Band der Studie befaßt sich mit der Frage, warum dies so war, und stellt die Entstehung des *‚Ursprung'* dabei in einen engen Zusammenhang mit Engels' persönlicher und politischer Biographie. Wenngleich es durchaus plausible Erklärungen für diesen bedeutsamen ‚blinden Fleck' in Engels' einflußreichem Frühgeschichtswerk gibt, hatte er dennoch schwerwiegende Folgen für die weitere Entwicklung der marxistischen Theorie und insbesondere für das Frühgeschichtsbild in den ‚realsozialistischen' Staaten. Eine marxistisch inspirierte Geschichtstheorie auf der Höhe der Zeit sollte diese bedeutsame thematische Lücke unbedingt schließen, um Engels' historisch so einflußreiche Schrift adäquat in die heutige Zeit zu transponieren. Der Band möchte dazu einen Anstoß geben und einen Beitrag leisten.

Die Inhaltsverzeichnisse sowie mehrseitige Leseproben aller vier Teilbände sind im Internet unter bod.de/shop/kuckenburg aufrufbar.

Martin Kuckenburg (geb. 1955 in Erfurt) studierte Vor-
und Frühgeschichte, Urgeschichte und Völkerkunde in
Tübingen und arbeitet seit 1989 als Wissenschaftsautor
über archäologische und kulturgeschichtliche Themen.
Zahlreiche Buch- und Zeitschriftenveröffentlichungen
unter anderem zum Neandertaler und zur Menschwer-
dung, zur Entstehung von Sprache und Schrift sowie über
die Geschichte und Kultur der Kelten. Die vier Teilbände
umfassenden und mit dem vorliegenden Band komplet-
ten *„Studien zu Friedrich Engels' ‚Der Ursprung…'"* sind
das jüngste Buchprojekt.